Noëlle Lavaivre

Ein Buch voller Ideen

Basteln mit Fantasie und Farbe,
Klebstoff und vielerlei Material
Herausgegeben und bearbeitet
von Jutta Lammèr

Otto Maier Verlag Ravensburg

Fotos: Yves Jannes, Übersetzung: Hannes Ruebel
Gesamtherstellung: Officine Grafiche
Il Resto del Carlino, Bologna
Printed in Italy
ISBN 3 473 42343 2

Inhalt

Ein Bilderbuch voller Bastelideen mit Fantasie, das zur Aktivität in der Freizeit auffordert und Farbe in den grauen Alltag bringt

. . . Blumen, Figuren, Fahrzeuge, Trickbilder, Collagen und andere dekorative Kinkerlitzchen – witzige Ideen, skurrile Vorstellungen, durch Falten, Schneiden, Kleben, Malen, Biegen und Formen verwirklicht. Möglichkeiten ohne Grenzen.
Dieses Buch will dazu anregen, Gegenstände, deren Farben und Formen zum Bild unserer täglichen Umgebung gehören, zweckentfremdet neu zu gestalten und ihre Wirkung durch ein paar Tricks und Kunstgriffe zu verändern. Ein unbefangenes Spiel mit Material und Mitteln, das Kindern und Erwachsenen gleich viel Spaß macht.
Dabei handelt es sich um ganz alltägliche, unauffällige Dinge: Flaschen, Schachteln, Dosen, Draht, Garnreste, Papier, Steine, Muscheln, Perlen, Teile von Beschlägen oder Uhren, Haken, Schrauben und tausend Kleinigkeiten, die sich ansammeln. Manche davon erscheinen nutzlos, andere drollig oder ungewöhnlich. Fast jeder Gegenstand läßt sich auf irgendeine Weise verändern und verwandeln, wenn man sich die Mühe macht, ihn mit anderen Augen zu sehen. Und dazu gehört nicht viel: Fantasie, Geduld und ein wenig Geschicklichkeit. Dabei ist der Spaß an der Arbeit meistens genauso groß wie die Freude an dem Ergebnis.

Werkzeug und Material

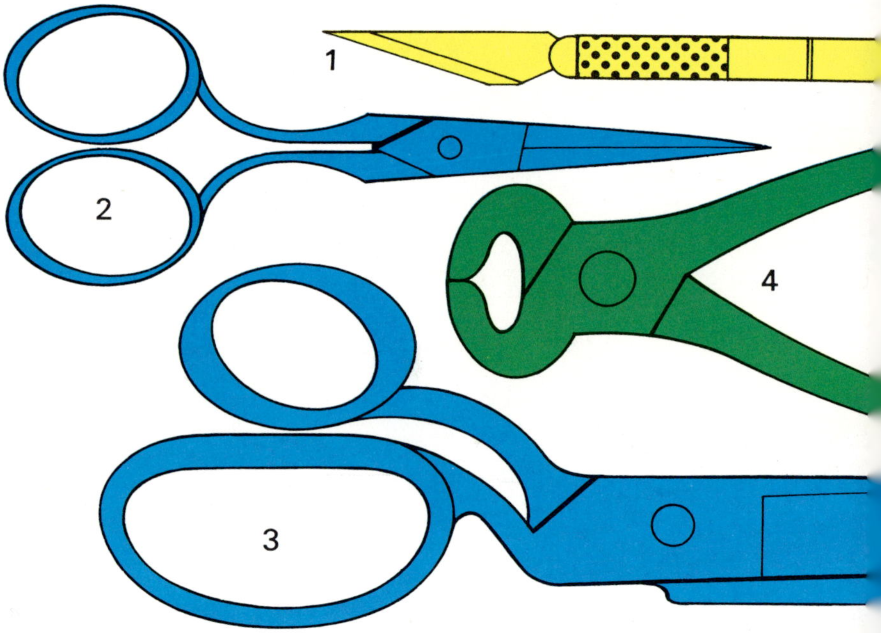

Zum Schneiden

1 Bastelmesser mit auswechselbarer Klinge (Zeichenbedarfs- oder Bastelgeschäft)
2 Spitze Schere
3 Stabile Allzweck- oder Haushaltsschere (für Karton, Stoff, Metallfolie)
4 Kneifzange
5 Kleine Universalsäge (Taschensäge mit auswechselbaren Blättern
6 Halbrunde Feile oder Raspel mit spitzem Ende
7 Nagelbohrer, 2 mm Durchmesser
8 Allzweckmesser (Küchenmesser)

Zum Verbinden

9 Pinzette
10 Flachzange
11 Hammer
12 Kleiner Schraubenzieher
13 Häkelnadel
14 Stricknadeln
15 Klebstoffe
16 Nadel und Faden
17 Klebstreifen
18 Bindfaden
19 Musterbeutelklammern
20 Markierungsnadeln
21 Büroklammern
22 Stecknadeln
23 Drahtstifte (kleine Nägel)
24 Holzschrauben mit Senkkopf

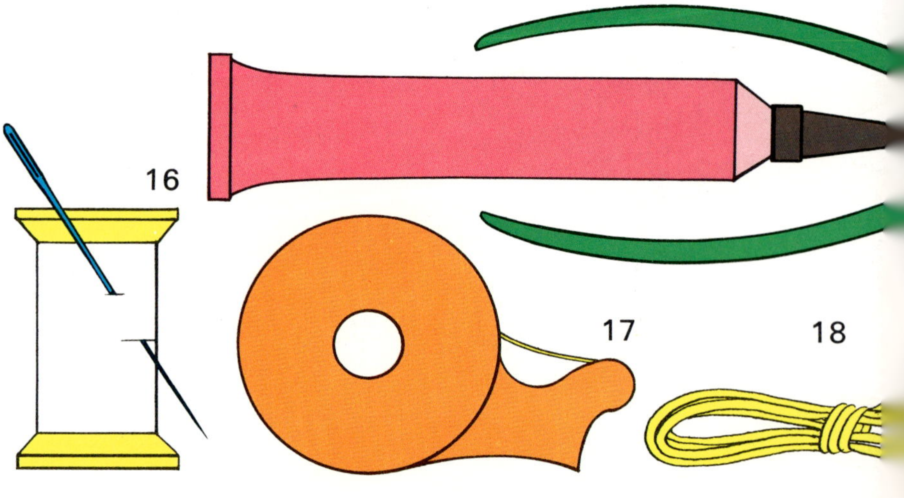

Zum Dekorieren

25 Bleistift Nr. 3, mittelhart
26 Stahllineal (oder Lineal mit Stahlkante)
27 Zirkel
28 Schneidfeder
29 Aquarellpinsel:
Nr. 0 sehr fein
Nr. 2 mittelfein
Nr. 6 mittelstark
30 Flachpinsel für Lackfarben, 15–20 mm breit (Zeichenbedarfsgeschäft)
31 Flacher Anstreichpinsel, 4–5 cm breit (Farben- oder Bastelgeschäft)

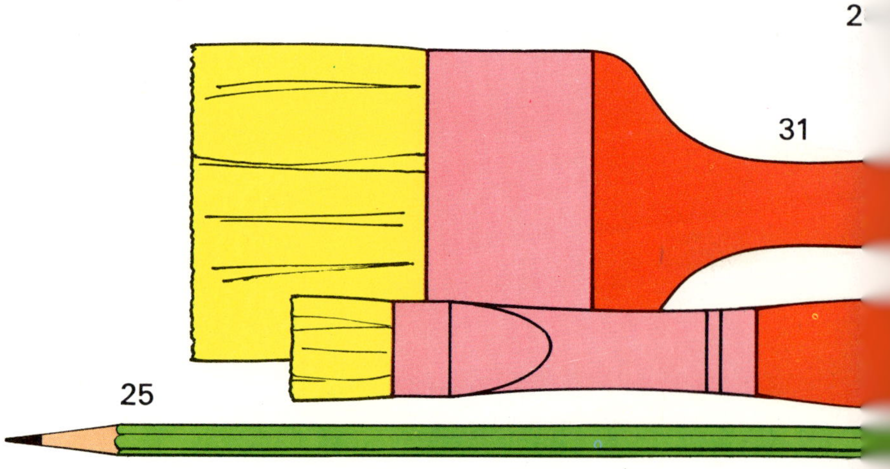

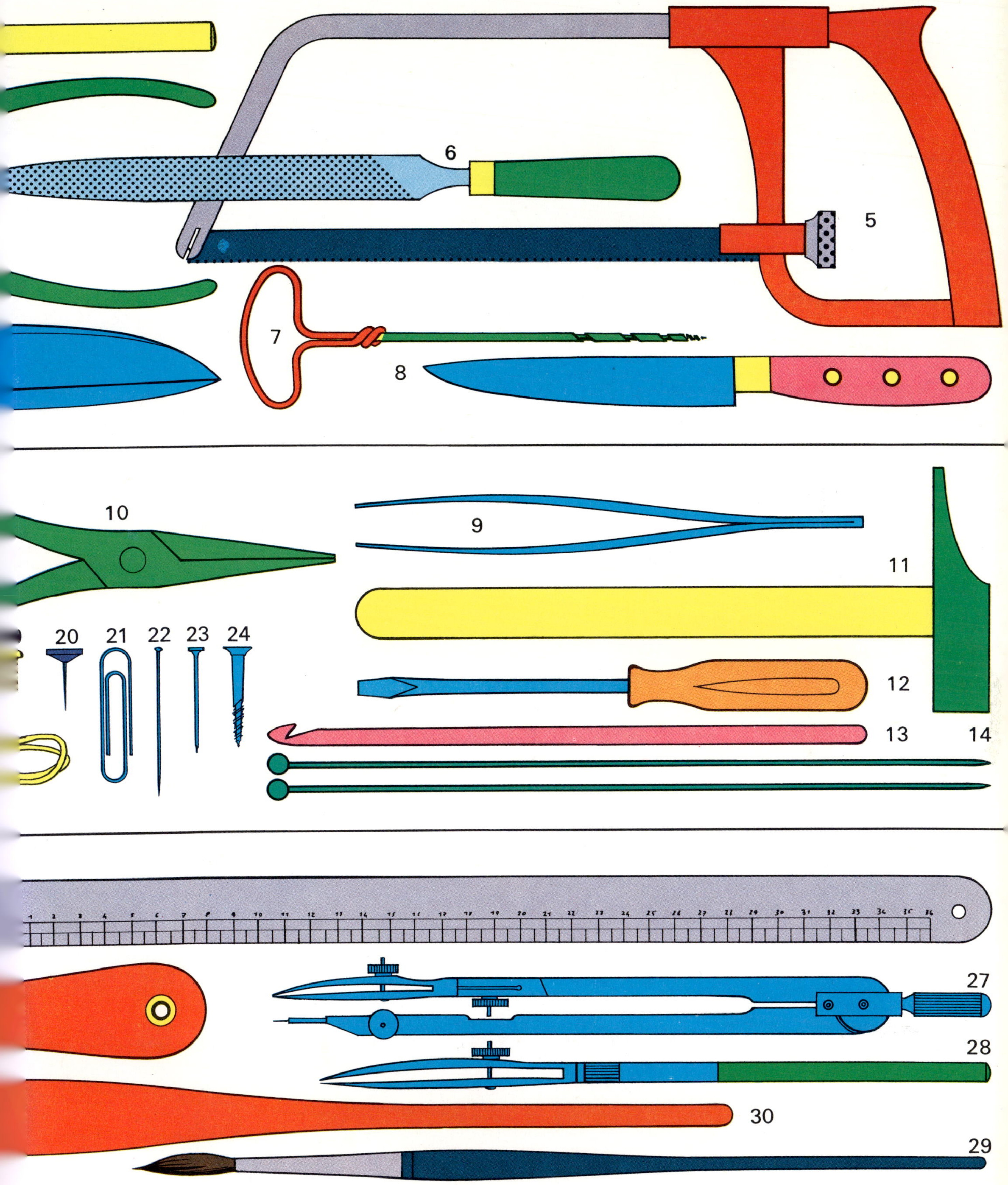
6
5
7
8
10
9
11
20
21
22
23
24
12
13
14
27
28
30
29

Farben und Lacke

Allgemeines
Farben und Lacke sind Anstrichmittel, die der Verschönerung oder dem Schutz von Oberflächen dienen. Man unterscheidet farbige und nicht farbige Anstrichmittel. Die farbigen bestehen mindestens aus drei Komponenten: dem eigentlichen Farbmittel, auch Pigment genannt; dem Bindemittel, das die Farbmittel auf einen bestimmten Gegenstand „klebt“, und den Lösungs- oder Verdünnungsmitteln für die Bindemittel. Letztere werden dem Anstrich während des Trocknungsprozesses wieder entzogen.

Lacke und Lackfarben
Es gibt farblose, also durchsichtige Lacke, auch Klarlacke genannt, und Farblacke oder Lackfarben, die deckend oder durchscheinend sein können. Lackanstriche trocknen im allgemeinen glänzend auf, es gibt jedoch auch matte und halbmatte Lacke. Lacke und Lackfarben sind nach dem Trocknen wasserunlöslich.

Wasserfarben
Anstriche mit Wasserfarben trocknen matt auf. Es gibt Wasserfarben, die im trockenen Anstrich wasserlöslich bleiben, und solche, die wasserfest werden. Das ist vom verwendeten Bindemittel abhängig. Ferner gibt es Wasserfarben, die den Untergrund durchscheinen lassen, dann nennt man sie Lasurfarben (z. B. Aquarellfarben), oder sie decken ihn voll ab und heißen dann Deckfarben (z. B. Temperafarben, Binderfarben, Plakatfarben).

Praktische Hinweise
Anstrichmittel werden heute in großer Vielfalt angeboten. Für die Zwecke dieses Buches kann man sich auf folgende Anstrichmittel beschränken:

Klarlacke
Zaponlack: ein sehr feiner, klarer, glänzender Lack auf Zellulosenitratbasis; schnelltrocknend, nicht wasserlöslich. Lösungs- und Verdünnungsmittel: Azeton.

Öl- und Kunstharzlacke
Klarlacke verschiedener chemischer Zusammensetzung, durchsichtig, leicht gelblich, weniger dünnflüssig als Zaponlack, nicht wasserlöslich, trocknen glänzend. Lösungs- und Verdünnungsmittel: Terpentin, Benzin, Azeton; bei Spirituslack auch Spiritus.

Farblacke oder Lackfarben
Emaillack: so genannt wegen seiner emailartigen Härte und Festigkeit, hochglänzend. Bindemittel: Kunstharz. Lösungs- und Verdünnungsmittel: Benzin, Terpentin, Azeton; nicht wasserlöslich. In sehr vielen Farbtönen in Dosen und Sprühdosen im Handel.
Bunter Mattlack: nicht wasserlöslich. Matt bis seidenmatt. Bindemittel: Kunstharz. Lösungs- und Verdünnungsmittel: Benzin, Terpentin, Azeton. (Marabu-Buntlack BL und Pelikan Plaka-Spray 180 S in 10 Farben sowie in Gold und Silber lieferbar; kleine und große Sprühdosen.)

Binder- und Emulsionsfarben (Farbengeschäft)
Bindemittel: Kunstharz in wässeriger Emulsion. Lösungs- und Verdünnungsmittel: bis zum Trocknen der Farbe Wasser, nach dem Trocknen Benzin, Terpentin, Azeton. Nicht mehr wasserlöslich. Trocknet matt. Lieferung in Dosen und Eimern, in Weiß und vielen Farben, konzentrierte Farben auch in Tuben.

Plakatfarben (Zeichenbedarfs- oder Bastelgeschäft)
Bindemittel: meistens verschiedene Emulsionen. Lösungs- und Verdünnungsmittel: Wasser (auch nach dem Trocknen). Trocknet matt auf. Teils wasserlöslich, teils wasserunlöslich. Lieferbar in Tuben, Gläsern und Dosen in sehr vielen Farbtönen, sowie in Gold und Silber; (Beispiel: Pelikan Plakat-Tempera 700, wasserlöslich. Pelikan Plaka, wasserunlöslich.)

Leuchtfarben werden in einer beschränkten Zahl von Farbtönen hergestellt, bei ihnen besteht das Pigment aus fluoreszierenden Chemikalien, die die grell leuchtende Farbwirkung ergeben (Zeichenbedarfs- oder Hobbygeschäft). Beispiel: Pelikan-Plaka-Leuchtfarben.

Lösungs- und Verdünnungsmittel für nicht wasserlösliche Kunstharz-Farben und -Lacke in der Reihenfolge ihrer Wirksamkeit: Terpentin oder Terpentinersatz (billiger), Benzin, Azeton. Alle drei Flüssigkeiten sind feuergefährlich. Azeton wirkt am schärfsten und verdunstet am schnellsten, es löst auch die meisten Klebstoffe nachträglich wieder auf. Für viele Farben und Lacke werden auch Spezialverdünner angeboten, die relativ teuer sind und fast immer durch eines der drei obengenannten Mittel ersetzt werden können.

Pinselreiniger: Farben- und Lackpinsel sollen sofort nach Gebrauch gereinigt werden. Dazu können die erwähnten Lösungsmittel dienen mit anschließendem Waschen mit Seife und warmem Wasser. Es gibt auch käufliche Spezialpinselreiniger, die gute Dienste leisten, z. B. Moltoclar.

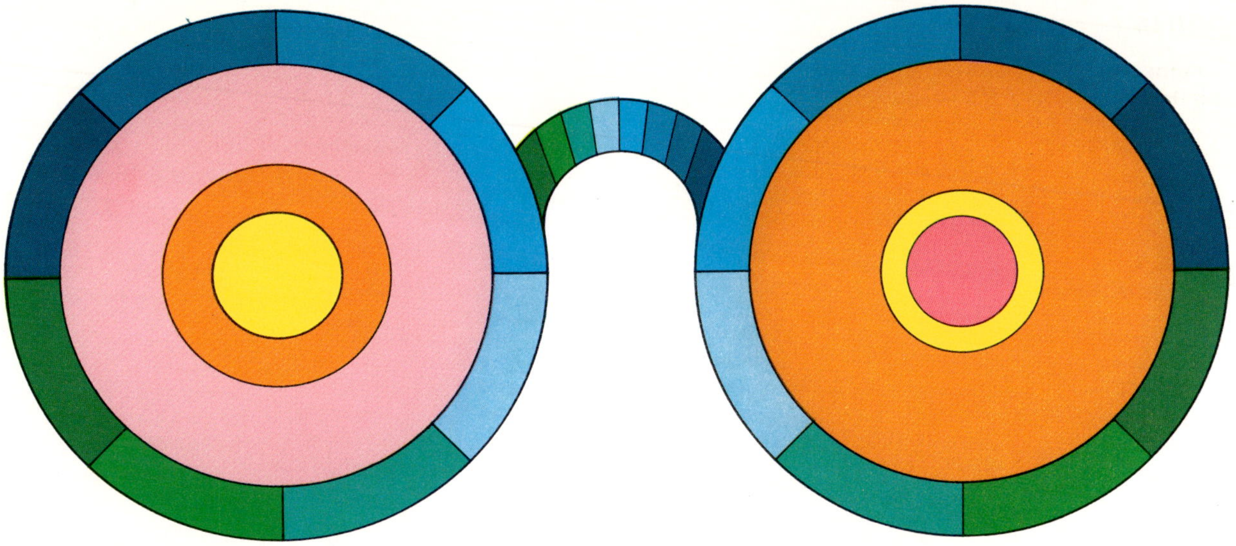

Etwas über Farben

Die richtige Farbwahl ist besonders wichtig. Für sich allein genommen kann eine Farbe noch so schön sein, sie wird durch ihre Umgebung verändert, in ihrer Wirkung verstärkt oder auch gedämpft. Jeder kann die in diesem Buch vorgeschlagenen Farben selbstverständlich nach eigenem Geschmack ändern, nur sollte man sie stets sorgfältig aufeinander abstimmen und ein allzubuntes Farbengemisch vermeiden. Die Gläser der Farbenbrille (oben) beweisen, daß die gleichen Farben je nach ihrem Umfang und ihrer Verteilung ganz unterschiedlich wirken können: beide Brillenseiten sind aus denselben Farben in anderer Reihenfolge zusammengesetzt.

Farbanstriche

- Damit die Farben frisch wirken, sollte man reine Farben und ganz saubere Pinsel verwenden (von Mischfarben wird abgeraten).

Die anzumalenden Flächen müssen einwandfrei sein: gesäubert, entrostet, abgespült, getrocknet, geschliffen (Holz und Kunststoff mit feinem Sandpapier, Metall mit feinem Schleifleinen) und sorgfältig entstaubt. Aufdrucke auf Plastikflaschen lassen sich mit einem Lappen und Azeton oder Brennspiritus entfernen. Anschließend ebenfalls entstauben. Farben immer in dünner Schicht auftragen, damit sie sich nicht kräuseln oder tropfen. Die Pinselstriche sollen sich gleichmäßig kreuzen. Zwei dünne Farbschichten sind besser als eine dicke. Der Anstrich soll an einem staubfreien, geschützten Platz im Schatten trocknen.

- Um eine Lackierung in klaren leuchtenden Farben zu erreichen, empfiehlt es sich, den Gegenstand vorher weiß zu grundieren. Diese Grundierung darf nicht zu dick aufgetragen werden und muß nach dem Trocknen geschliffen und entstaubt werden. (Acrylweiß, das schnell trocknet, ist dafür gut geeignet.)
- Zum Bemalen kleiner Flächen eignen sich Marderhaarpinsel am besten: 15 bis 20 mm breite Flachpinsel für Flächen, spitze Pinsel Nr. 0, 2 und 6 für Details.

Manche kleinen Gegenstände kann man mit Deckfarben bemalen und danach farblos überlackieren, sie sehen dann wie farbig lackiert aus (z. B. der Schnabel des Pfefferfressers auf Seite 33).

- Runde Objekte, die sich schlecht halten lassen, kann man zum Anstreichen auf ein leeres Glas oder einen umgedrehten Deckel setzen und sie dann in mehreren Etappen mit Pinsel oder Sprühdose färben.

Farblose Lackierung

Auch farbloser Lack wird mit Pinsel oder Sprühdose auf gut entstaubte Flächen aufgetragen (z. B. Pelikan-Lack-Sprays in glänzend oder seidenmatt). Für kleine Gegenstände ist ein Pinselauftrag vorzuziehen. Die Blumen (Seite 68) sind mit der Sprühdose lackiert.

- Naturholz wird gut entstaubt und durch leichtes Einreiben mit einem mit Klarlack oder Spezialöl getränkten Ballen behandelt. Die natürliche Schönheit des Holzes bleibt so am besten erhalten. Den Ballen stellt man sich aus einem sauberen Leinenlappen her, in den man einen Wattebausch einschlägt.

Nicht vergessen:

– Beim Anstreichen und Lackieren Schutzpapier unterlegen!

– Beim Arbeiten mit der Sprühdose die Umgebung gut abdecken! Pinsel sofort nach Gebrauch reinigen!

Vorsicht: Benzin, Terpentin, Spiritus, Azeton und Verdünnung sind feuergefährlich und dürfen nicht in der Nähe einer offenen Flamme benutzt werden!

Klebstoffe

Bezeichnung	Verwendung für	Eigenschaften
Pritt Alleskleber (in Tuben)	Papier, Fotos, Pappe, Textilien, Leder, Filz, Bast, Kork, Porzellan, Keramik, Glas, Holz, Metall, Folien, verschiedene Kunststoffe	Glasklar, lösbar und Fleckentfernung mit Azeton. Eine oder beide Klebflächen bestreichen, sehr rasch trocknend, feuergefährlich.
Pritt Klebestift (in Hülsen, herausdrehbar wie ein Lippenstift)	Papier und Fotos	Weiß, wasserlöslich. Einseitig streifenweise bestreichen und fest andrücken. Läuft und schmiert nicht und zieht keine Fäden. Sehr praktische Handhabung, auch für Kinder.
Pattex Kontaktkleber (in Tuben und Dosen)	Holzwerkstoffe mit Schichtpreßstoffplatten (z. B. Resopal), Metall, Keramik, Glas, Porzellan, Hart-PVC (Kunststoffe auf Polyvenylchlorid-Basis), Filz, Leder, Dichtungsstreifen, Dämmplatten, Schuhsohlen und Absätze, Modellbau. Nicht geeignet für Weich-PVC und Polystyrol-Hartschaum (Styropor).	Die Klebeflächen müssen trocken, staub- und fettfrei sein, damit sie auch wirklich mit Superkraft zusammenhalten. Pattex auf beide Teile auftragen – bei größeren Flächen am besten mit einem kurzborstigen Pinsel oder dem Pattex-Zahnspachtel. Etwa 15 bis 20 Minuten warten – bis sich der Kleberauftrag trocken anfühlt. Dann legen Sie die Teile paßgerecht aufeinander und drücken diese kurz, aber kräftig zusammen. Das hält. – Bei großflächigen Klebungen vor dem Zusammenlegen Holzleisten oder Silikonpapier zwischenlegen, dann genau passen und von der Mitte her die Zwischenlagen entfernen – Sie erhalten eine paßgenaue Klebung.
Pattex compact	Materialien wie beim Pattex-Kontaktkleber	Verwendung wie beim Pattex-Kontaktkleber. Zieht keine Fäden, tropft nicht. Saubere Arbeitsmöglichkeit. Jeder Tube liegt ein Spachtel bei.
Stabilit DUR (in Tuben mit Auftragsspitze)	Modellbau (Punkt- und Flächenklebungen), Holz (auch Balsa), Metalle, Glas, Porzellan, Keramik, Astralon, Zelluloid u. a.	Hartkleber, sehr fester und harter, wasserfester Kunstharzkleber, transparent, nach 10 Minuten fest. Ein- oder beidseitig auftragen und andrücken. Einkomponentenkleber, kein Mischen mit Härter erforderlich. Lösbar durch Azeton.
Stabilit EXPRESS (in Gebrauchspackungen mit Tube, Härterpulver und Mischvorrichtung)	Stein, Keramik, Porzellan, Glas, Beton, Holz, alle Metalle, Acrylglas und viele, auch glasfaserverstärkte Kunststoffe.	Hochfester, schnellhärtender Zweikomponenten-Kunstharzklebstoff, wasserbeständig. Das Harz-Härter-Gemisch bleibt etwa 8 Minuten lang verwendbar, nach 20 Minuten fest, nach einer Stunde durchgehärtet. Temperaturbeständig bis höchstens 80°. Anrauhen der Klebflächen und beidseitiger Kleberauftrag wird empfohlen. Besonders bewährt beim Steinekleben.
Stabilit ULTRA (in Gebrauchspackungen mit zwei Tuben, Mischwanne und Spachtel)	Holz, Metalle, Hartkunststoffe, Glas, Porzellan, Keramik, Stein.	Ultrafester, hochelastischer, transparenter, wasserfester Zweikomponenten-Kunstharzklebstoff. Nach Mischung etwa 30 Minuten verarbeitungsfähig, bei Raumtemperatur nach 5 Stunden fest. Kleber von höchster Festigkeit, auch für vibrationsbeanspruchte Stellen. Geeignet für Reparaturen von Glas, Keramik und Porzellan, das ständig benutzt wird.
Ponal Weißleim (in Tuben, Spritzflaschen und Dosen)	Alle Holzarbeiten, Modellbau, Spielsachen, Kork, Styropor, Papier, Filz, Stoffe, Leder, Stanniol u. ä.	Weißleim, bis zum Abbinden wasserlöslich, frische Flecken mit Wasser entfernbar. Der Leim zieht keine Fäden und trocknet transparent auf. Mit Pinsel oder Leimkamm ein- oder beidseitig dünn auftragen, Holzteile bis zum Abbinden einspannen oder belasten, Endfestigkeit nach 24 Stunden erreicht.
Metylan Kleister (Pulver in Kartonpackungen)	Papier, Pappe, Karton, Tapeten	Kleister mit Leitungswasser in nichtrostenden Gefäßen anrühren, nach 30 Minuten Quellzeit verwendbar. Für schwere Klebungen Metylan-Spezial-Kleister benutzen, z. B. für Rauhfaser- oder Relieftapeten.
Dufix Spachtelmasse (Pulver in Karton-Packungen)	Füllen und Ausbessern von Rissen und Löchern, auch gut geeignet zum modellierenden Formen, zum Dübeln und Verankern.	Weiße, gipsartige Füllmasse, die mit Wasser angerührt wird, nach Abbinden nicht mehr lösbar, nach etwa 2 Stunden hart im Freien. In feuchten Räumen und im Freien „Dufix Putz- und Füllspachtel" außen benutzen. – Zum sicheren Verankern, schnellen Verdübeln und für steinharte Reparaturen ist „Dufix Blitzzement" geeignet.

Anmerkung: Alle genannten Klebstoffe, Leime, Füll- und Spachtelmassen sind Produkte der Firma Henkel in Düsseldorf und überall erhältlich. Genaue Gebrauchsanweisungen liegen den Packungen bei und sollten gut beachtet werden, um einwandfreie Verbindungen zu erzielen.

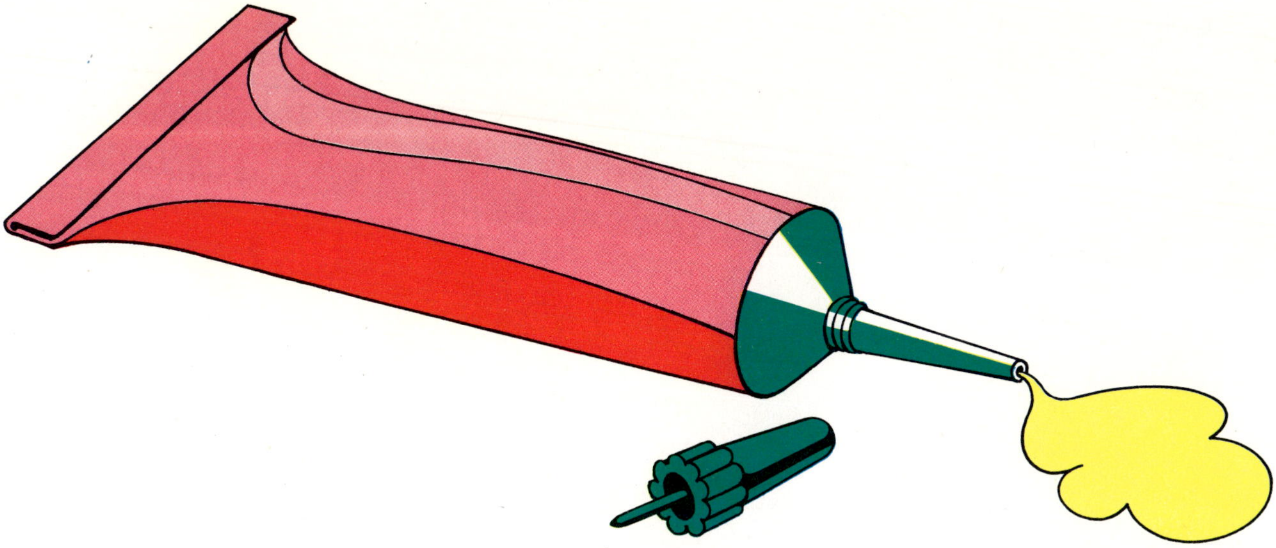

Kleben

Damit Verklebungen so fest wie möglich halten, müssen die Klebflächen absolut trocken und frei von Staub, Fett und Rost sein.
Leim oder Kleber soll so dünn wie möglich aufgetragen werden.

- Beim Kleben flacher Objekte wie Papier, Karton oder Fotos bestreicht man eine Seite mit dem Klebstoff, legt das Blatt auf die andere Fläche auf, bedeckt es mit einem Schutzpapier und streicht es mit der Hand an. Dabei beginnt man in der Mitte, um Luftblasen auszutreiben. Zwischen zwei glatten Flächen unter einem Gewicht pressen.
- Gegenstände mit glatter oder glänzender Klebfläche wie Glanzpapier, Aluminium, Konservendosen rauht man vor dem Kleben mit Sandpapier, Schleifleinen oder einem Messer leicht an, damit der Klebstoff besser haften kann.
- Beim Kaschieren von Balsaholz mit Papier (siehe 2 CV, Seite 154) muß man auch die Gegenseite bekleben, damit sich das Material nicht wirft.
- Getrocknete Pflanzen, Fotos, Lochkarten kann man mit Pritt Alleskleber, Pritt Klebestift oder Ponal kleben. Nach dem Auflegen eines Schutzpapiers mit der Hand andrücken.
- Für Collagen (aus Muschelschalen, Schraubenmuttern, Nadeln, Spachtelmasse) setzt man die Einzelteile mit der Pinzette zusammen und klebt sie erst an (mit Stabilit EXPRESS oder Pattex), wenn der ganze Entwurf stimmt. Dann läßt man sie flach liegen und ungestört trocknen.
- Zum Kleben der empfindlichen dreidimensionalen Objekte (Enten, Clowns, Kokosnüsse) benutzt man am besten einen Zweikomponentenkleber. Am schnellsten geht es mit Stabilit EXPRESS, am festesten hält Stabilit ULTRA. Bis zum Abbinden des Klebers müssen die Teile mit Klebstreifen, Gummibändern, Klammern oder Schraubzwingen zusammengehalten werden. Überschüssigen Klebstoff sofort mit Azeton entfernen, letzte Reste nach dem Trocknen mit Sandpapier wegschleifen. Beim Kleben darauf achten, daß die geklebten Teile nicht mehr verrutschen.
- Zum Eingipsen von Teilen (Muschelschalen, Perlen, Kugeln) und als Füllmasse (Dosenblume, Seite 82, Kuchenattrappe, Seite 177) benutzt man Dufix Spachtelmasse. Der Brei wird angerührt und, bevor er fest zu werden beginnt, in die Form gefüllt. Er soll nicht überstehen, weil er sich beim Abbinden noch ein wenig ausdehnt. Dann steckt man die Einzelteile hinein und glättet zugleich die Oberfläche der Füllung mit einem Palettmesser, Löffel oder Schraubenzieher. Man kann den Brei schon beim Anrühren mit zuvor in Wasser verrührtem Farbpulver oder mit Binderfarbe aus der Tube färben. Nach dem Trocknen mit Sandpapier schleifen.

Leim- oder Klebstoff-Flecken entfernen, solange sie noch frisch sind. Von lackierten Flächen nimmt man den Fleck mit einer feinen Pinzette und etwas Spiritus ab, damit es keine Kratzer gibt, und poliert mit einem Fensterleder vorsichtig nach.

1 So wird ein Falz markiert: Man legt ein Lineal entlang der Falzlinie auf das Papier und zieht, ohne es zu zerreißen, mit einem spitzen, aber nicht scharfen Werkzeug eine Linie. Dazu eignet sich der Rücken einer Schere oder eines Messers, eine Stopf- oder Stricknadel, die man ganz flach hält.

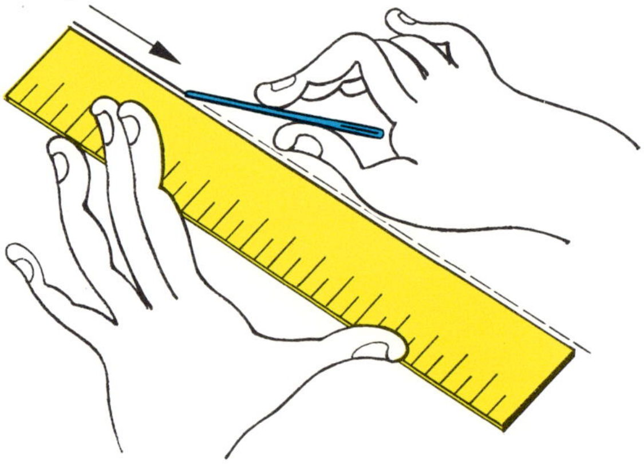

2 Zerteilen von Perlen, Garnrollen oder von Bambusstücken: Man legt den Gegenstand auf eine flache Unterlage, setzt eine Messerklinge in Richtung der Holzfasern darauf und schlägt einmal kurz mit dem Hammer auf den Messerrücken. Schnittflächen glattschleifen.

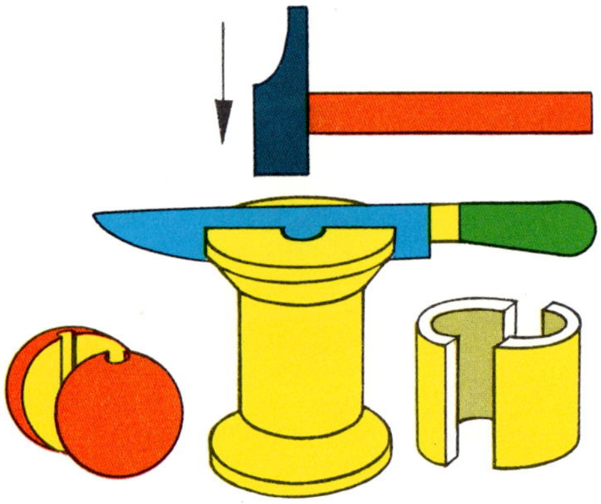

3 Aufhängen von Mobiles: Bei Reihenaufhängung kann eine Holzleiste, ein Bambusstab oder Messingrohr als Träger dienen, bei flächiger Aufhängung eine kleine stabile Lochplatte aus Karton, Holz, Aluminium oder ein Stück engmaschiges Metallgitter (Eisenwarengeschäft). – Zuerst hängt man den Mobileträger auf: für ein drehbares Mobile an einem Punkt, A oder B (bei B ist ein Ring mit Klebeband befestigt), für ein feststehendes Mobile mit einzeln an den Ecken des Trägers angebrachten Fäden.

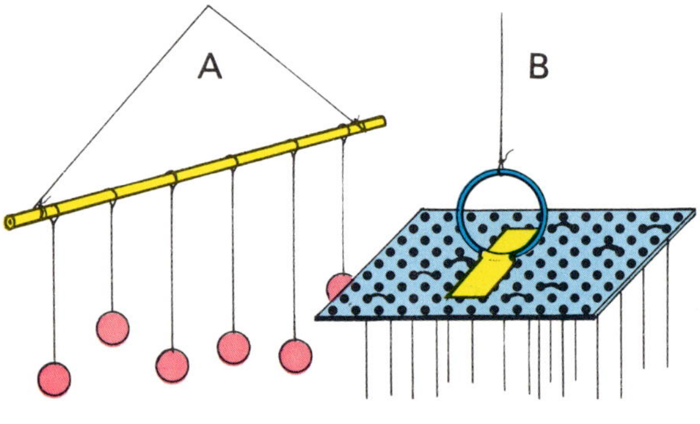

4 Eine Blechdose oder Aluminiumblech lochen: Zylindrische Gegenstände durchbohrt man vorsichtig mit einer Ahle (Milchdosenlocher); flaches Blech legt man auf ein Holzbrettchen und schlägt das Loch mit Nagel und Hammer hinein, falls erforderlich, mit der Ahle vergrößern.

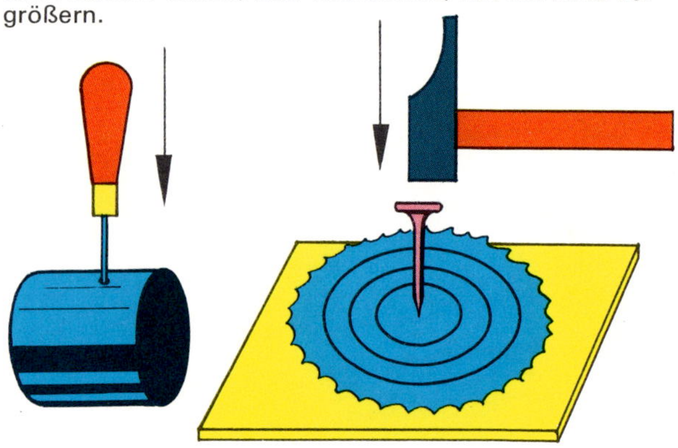

5 Durchsägen eines Buches: Man klebt die Kanten des Einbands provisorisch mit Klebstreifen fest zusammen, legt das Buch über den Rand eines Hockers, hält es mit dem linken Fuß fest und zerteilt es mit einer feinen Säge. Kanten abschleifen und Klebebänder entfernen.

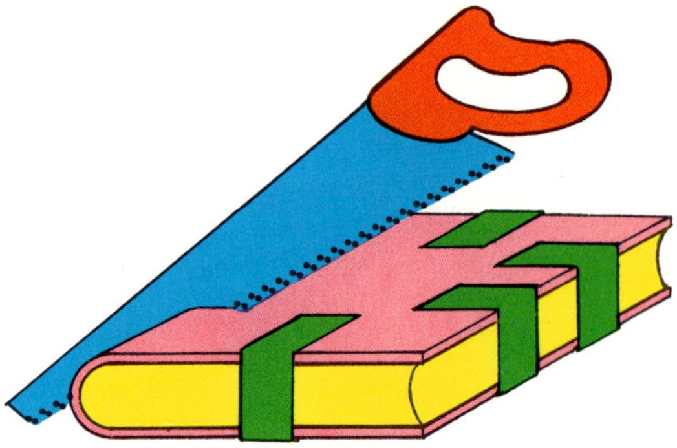

6 Auszacken: Zum Umbiegen abgerundeter Kanten macht man alle 5 bis 10 mm Einschnitte mit der Schere. Bei Stoffen darf man dabei vorhandene Nähte nicht verletzen.

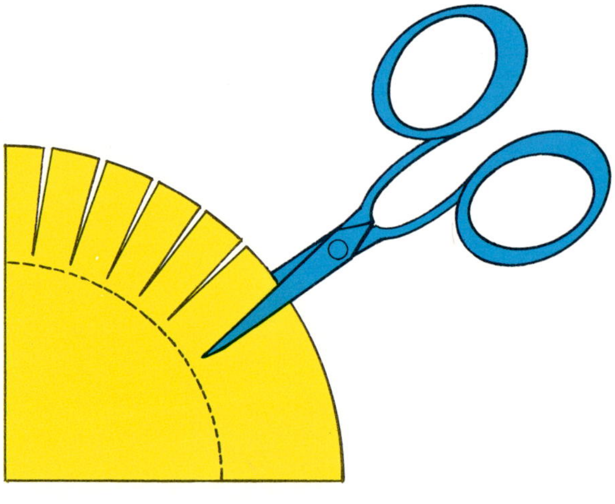

7 Sticken: Stielstich: gleichmäßige Stiche, ohne stark am Faden zu ziehen. (Die Abbildung zeigt Stielstiche waagerecht.)

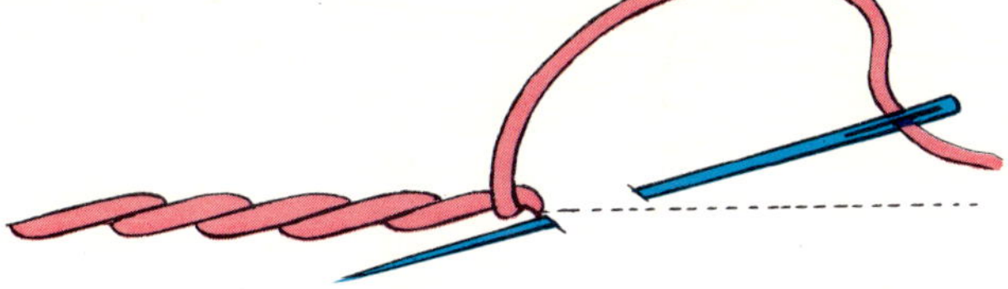

„Petit point“ wird diagonal zur Leinenbindung gestickt. Es sind halbe Kreuzstiche, die bei den Hin- (A) und Rückreihen parallel liegen müssen.

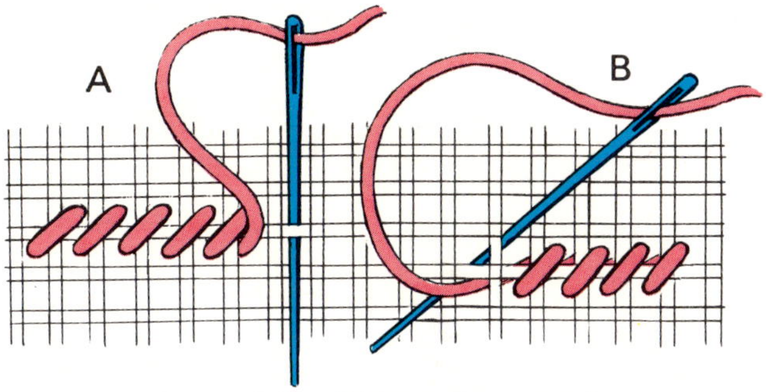

Plattstich: Die parallelen Stiche gehen von einem gemeinsamen Rand aus, sind aber ungleichmäßig lang, sie werden durchgestochen und angezogen, dürfen aber nicht zu sehr gespannt werden. (Bei der Katze auf S. 60 besteht das Stickmuster teilweise aus senkrechten, an anderen Stellen aus waagerechten Plattstichen.)

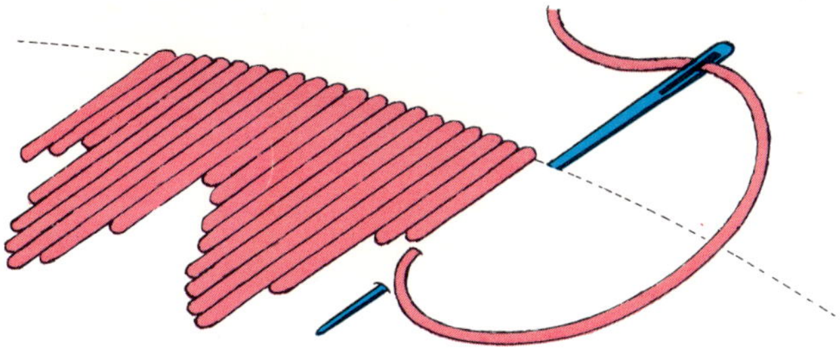

8 Pompons: Aus Karton werden zwei gleiche Ringe mit den angegebenen Maßen ausgeschnitten und aufeinandergelegt. Dann werden sie mit Wolle umstochen. Danach schneidet man die Fäden am Außenrand der Pappscheiben durch, schiebt die Ringe etwas auseinander und wickelt einen Faden um die Mitte des Fadenbündels und verknotet ihn. Die Pappscheiben werden entfernt und der Pompon mit der Schere in Form geschnitten.

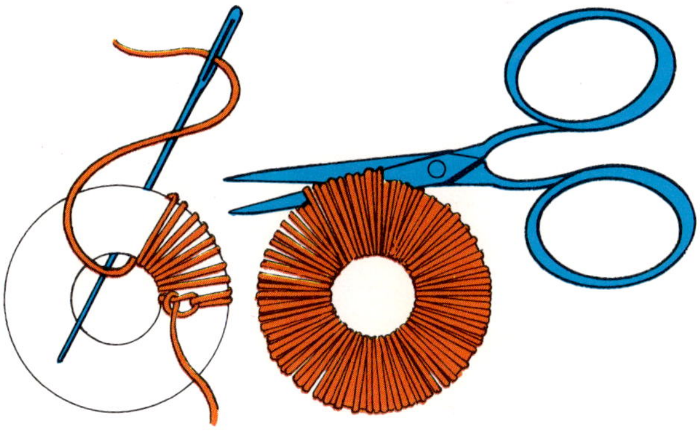

9 Häkeln: Die Häkelarbeit wird zwischen Mittelfinger und Daumen der linken Hand gehalten, der Arbeitsfaden läuft über den Zeigefinger. Die rechte Hand faßt die Häkelnadel wie einen Bleistift.

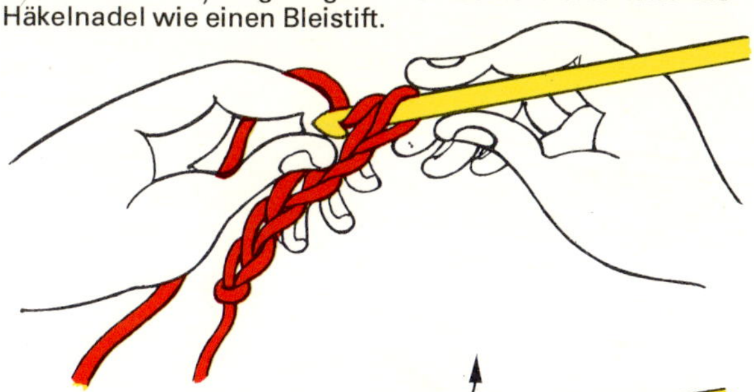

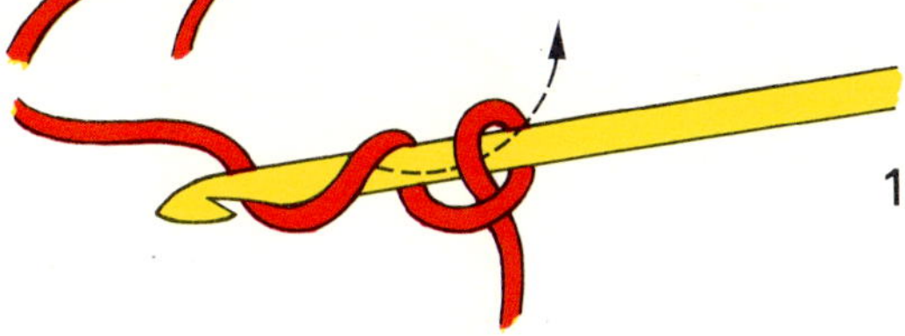

1

Der Fadenanfang (Abb. 1) wird als Schlinge um die Häkelnadel gelegt. Dann holt man den vom Zeigefinger kommenden Faden mit der Nadel und zieht ihn in Pfeilrichtung durch die erste Schlinge.

2

In derselben Weise fährt man fort und bildet so eine Luftmaschenreihe (Abb. 2).

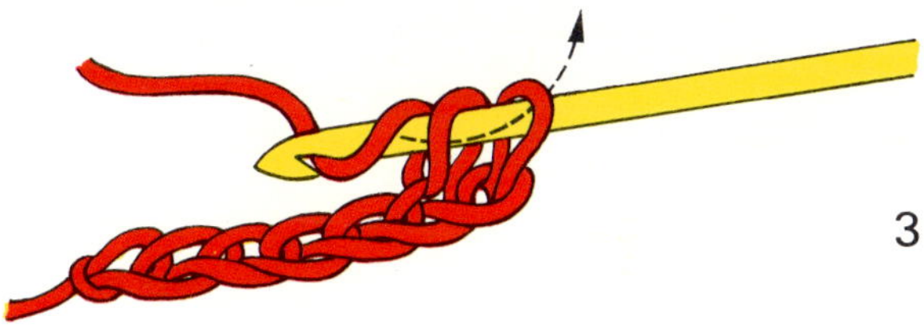

3

Nach Erreichen der gewünschten Maschenzahl wird zurück gehäkelt, das heißt, man überspringt die erste Masche (die Schlinge auf der Nadel wird nicht gezählt), sticht die Nadel durch die zweite (vorletzte) Masche, macht eine Häkelbewegung (wie in Abb. 2), zieht eine Schlinge heraus, macht eine zweite Häkelbewegung und zieht den Faden durch beide auf der Häkelnadel befindlichen Schlingen (Abb. 3).

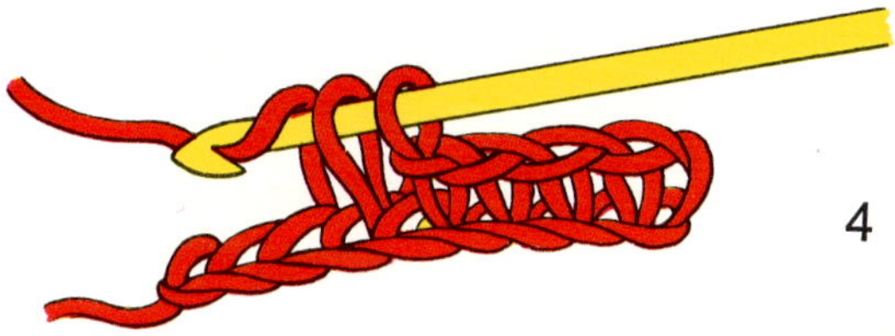

4

Zum Rundhäkeln wird am Ende der Grundreihe nach Zeichnung 2 die Häkelnadel durch die Anfangsmasche der Reihe geführt und so die Reihe zum Ring geschlossen. Dann häkelt man (wie in Abb. 3 und 4) rundherum schneckenförmig weiter. Damit die Häkelarbeit flach bleibt, muß man in jeder Runde die Maschenzahl vergrößern, indem man in eine Masche der Vorrunde zwei neue Maschen häkelt. Wie häufig das zu wiederholen ist, ergibt sich aus der Arbeit.

Tiere

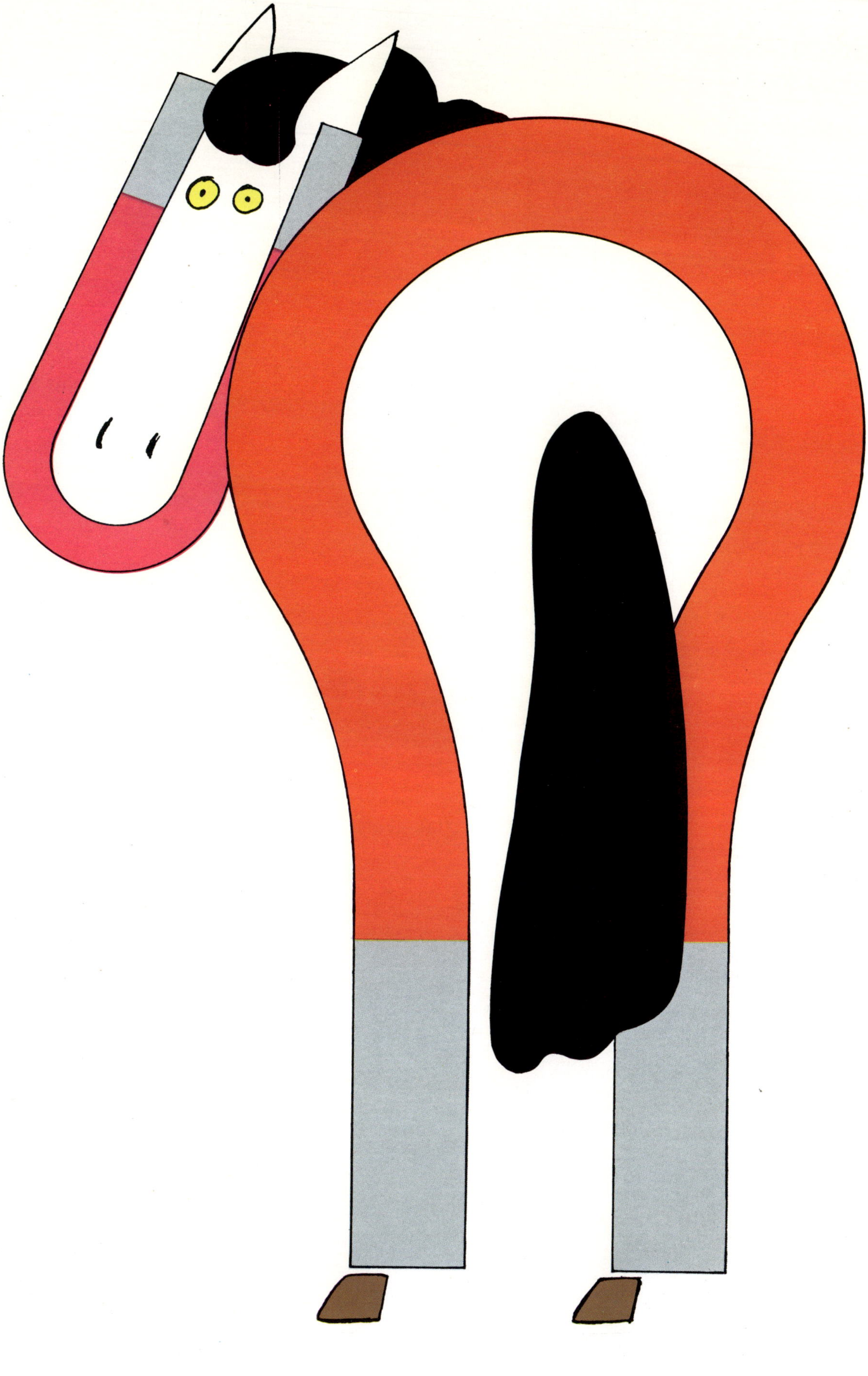

Silberne Eule (zum Aufhängen als Dekoration)

Materialien: Ein glatter Kunststoffball oder eine Styroporkugel, Umfang 42 cm; 1 m Perlonfaden; für den Schnabel: das Ende eines Federhalters oder Pinselstiels, 3 cm lang, schräg abgesägt. Stabilit DUR. Silberbronzelack (Dose oder Sprühdose); Lackfarben: weiß, schwarz und leuchtendorange. Klebstreifen.
Ein Ende des Perlonfadens an ein Kartonstückchen knoten und damit an Ball oder Kugel kleben. 8 Stunden trocknen lassen; dann den Ball aufhängen und silbern lackieren. Trocknen lassen. Für die Augen: ein Glas von 75 mm Durchmesser gegen den Ball halten und mit dem Kugelschreiber umfahren; auf diese Weise zwei sich berührende Kreise zeichnen, deren unterer Rand die waagrechte Umfangslinie des Balls berührt. Den Schnabel zwischen die Kreise kleben und während des Trocknens (8 Stunden) mit Klebstreifen fixieren. Die beiden Kreisflächen weiß lackieren. Trocknen lassen. Die Kreismittelpunkte markieren und um diese Punkte mit dem Zirkel zwei schwarze Kreise von 20 und 30 mm Durchmesser ziehen. Vorsicht, daß die Zirkelspitze den Ball nicht durchsticht! Pupillen und Schnabel schwarz, Iris orange lackieren.

Goldene Eule (Abbildung in fast natürlicher Größe)

Materialien: Messingfarbene Sechskantmuttern, und zwar 80 von 12 mm, 20 von 9 mm, 65 von 8 mm Außendurchmesser. Messingzahnräder (Uhrmacher): 2 von 40 mm, 2 von 22 mm Durchmesser; 6 Messinghaken, 3 davon nach links, 3 nach rechts gehend. Stabilit DUR. 40 × 40 cm Karton; dunkelbraune Lackfarbe (Sprühdose).
Auf dem dunkelbraun lackierten Karton wird mit zwei Klebstreifen eine Papierschablone befestigt, aus deren Mitte ein Kreis von 17,5 cm Durchmesser ausgeschnitten wurde. An die Stelle der Augen legt man zwei runde Schablonenstücke von 7,5 cm Durchmesser. Auf der freien Fläche ordnet man der Abbildung folgend die Schraubenmuttern an, ohne sie vorerst anzukleben. Dabei beginnt man mit dem Außenkreis, dann folgen die Kreise um die Augen, schließlich füllt man die Zwischenräume aus. Wenn die Anordnung fertig ist, klebt man die Muttern einzeln mit Hilfe einer Pinzette an. Zum Schluß kommen die Augen und Krallen an die Reihe. Dann läßt man die Komposition flach liegend 8 Stunden lang trocknen.

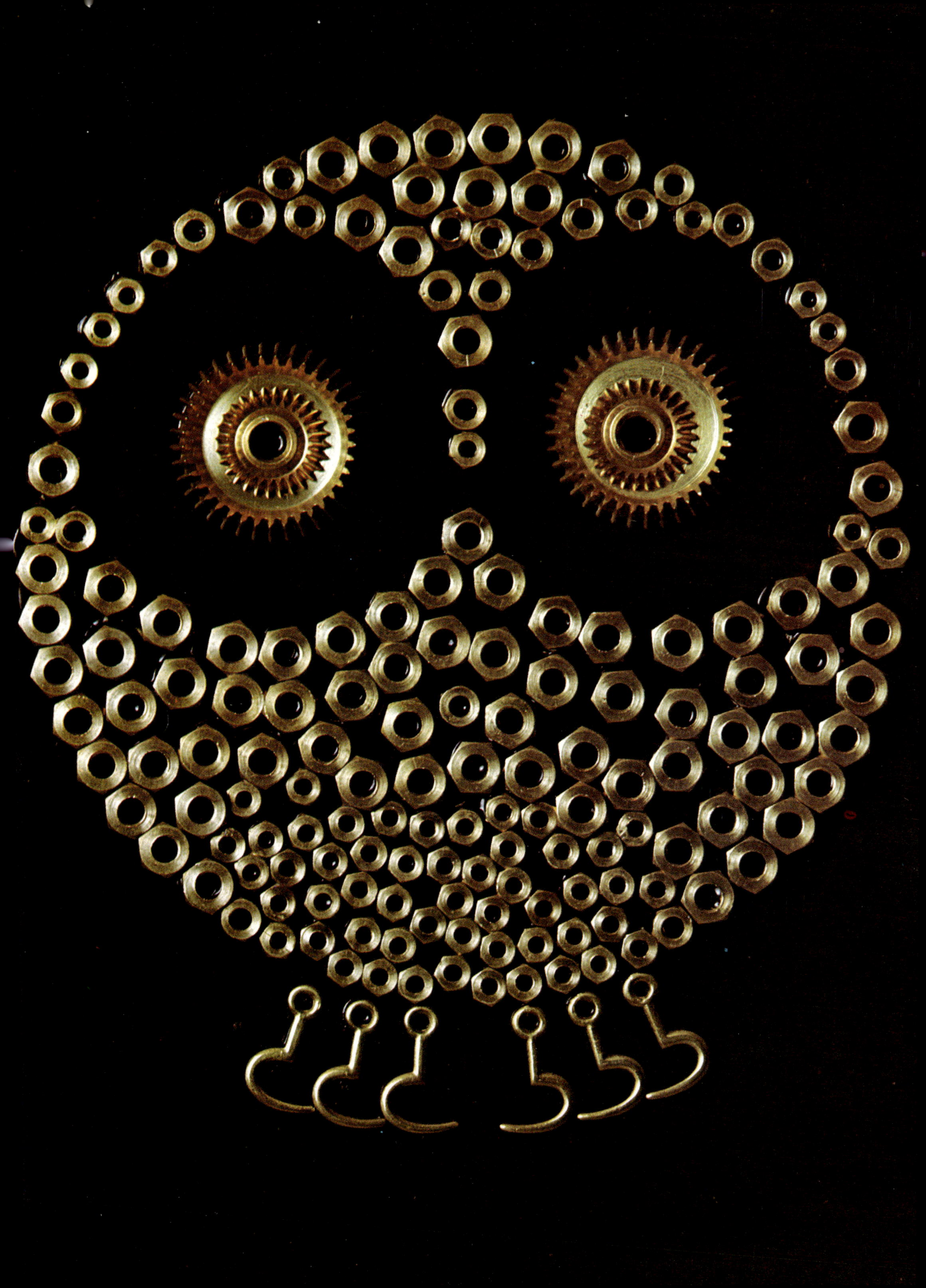

Nachteule aus Folienringen

(zum Aufhängen)

Materialien: 1 m farbige Kunststoff-Folie; Versandbeutelklammern mit runden Köpfen; sehr feiner Perlonfaden; Büroklammern.
Die Folie wird mit einem scharfen Messer und Lineal in 4 cm breite Streifen zerschnitten. Länge der Streifen für den Körper: 1 Streifen 1 m lang; für die Augen: 2 Streifen je 95 cm lang; für den Schnabel: 1 Streifen 13 cm lang; für die Ohren: 1 Streifen 27 cm lang. Ohren- und Schnabelstreifen werden nach dem Schema rechts unten gefaltet. Die roten Pfeile zeigen die Löcher für die Klammern an. Damit die Folienstreifen nicht brechen, biegt man sie ohne Anritzen einfach mit den Fingern. Beim Rollen der Augenstreifen fängt man mit dem mittleren Ring (3 cm Durchmesser) an und windet fünf weitere immer größer werdende Ringe darum. Die beiden Enden des Streifens liegen in der Mitte am Schnabel, die sechs Ringe werden provisorisch mit einer Büroklammer zusammengehalten und bekommen an der Stelle des roten Pfeils bei A ein kleines Loch. An derselben Stelle wird auch der Schnabelstreifen gelocht. Schnabel- und Augenteile werden bei A mit einer Beutelklammer verbunden.
Der Streifen für den Körper wird zu einem doppelten Ring gewunden, Durchmesser des Innenrings 12 cm. Die Streifenenden befinden sich oben an der Nachteulenstirn und werden vorläufig mit zwei Büroklammern fixiert. Die Augen-Teile in den Körper legen und mit den äußeren Windungen in die Büroklammern der Stirn schieben, ebenso den Ohrenstreifen außen.
Die drei Teile an den Punkten B und C mit Beutelklammern verbinden. Zum Aufhängen des Vogels wird ein Perlonfaden mit einer feinen Nadel doppelt durch die Kopfmitte gezogen (siehe Abb. links). Bei Befestigung an nur einem Faden dreht er sich ständig um sich selbst, um das zu verhindern, nimmt man zwei Fäden. Man kann verschiedene Nachteulen herstellen und sie in unterschiedlicher Höhe an einem dünnen Bambusstab oder einer kräftigen Stricknadel aufhängen.

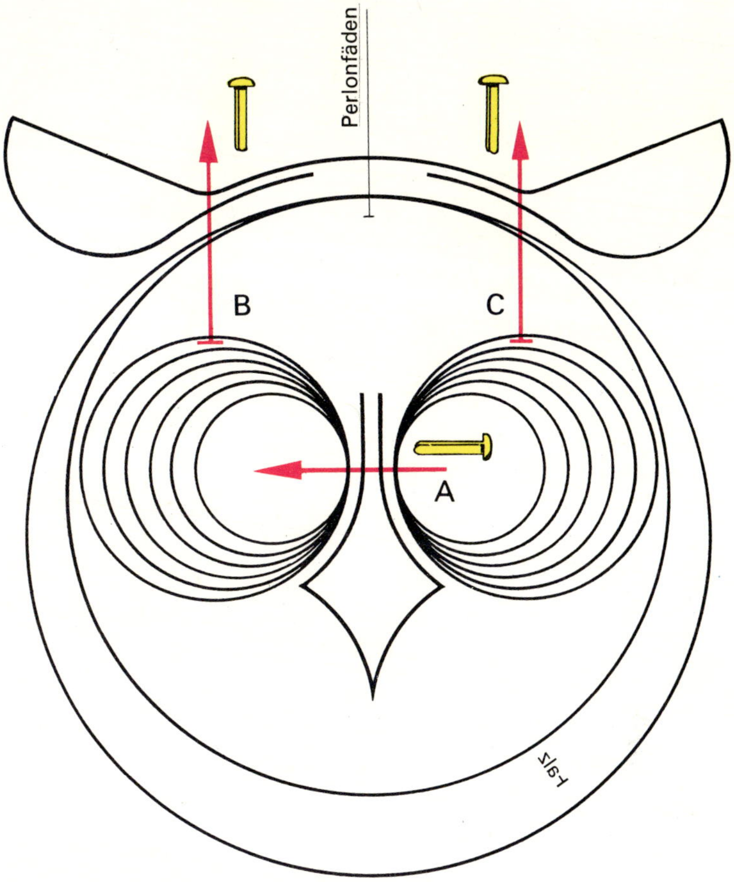

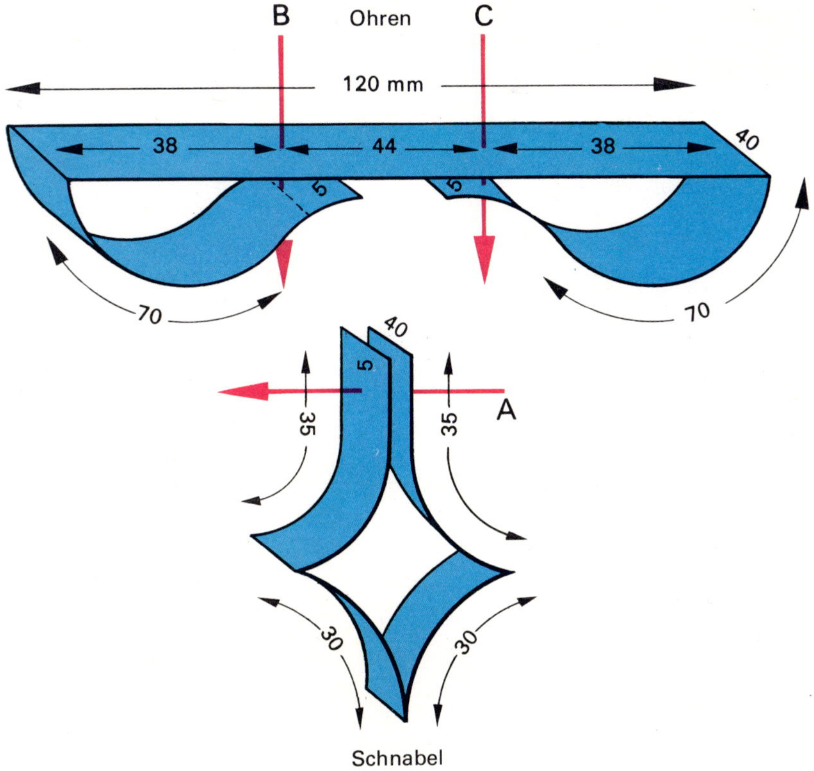

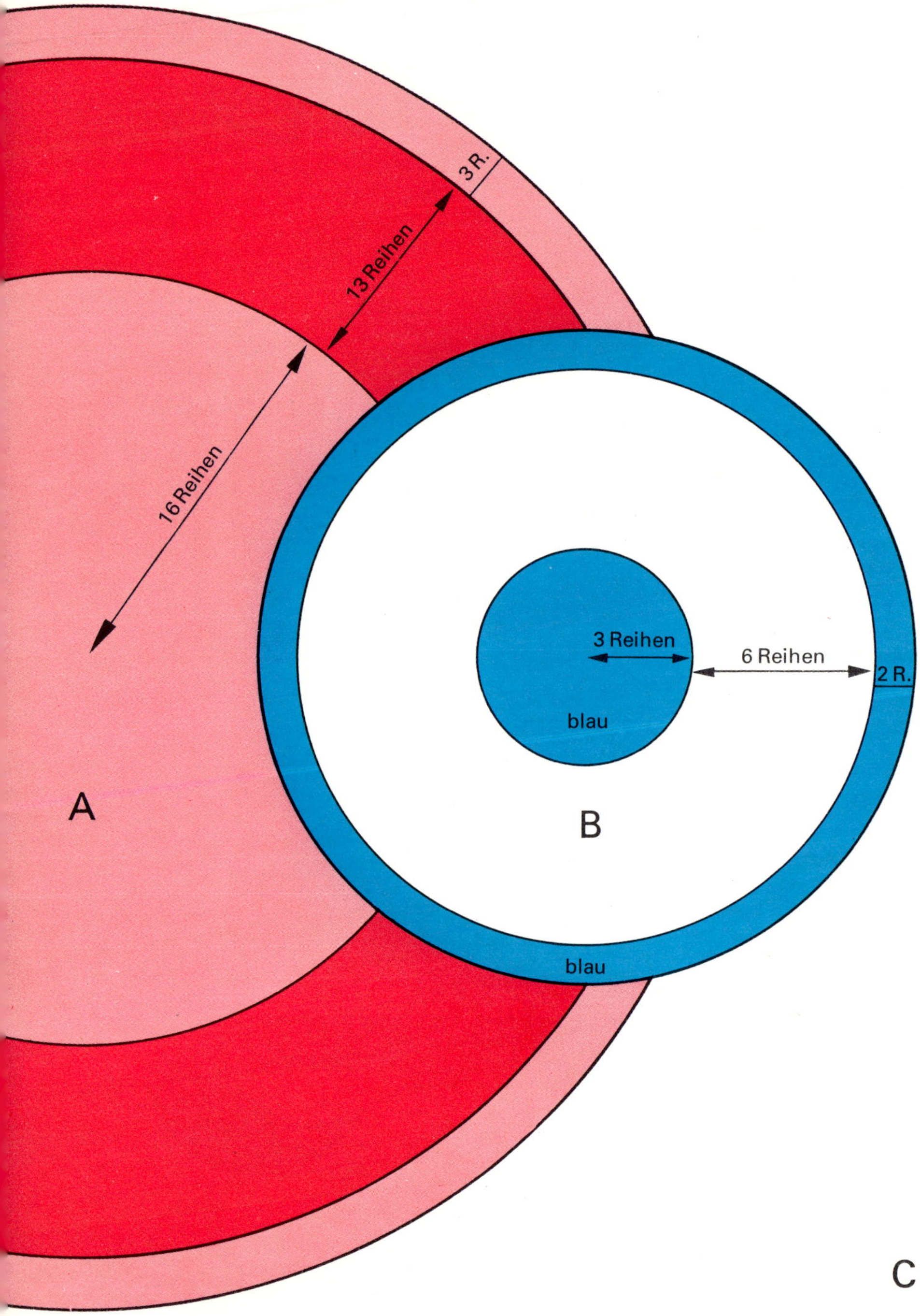

C

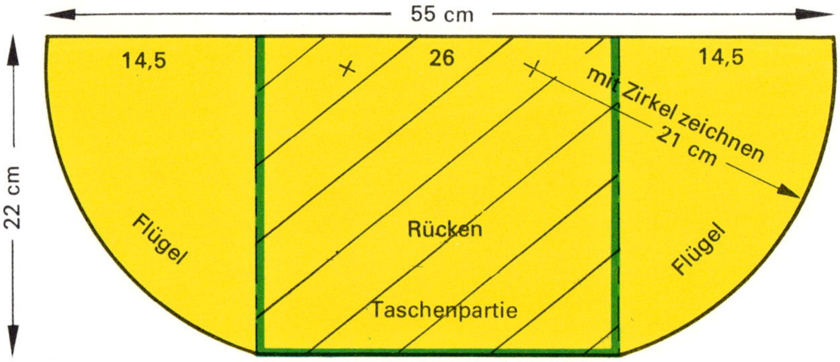

Kisseneulen

Materialien: Brauner Samt, 30×80 cm; Kissenfüllung: Kapok oder Schaumstoffschnitzel; Häkelwolle gleicher Stärke in lebhaften Farben: rosa, rot, marineblau, weiß, grün.
Ein 26×36 cm großes Kissen nähen und mit Kapok oder Schaumstoffschnitzeln füllen. Flügel und Augen sind runde Häkelteile, die Zahl der Häkelrunden ergibt sich aus den Zeichnungen A und B nebenan. Die Flügel-Teile werden mit kleinen Stichen wie ein Sattel halb auf die Vorderseite, halb auf die Rückseite des Kissens genäht. Die Augen kommen auf die Kissen-Vorderseite. Für den Schnabel häkelt man in Grün einen Ring aus 5 Luftmaschen und dann ohne zuzunehmen ringsherum weiter, bis er 6 cm lang ist. Er wird mit Kapok oder Schaumstoff gefüllt und zwischen die Augen auf das Kissen genäht.

Gelbe Kisseneule mit Tasche
Materialien: Gelber Stoff, 60×80 cm; dünner Filz, leuchtend rosa, 30×60 cm; dichter weißer Gardinenstoff, 10×20 cm. Marineblaue Lackfarbe; Kapok.
Ein 26×36 cm großes Kissen nähen und füllen. Für die Flügel: Filz und gelben Stoff nach der Abbildung unten links mit 1 cm Nahtzugabe zuschneiden und rechts auf rechts liegend bis auf eine 8 cm breite Öffnung zusammensteppen. Nahtzugaben an den Rundungen einschneiden und wenden. Unter feuchtem Tuch bügeln. Die Öffnung mit kleinen Stichen zunähen. Nun das Flügelteil auf der Maschine in Längsrichtung in Abständen von 2 cm absteppen. Sein Mittelstück bildet die Tasche auf der Rückseite des Kissens, die Seitenteile stehen rechts und links als Flügel ab. Das Flügelteil wird auf der Kissen-Rückseite unten angelegt und entlang den grünen Linien in der Zeichnung C mit der Hand so angenäht, daß das schraffierte Teil die Tasche bildet. Für die Augen zeichnet man auf den weißen Stoff mit schwarzer Tusche zweimal zwei Kreise in der Größe der Abbildung B, malt sie blau an, schneidet sie aus und näht sie mit kleinen Stichen vorn auf das Eulenkissen. Für die Nase: je einen Halbkreis von 8 cm Durchmesser plus 1 cm Nahtzugabe aus Stoff und rosa Filz aufeinandersteppen, wenden, bügeln und wie in der Abbildung gebogen als Schnabel mit der Hand annähen.

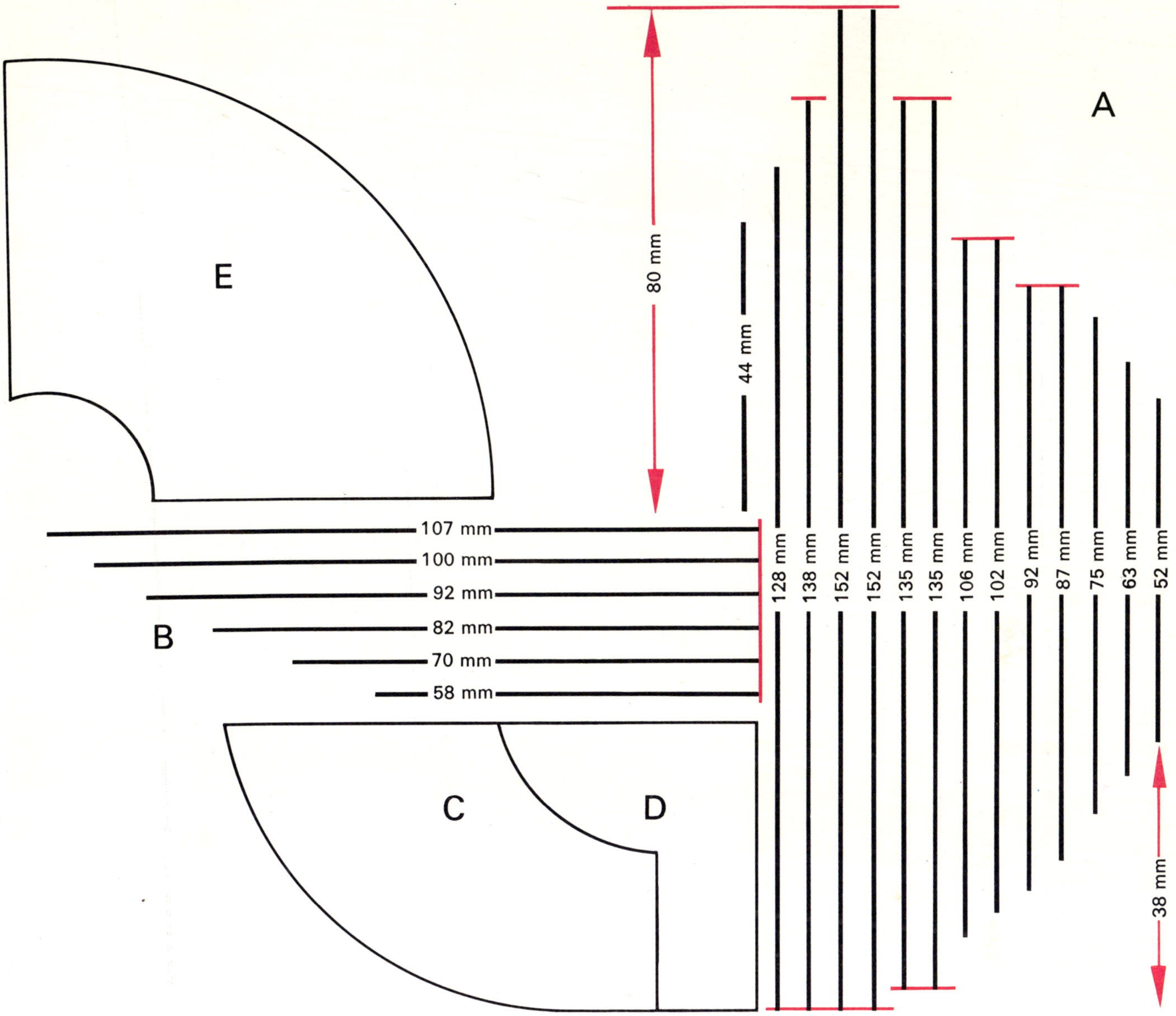

Makkaroni-Hahn (Zerbrechliche Bildtafel, Foto in natürlicher Größe)

Materialien: Gerade und gebogene Makkaroni, so weiß wie möglich. Stabilit DUR zum Kleben. Unterlage: Karton oder ganz glatte Holzplatte, 40 × 40 cm.
Die Unterlage in einer sehr kräftigen Farbe lackieren, damit sich die Makkaroni gut davon abheben: kaminrot, marineblau, braun oder grün. Der Grund sollte lackiert, nicht nur gestrichen werden, damit man die unvermeidlichen Klebstoffflecken besser entfernen kann. Die Makkaroni werden mit einer feinen Holzsäge (Laubsäge) nach den oben angegebenen Maßen zugeschnitten und die Schnittstellen mit einer Nagelfeile geglättet. Zuerst die senkrechten Makkaroni bei A der Reihe nach zurechtschneiden und sie in der gezeigten Anordnung auf die Unterlage legen, mit Hilfe einer Pinzette festkleben, dabei Klebstoffflecke möglichst vermeiden und die durch die roten Linien angegebenen Niveauunterschiede beachten. Nun die Makkaroni für Teil B zurechtsägen, sie waagrecht und genau im rechten Winkel zu denen von Teil A anordnen und festkleben. Der Kopf des Hahns besteht aus zwei halben Schleifchennudeln für Kamm und Kehllappen, zwei leicht gebogenen Makkaronistücken für den Schnabel und einem sorgsam abgesägten und geschliffenen 3 mm langen Makkaronistückchen für das Auge. Aus gebogenen, verschieden langen Makkaronistücken und aus Hörnchen wird das Gefieder bei C und D gebildet, zuerst richtig anordnen, dann kleben. Die Beine bestehen aus 55 mm langen geraden Makkaronistücken, die Zehen und Sporen aus kleinen gebogenen Stücken. Größe wie in der Abbildung links. Der Schwanz wird, wie im Foto, sorgfältig aus gebogenen Stücken zusammengesetzt; anordnen, dann Stück für Stück ankleben. Klebstoffreste vorsichtig mit Pinzette und Spiritus entfernen, dann die Stellen mit einem Stück Fensterleder wieder blank reiben. Den Hahn flach liegend 8 Stunden trocknen lassen.

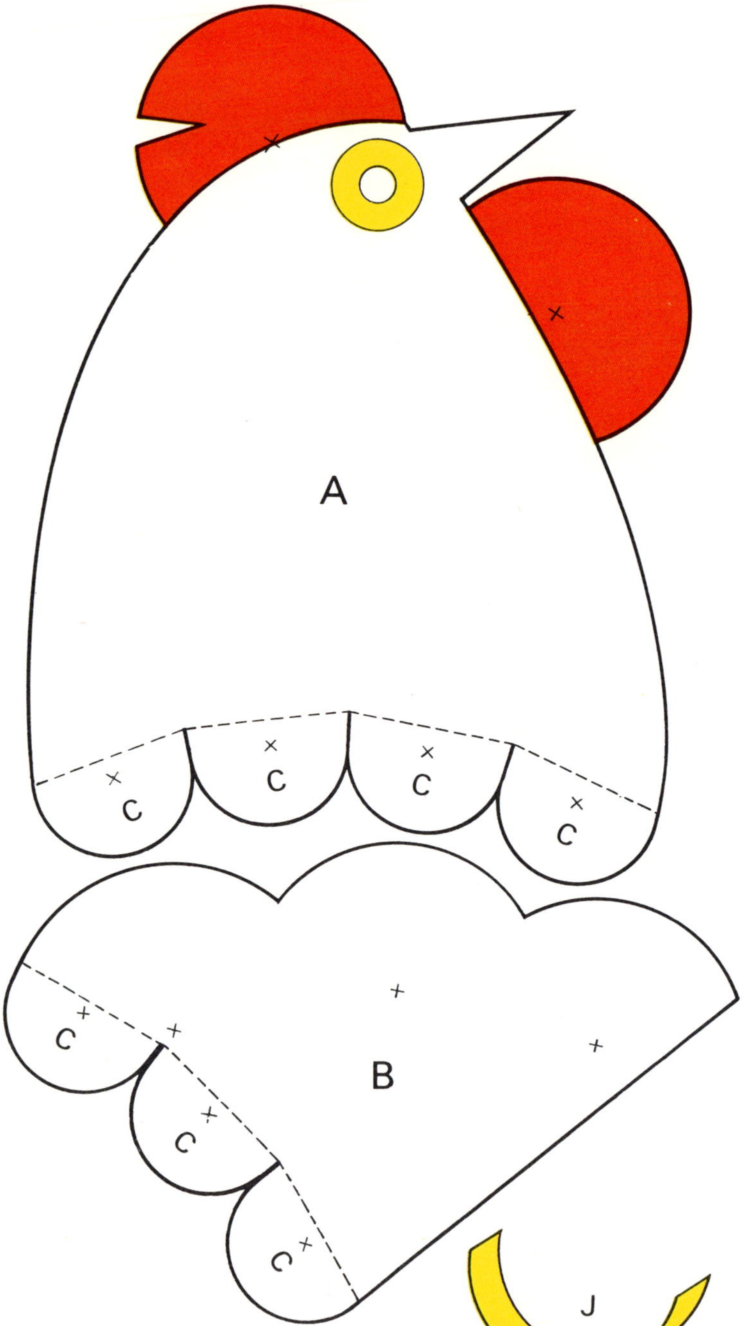

Kugel-Huhn

Materialien: Eine Styroporkugel, 53 cm Umfang, dünner Karton. Für den Fuß: Ring, etwa 2 cm hoch und 8 cm Durchmesser, aus Pappe, Blech oder Kunststoff (Abschnitt einer Papprolle, Wickelring von Klebeband, umgedrehter Dosendeckel oder ähnliches). Stabilit DUR oder Ponal als Kleber. Weiße und rote Lackfarbe. 2 Beilegscheiben aus Messing von 12 mm Durchmesser.

Die Kugel auf den Fuß kleben. Die Teile A und B je zweimal auf Papier übertragen und ausschneiden. An den gestrichelten Linien falzen und die Zungen C nach außen umbiegen. Die Teile A und B genau passend aufeinanderkleben, nicht jedoch die Zungen C, die auf den Ball geklebt werden. Kopf und Schwanz parallel in gleicher Linie auf den Ball kleben. Bei Stabilit DUR 8 Stunden trocknen lassen. Den Körper des Huhns weiß, Kamm und Kropf rot lackieren. Die Beilegscheiben als Augen aufkleben. Während des Trocknens die einzelnen Teile provisorisch mit Stecknadeln fixieren, die später wieder entfernt werden.

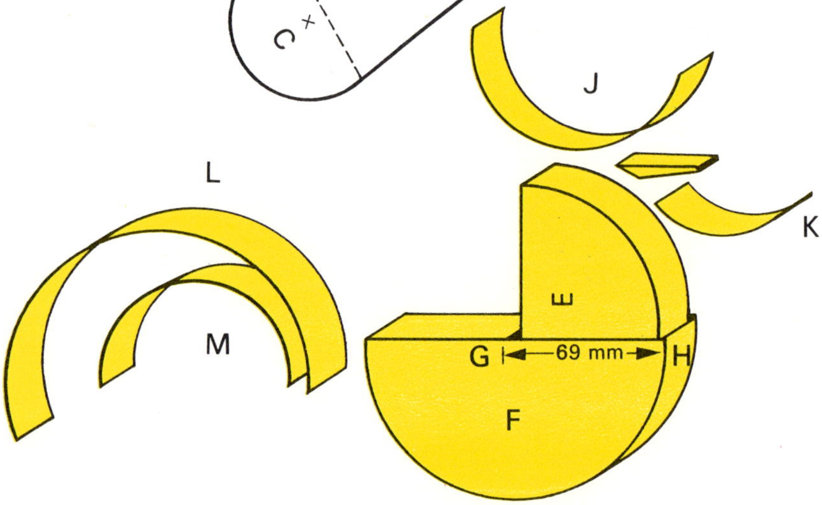

Schachtel-Hahn

Materialien: 4 Käseschachteln aus Holz (Spanschachteln): 2 gleiche halbrunde und 2 runde: eine normal groß und eine kleiner. 1 Garnrolle 54 mm hoch. Für den Schnabel: das schräg abgesägte Ende einer hölzernen Wäscheklammer, 28 mm lang. Stabilit DUR zum Kleben.

Die Schachteln und die Fadenrolle säubern und abschleifen. Die beiden halbrunden Deckel in die halbrunden Schachteln kleben, dazu das Stück G–H des geraden Schachtelrandes mit scharfem Messer oder Rasierklinge herausschneiden. Teil E in Teil F stecken und ankleben, 8 Stunden trocknen lassen. Aus den Rändern der kleinen runden Schachtel Streifen von 14 cm Länge für J und von 15 cm für M schneiden; ebenso aus den Rändern der großen runden Schachtel Streifen von 6,5 cm für K und von 22 cm für L. Wie in der Abbildung an die Teile E und F kleben, ebenso den Schnabel. Die Fadenrolle einseitig abflachen, so daß sie auf der Unterlage stehenbleibt, und den Körper des Hahns im Gleichgewicht darauf festkleben. Die Teile bis zum Trocknen (8 Stunden) provisorisch mit Klebstreifen festhalten.

Bambus-Ente

Materialien: Eine 5 mm dicke, 8×18 cm große Sperrholzplatte; 3 oder 4 Bambusstäbe, 1,20 m lang, 18 mm dick. Stabilit DUR als Kleber. Ein Näpfchen Dufix Spachtelmasse oder Gips. Eine Senkkopfholzschraube, 5 cm lang.

Vor dem Zurechtsägen der Bambusstäbchen ist zu beachten, daß die Knoten alle in gleicher Höhe liegen sollen, wie sich aus der Angabe von 14 cm in Abbildung 2 ergibt. Beim Sägen werden die Bambusstücke jeweils mit ihrem Kennbuchstaben versehen: 1 Stab von 19 cm = A; 2 Stäbe von 21 cm = BB; 4 von 18 cm = CCEE; und 2 von 22 cm = DD. Der Bambushals ist 8 cm lang = F, sein oberes Ende wird für den Kopf mit einer kleinen Rundfeile ausgehöhlt. Für den Kopf: ein 10 cm langer Stab = G. 45 mm von einem seiner Enden entfernt wird er halb angesägt und das Oberteil mit dem Messer abgespalten, so entsteht der Schnabel (Abb. 1). 9 mm von der schmalen Kante entfernt und in der Mittellinie des Brettchens wird die Schraube mit versenktem Kopf eingedreht, über ihr vorstehendes Ende das Bambusstück F geschoben, dessen unterer Rand angeklebt und der Hohlraum mit Dufix oder Gips gefüllt. Das Kopfstück G in die Ausfeilung des Halsstücks F kleben. 8 Stunden trocknen lassen. Nun folgt das Aufkleben der Bambusstücke A, BB, CC auf das Brettchen gemäß Abb. 3, dann Stäbe DD und EE auf die Fugen der unteren Bambuslage. Klebstoffreste mit Pinzette und Spiritus entfernen. Während des Trocknens Bambusteile mit Bindfaden oder Klebstreifen fixieren.

Steinerne Ente

Materialien: 3 Kieselsteine von gleicher Art, die unabhängig von ihrer Größe in folgendem Längenverhältnis zueinander stehen sollen: Kopflänge = $^{1}/_{5}$, Schnabellänge = $^{2}/_{5}$ der Körperlänge.

Die Steine wie in Abb. 4 anordnen, störende Unebenheiten mit Hammer und Schraubenzieher entfernen, gut entstauben und entfetten. Den Schnabel aufkleben, provisorisch mit Klebstreifen fixieren und trocknen lassen. Dann den Kopf aufkleben, fixieren und ebenfalls trocknen lassen. Klebstoffränder mit Sandpapier wegschleifen.

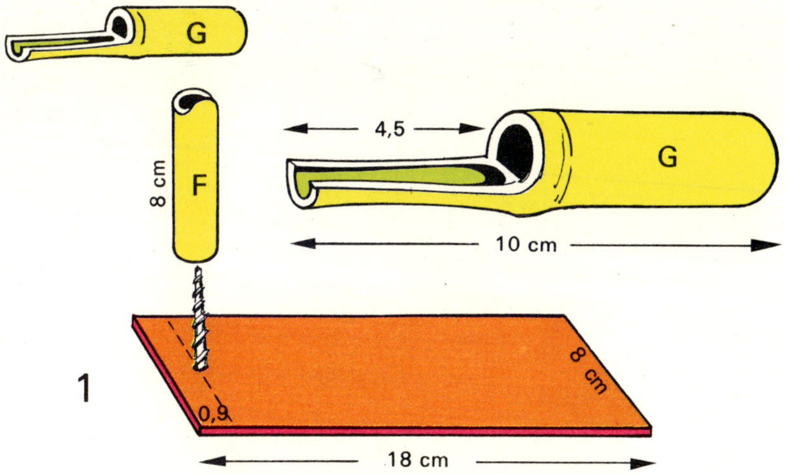

1

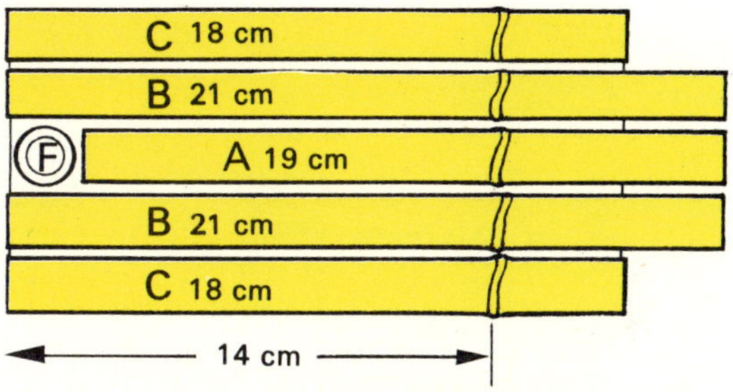

2

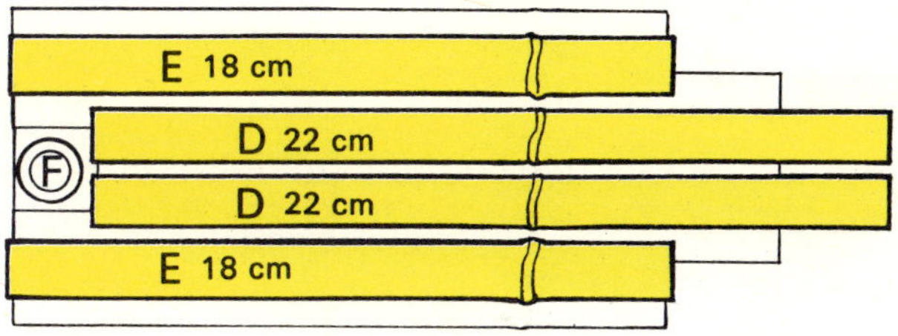

3

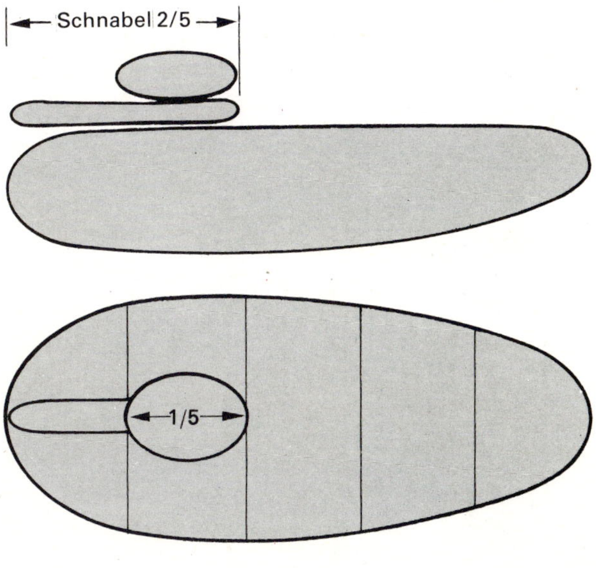

4

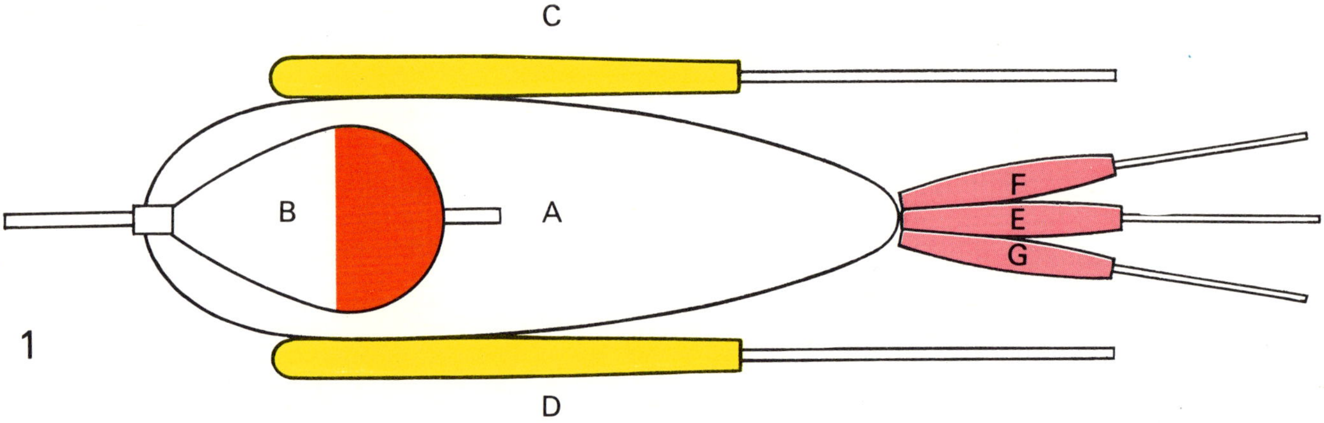

1

Bunter Wasservogel

Materialien: 7 Angelrutenschwimmer, die nach Abbildung 1 anzuordnen sind. Länge der Schwimmkörper aus Kork: A 12 cm; B 4,5 cm; C und D 7 cm; E, F und G 3 cm. Stabilit DUR zum Kleben. Ein grün lackiertes Holzklötzchen, 10 × 15 × 25 mm groß.
Den Federkiel (Stiel) des Schwimmers A ganz abschneiden und in das hintere Loch den vorderen Federkiel von E kleben. Die vorderen Federkiele der Schwimmer F und G entfernen und die Schwimmer an die Seiten von E kleben. B wird als Kopf auf den Schwimmkörper A geklebt, C und D als Flügel an seine Seiten. Die Klebstellen während des Trocknens (8 Stunden) provisorisch mit Klebstreifen fixieren. Die Klebstoffreste entfernen.

Weiße Pfefferfresser (zerbrechlich)

Materialien: 1 blockförmiges Stück Kernseife, 11 × 7 cm groß, weder zu trocken und hart noch zu frisch und weich. Goldgelbe Leuchtfarbe, marineblaue Lackfarbe, Klarlack. 4 runde gummierte oder selbstklebende Papierstückchen: 2 davon goldgelb lackiert, 12 mm Durchmesser; 2 marineblau lackiert, 9 mm Durchmesser. Pattex. Zum Modellieren: ein Messer mit langer Klinge, ein kleines, glattes Küchenmesser und ein Teelöffel.
Die Seife auf Zeitungspapier legen und zur Entfernung der Schrift eine 3 mm dicke Schicht von der Vorder- und Rückseite abschneiden. Auf die großen Flächen mit einer Nadel die Zeichnung von Abbildung 2 übertragen, und die schwarzen bzw. schraffierten Teile ganz entfernen. Seife den roten Linien entsprechend einritzen und die Schultern durch gleichmäßiges Schmälerschneiden des Kopfes auf beiden Seiten herausarbeiten, ebenso den Schnabel gemäß Abbildung 3. Den Winkel am Bauch abschrägen, Stirn, Brust, Schnabel und Schultern sanft abrunden, der ganze Rücken bleibt schulterbreit. Zum Abrunden benutzt man den Rücken des kleinen Messers und zum Glätten eine neue Rasierklinge. Die Seife darf bei der Arbeit nicht angefeuchtet werden. Die fertige Skulptur 15 Tage trocknen lassen und dann mit einem Stück Fensterleder polieren. Den Schnabel gelb streichen und lackieren, auf die Spitze einen runden marineblauen Fleck malen. Die runden gelben und blauen Augenplättchen mit Pattex vorsichtig aufkleben und lackieren. (Man kann die Vögel auch aus einem Gipsblock arbeiten.)

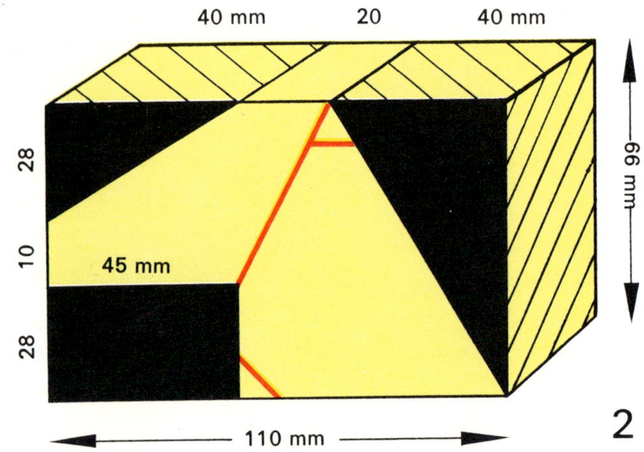

2

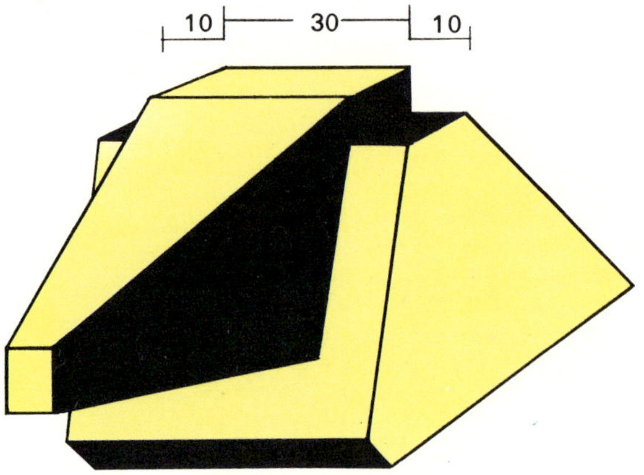

3

Maxi-Frösche

Materialien: Starkes weißes Zeichenpapier (Gewicht etwa 250 g/qm) oder durchgefärbter hellgrüner Zeichenkarton. Pritt Alleskleber oder Pritt Klebestift. Grüne, schwarze und gelbe Farbe (z. B. Plaka).
Das weiße Papier auf beiden Seiten grün anmalen; den Frosch in natürlicher Größe (Seite 40) darauf zeichnen. Vorder- und Rückseite an den gestrichelten Linien falzen (siehe Seite 16, Nr. 1). Den Frosch ringsum ausschneiden und innen die Einschnitte für die Beine machen. Über einer Tischkante die Brüche 2 für den Rücken umbiegen, danach das Papier wieder flach hinlegen wie in Abbildung 1, und die Augen an die dafür vorgesehenen Stellen kleben; die Augen sind runde schwarz und gelb lackierte Papierstücke nach der Zeichnung unten links. Nun Teil A im Falz über B falten (siehe Abb. 2) und die Ecken in Abbildung 2 im Falz 4 nach vorn biegen, sie stellen die Froschschenkel, in doppelter Papierstärke, dar. Die Augen, in einfacher Papierstärke, im Falz 3 nach oben biegen. Für den Körper des Froschs werden die Seiten des Rückens im Falz 2 nach unten geklappt, der Bauch wird rund gebogen, die grüne Zunge an der gestrichelten Linie der Zeichnung 3 nach hinten gefaltet und unter die Stirn geklebt. Vorher kratzt man die grüne Farbe an der Klebstelle etwas weg.
Die Froschpupillen kann man auch mandel- oder schlitzförmig wie auf Seite 34 links oben zeichnen.

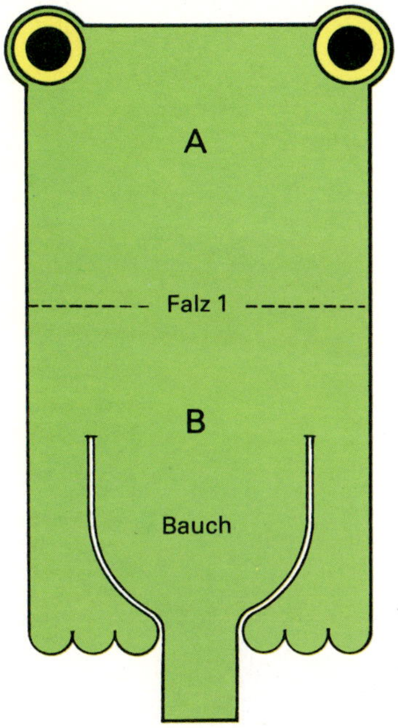

1

2

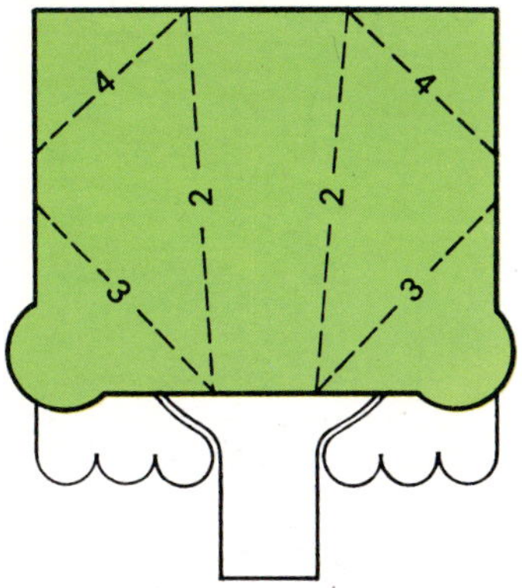

3

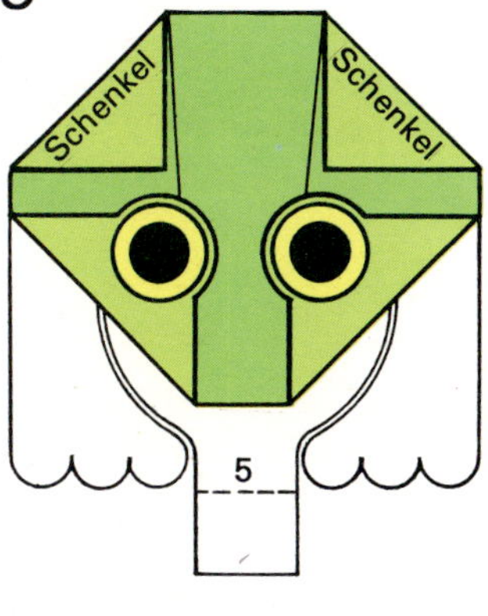

Eiserner Fisch

(Tafelbild oder Schachteldekoration)

Materialien: Schuheisen (Schuhmacher, Schuhmacherbedarfs- oder Eisenwarengeschäft) (Zeichnung in natürlicher Größe unten links): 31 Eisen in Größe A, 4 in B, 2 in C, 4 in D (2 rechte und 2 linke). Unterlegscheiben in Messing: für das Auge 1 mit 10 mm Durchmesser; für die Luftblasen 2 mit 8 mm und 1 mit 12 mm Durchmesser. Stabilit DUR oder Stabilit EXPRESS zum Kleben. Die etwa 24×32 cm große Unterlage kann aus weißem, mattem Kunststoff, aus weiß lackiertem Holz, aus einer dicken Dämmplatte oder einer Schiefertafel bestehen.

Auf Transparentpapier die Fischzeichnung von Seite 41 übertragen, denn das Foto rechts ist mehr als natürliche Größe. Das Muster auf die Grundplatte legen und am oberen Rand mit zwei Klebstreifen befestigen. Die Eisen und Beilegscheiben unter der Pause anordnen, dabei das Foto rechts zu Hilfe nehmen. Wenn die Komposition fertig ist, Pause vorsichtig abnehmen und zuerst die Eisen der äußeren Kontur ankleben (mit der Pinzette arbeiten). Danach die Eisen innen, Flossen, Schwanz Auge und Luftblasen ankleben. Klebstoff-Flecken möglichst vermeiden oder sofort mit Spiritus entfernen. Den Fisch trocknen lassen. Zum Aufhängen oder beim Einrahmen der Platte klebt man auf die Rückseite in die Mitte des oberen Randes einen Aufhänger aus Metall; Kleber dafür: Stabilit DUR, Stabilit EXPRESS oder Stabilit ULTRA.

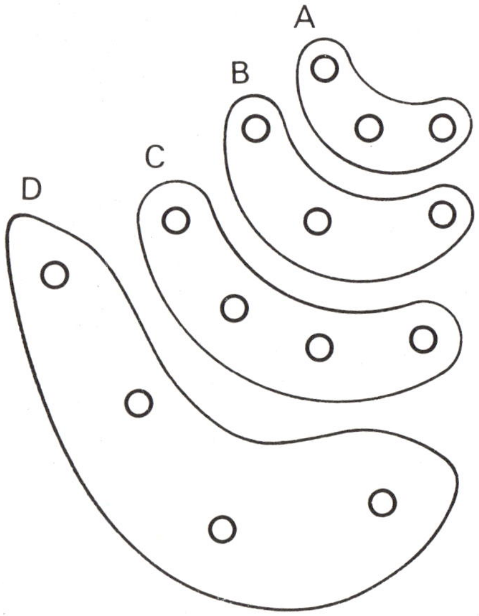

Schillernde Forelle

Materialien: Glänzende Aluminiumfolie, etwa 0,5 mm dick. Stabilit DUR. Schwarze Farbe und gelbe Leuchtfarbe (Plaka).
Den Umriß der Forelle von Seite 40 oben auf Papier übertragen und ausschneiden. Diese Schablone auf die Aluminiumfolie legen und den Umriß mit einer Nadel auf die Folie zeichnen. Die Forelle mit einer kräftigen Schere ausschneiden, ohne die Folie zu zerkratzen. Bei den kleinen Dreiecken C und D zwei Löcher zum Aufhängen einstechen (siehe Seite 16, Nr. 4). Den Fisch vorsichtig um eine Flasche biegen. Aus den Aluminiumresten mit Zirkel und Schere 2 Flossen A und 4 Flossen B herstellen, die nur etwas rund gebogen werden. Die Flossen auf beiden Seiten des Fischs an den in der Zeichnung angegebenen Stellen ankleben. Klebstoffreste entfernen, die Flossen provisorisch mit Wäscheklammern und Klebstreifen fixieren. 10 Stunden trocknen lassen.

Zappelfisch (an Stäbchen)

Materialien: 40 × 40 cm Silberkarton (einseitig mit silberner Glanzfolie, z. B. d-c-fix, beklebt); 40 × 15 cm türkisfarbener Lurexstoff; 2 lange, 1,5 mm dicke Aluminiumstäbchen oder Stricknadeln, ca. 40 cm lang. Den weißen Holzleim Ponal zum Kleben. Schwarze Farbe und gelbe Leuchtfarbe (Plaka).
Eine Pause der Forellenschablone auf Seite 40 mit den numerierten Gliedern herstellen und sie genau auf die Rückseite des Silberkartons übertragen. Der Karton ist empfindlich, deshalb Finger- und Werkzeugabdrücke vermeiden. Ein zweites, gleich großes Kartonstück, Silber gegen Silber, unter das erste legen, die Stücke fest aufeinanderhalten und den Umriß des Fischs aus dem doppelten Karton ausschneiden. Auf beide Fischseiten mit dem Zirkel die Kiemen zeichnen und der Rundung folgend ausschneiden. Nun die Forellen wieder genau aufeinanderlegen und mit Messer und Lineal in die numerierten Glieder zerschneiden. Ein Blatt Transparentpapier und darüber den Stoff auf einer Holzplatte mit Klebstreifen befestigen und die 11 Forellenglieder mit je 1 mm Abstand auf den Stoff kleben. Ein Schutzpapier darüberlegen und die Pappteile gut anreiben. Den Stoff am Rand des Fischs abschneiden, den Fisch umdrehen und mit der Silberseite auf eine saubere Papierunterlage legen. Auf dem Stoff der Glieder 1 und 11 die Enden der Haltestäbchen mit Klebeband befestigen, dann die Teile der zweiten Fisch-Hälfte genau auf die ersten kleben. Den Stoff entlang der Kiemenrundung durchschneiden. 2 Flossen A und 4 Flossen B ausschneiden, sie paarweise mit den Rückseiten genau aufeinander und an den in der Zeichnung unten angegebenen Stellen an die Glieder 4, 7 und 8 der Forelle kleben.

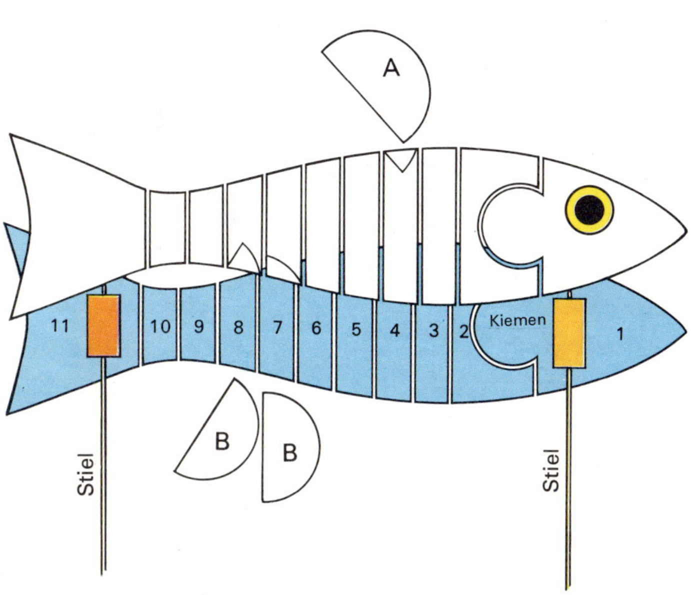

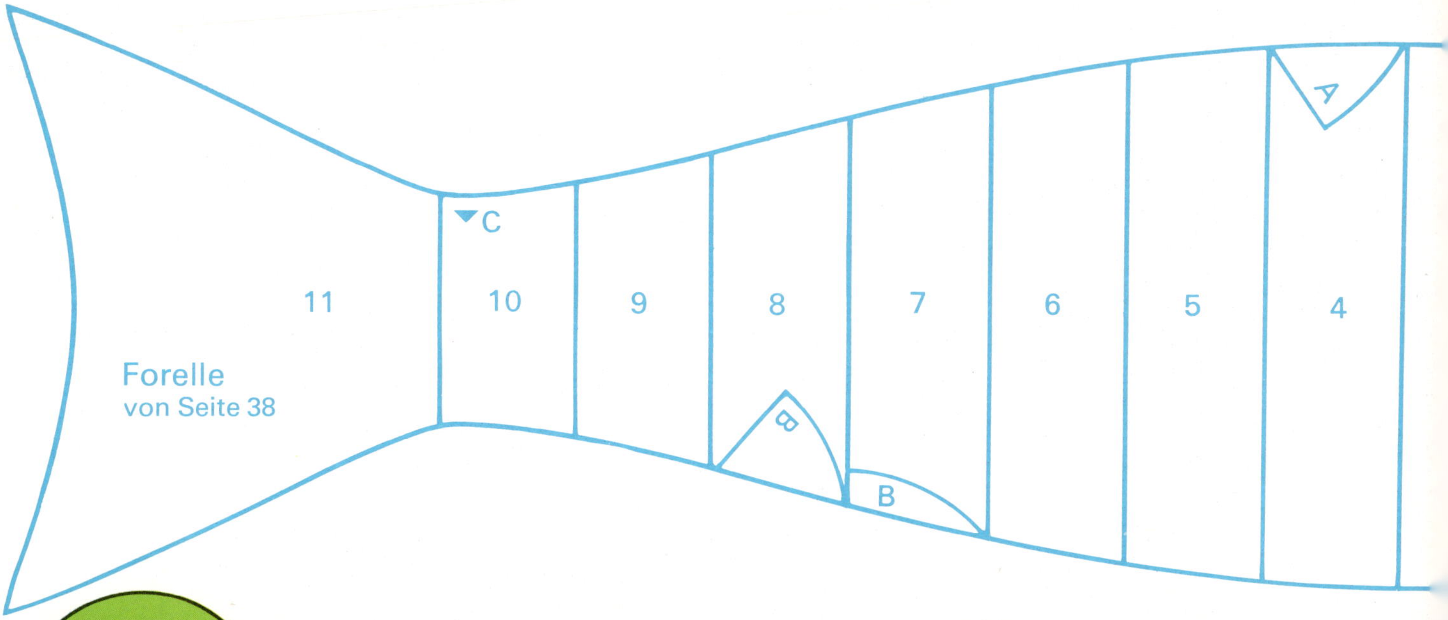

Forelle
von Seite 38

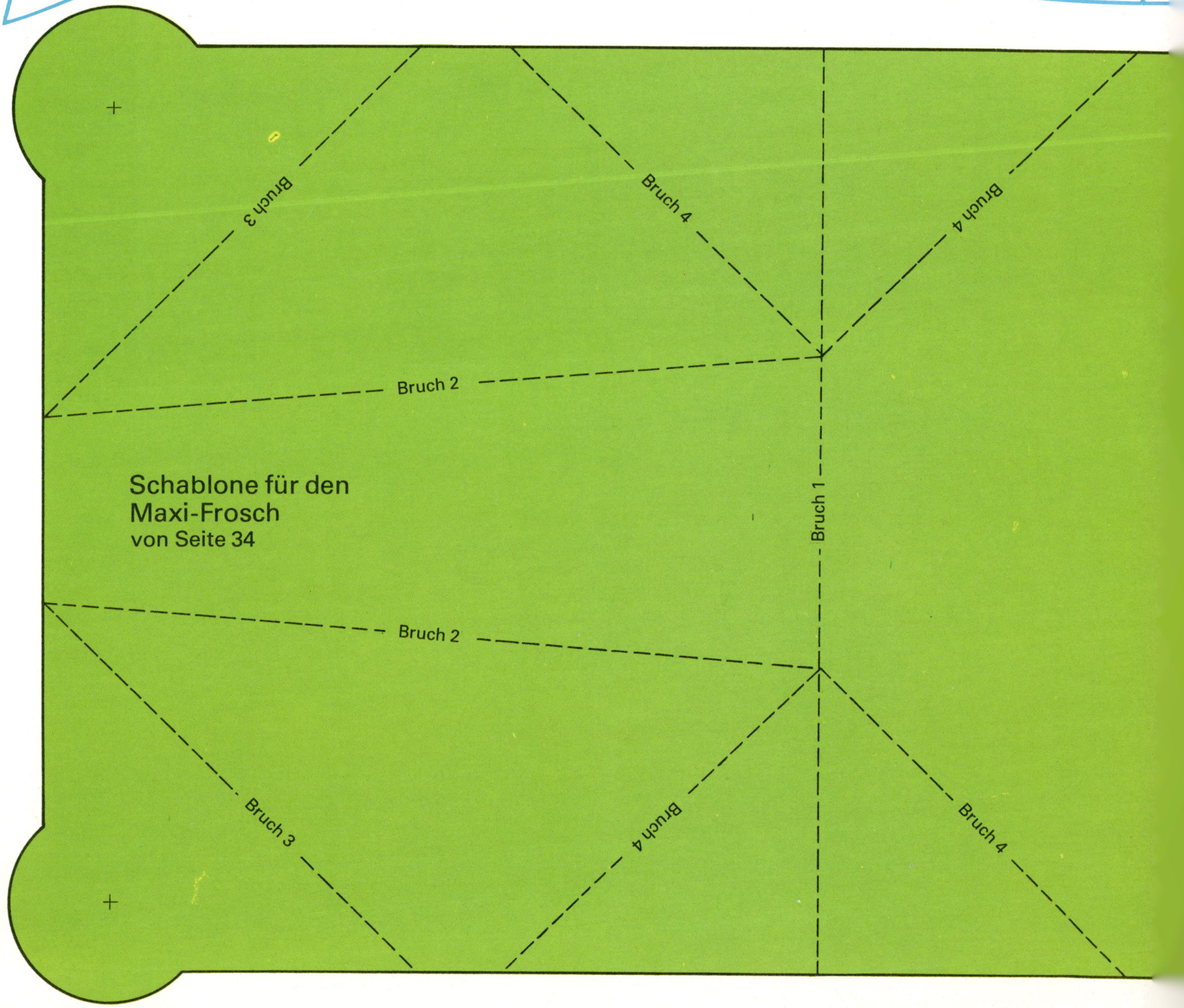

Schablone für den
Maxi-Frosch
von Seite 34

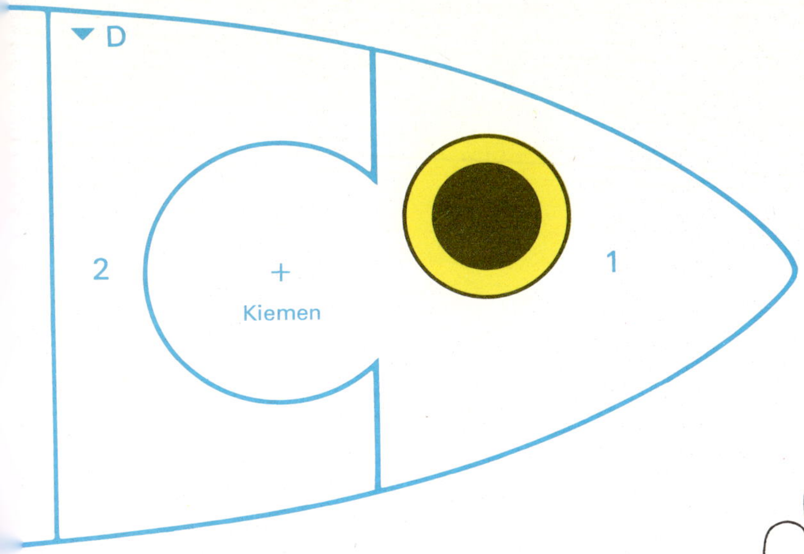

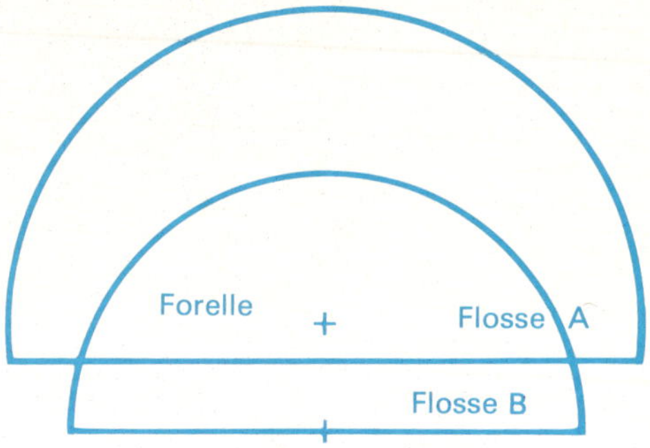

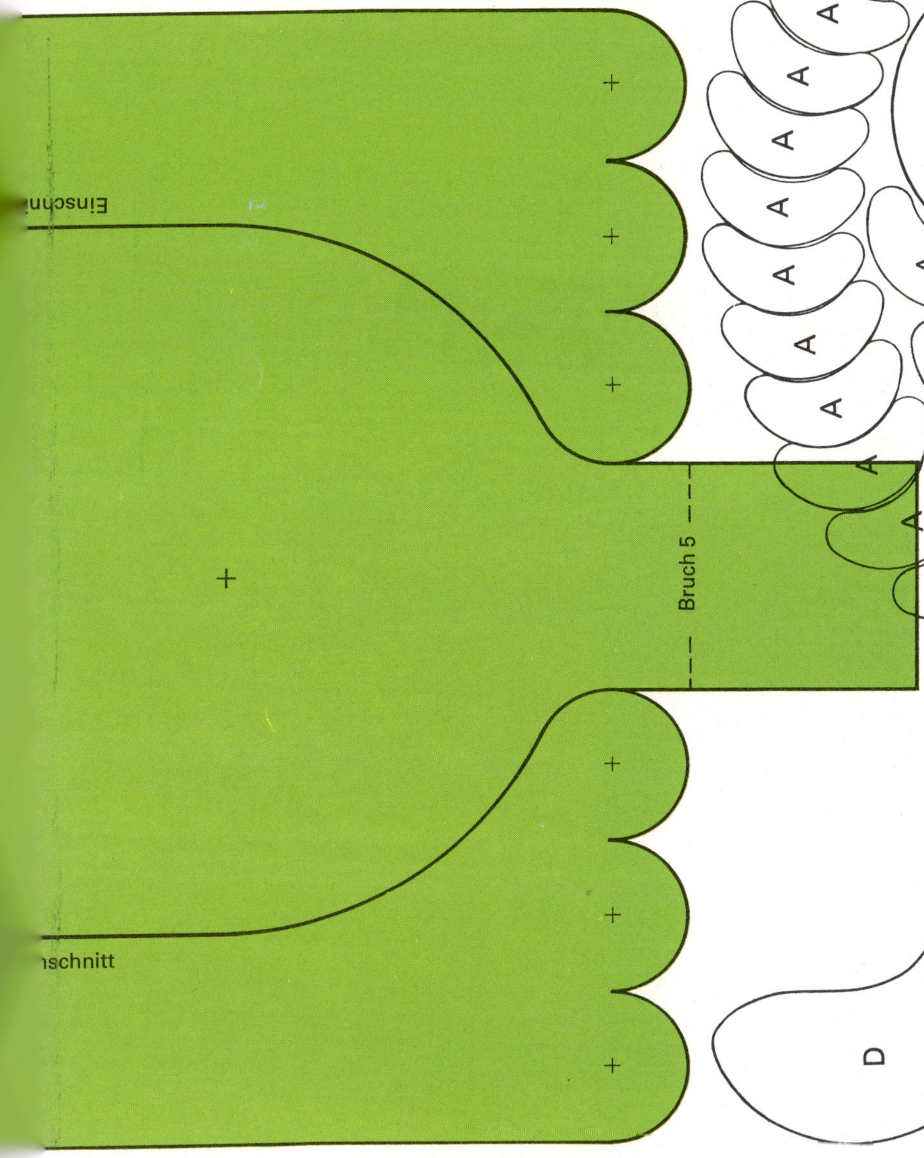

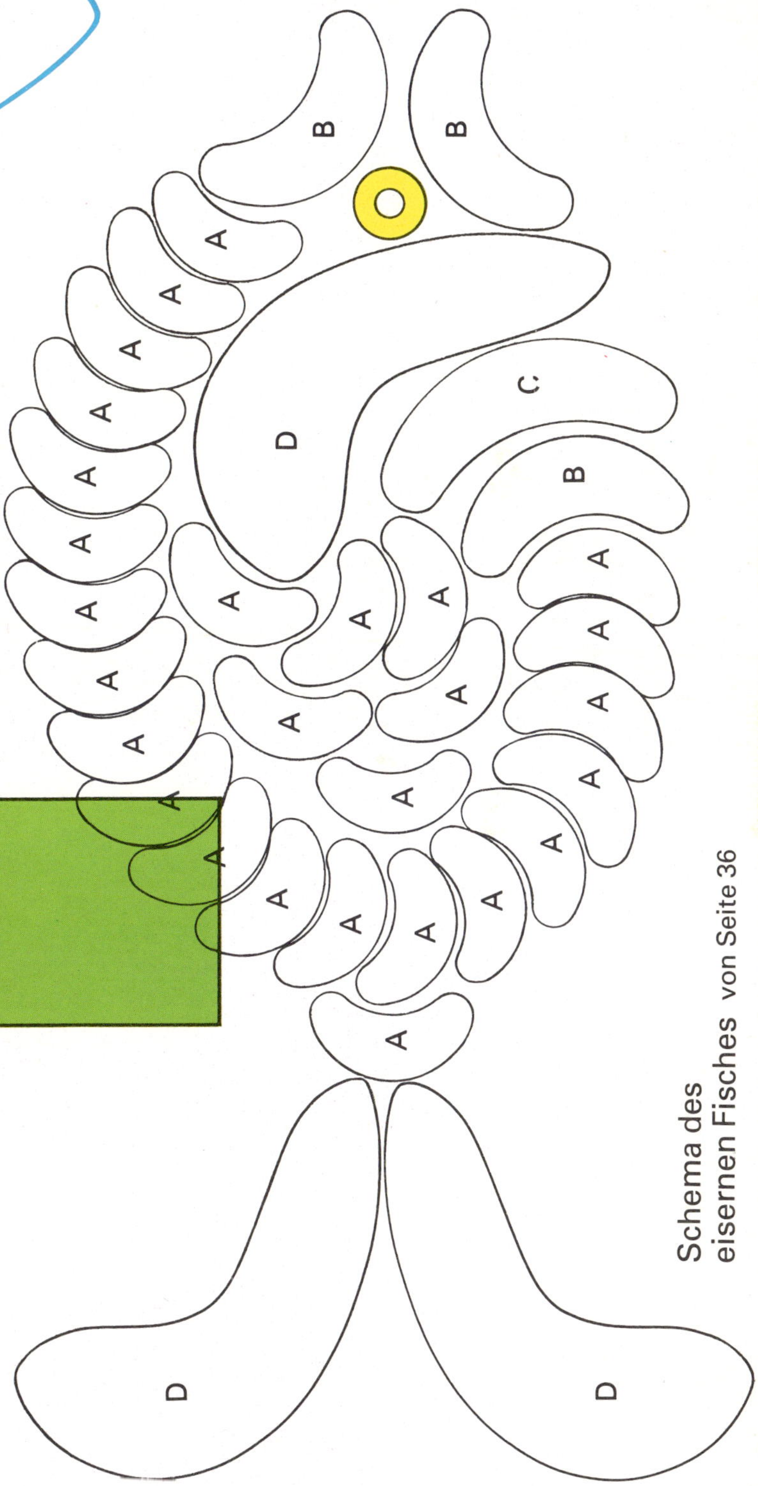

Schema des eisernen Fisches von Seite 36

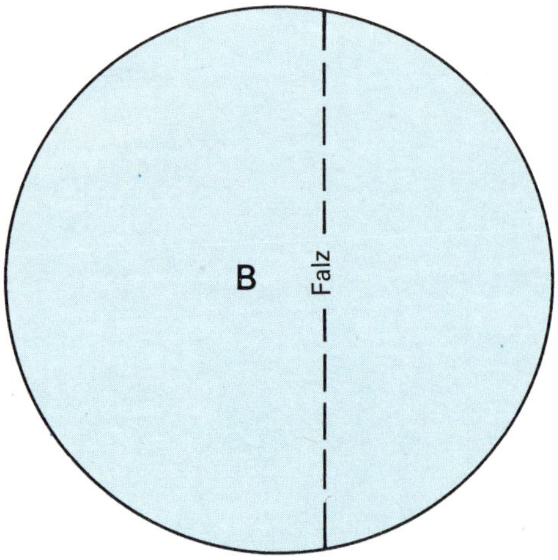

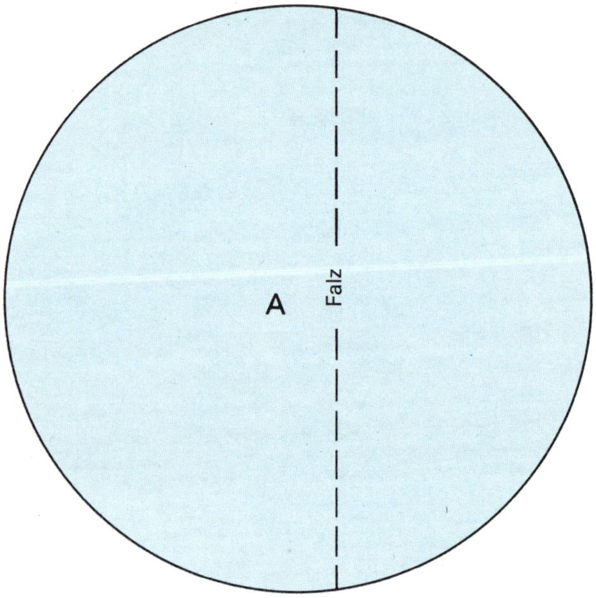

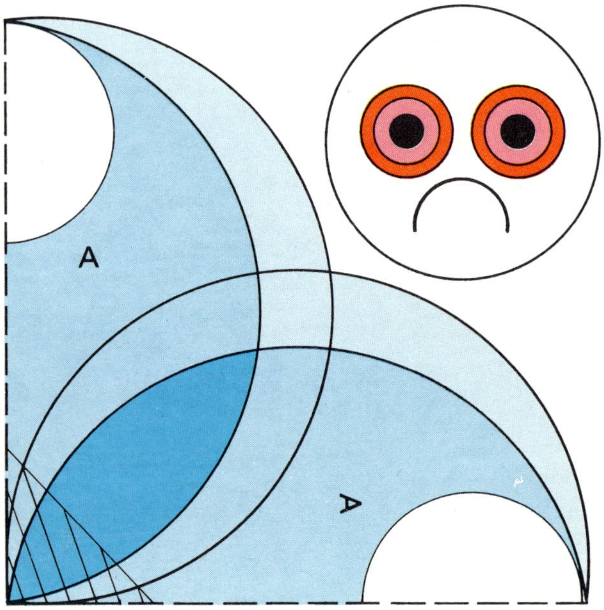

Mondfische (zum Aufhängen)

Materialien: Tischtennisbälle. Starkes Transparentpapier (90 oder 110 g/qm). Plaka in Weiß, Schwarz, Rosa und Orange. Ponal oder Stabilit DUR zum Kleben. Sehr feiner Perlonfaden (Angelschnur).

Alle Fische werden in gleicher Weise hergestellt: Eventuell vorhandenen Aufdruck auf dem Ball mit einer Rasierklinge vorsichtig wegschaben. Zur Anbringung von Schwanz und Flossen mit einer feinen Säge (Laubsäge) in der Mittelnaht des Balls drei 15 mm lange Einschnitte machen. Dazu legt man den Ball auf einen sauberen Lappen, hält ihn mit der linken Hand fest und sägt mit der rechten die genau in einer Linie liegenden Einschnitte. Der Abstand zwischen Schwanz und Flossen beträgt 15 mm. Aus Transparentpapier je zwei runde Stücke mit Zirkel und Schere herstellen und an der gestrichelten Linie falten (A und B in der Abbildung nebenan). B ergibt die zwei Flossen, A den verdoppelten Schwanz. Für den Schwanz: Zwei gefaltete Stücke A herzförmig aufeinanderlegen und die schraffierten Ecken innen leicht aufeinanderkleben. Dann auf beide Außenseiten der Spitze etwas Kleber geben und den Schwanz in den mittleren Einschnitt kleben. Klebstoffreste mit Rasierklinge oder feinem Messer sofort entfernen. Für die Flossen: ein gefaltetes Rundstück B mit einer Ecke in den Einschnitt für die Flosse kleben, die gerade Seite schräg zum Schwanz zeigend (Abbildung rechts). 2 Stunden trocknen lassen.

Für das Fischgesicht: Entsprechend der Zeichnung nebenan mit Schwarz Kreise zeichnen und rosa und orangefarben ausmalen. Das Fischmaul halbrund. Den Ball nicht mit der Zirkelspitze verletzen! An den Ecken der umgefalteten Schwanzteile je ein Halbrund von 3 cm Durchmesser weiß anmalen (Zeichnung links und Foto rechts). Fisch trocknen lassen und am Perlonfaden aufhängen, der in die obere Flosse, 5 mm vom Rand entfernt, geknüpft wird. Je nach Wunsch fünf bis zehn Mondfische herstellen und sie als Mobile in einer Reihe an einem Stab oder, unregelmäßig angeordnet, an einer Platte aufhängen (Karton, Sperrholz, Aluminium, Gitter).

Stier aus dem Meer (mit Pinzette zu arbeiten)

Materialien: Möglichst flache Bruchstücke von geriffelten Muschelschalen einer Sorte. Weiße Unterlage aus Karton. Kleber: Ponal oder Stabilit DUR. Klarer Lack.
Die Formen des Stiers auf der Unterlage leicht skizzieren und dann die Muschelschalenstücke aufkleben, zuerst die äußeren Konturen, danach das Innere. Ungestört und flach liegend trocknen lassen. Die Muscheln mit Lack überstreichen (z. B. Pelikan-Lack).

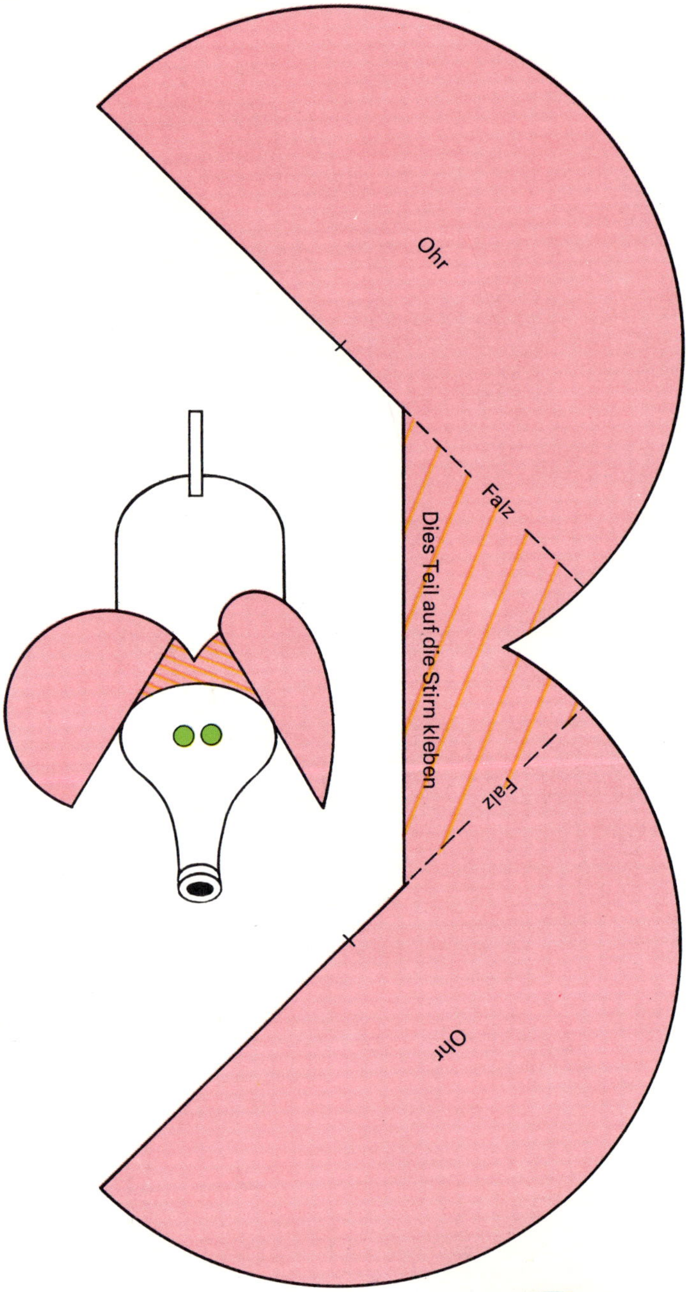

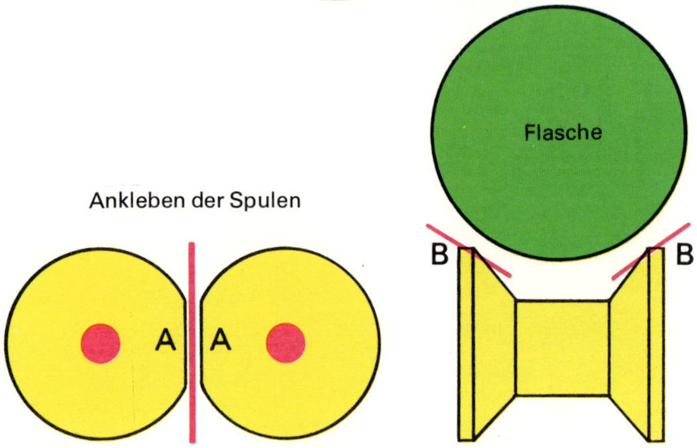

Ankleben der Spulen

Große und kleine Sparschweine

Die kleinen Sparschweine leben von Geldscheinen und kleinen Münzen, das große ist sehr hungrig und frißt alles, was es bekommt.
Materialien: Flaschen aus Glas oder Kunststoff (die große Sparbüchse vom Foto ist aus Kunststoff, die kleinen sind aus Glas). 2 Garnrollen aus Holz oder Kunststoff je Sparbüchse.
Festes weißes Papier für die Ohren. Die Schwänzchen bestehen aus Karton- oder Plastikringen von etwa 2 cm Durchmesser, z. B. Klebebandrollen oder 8 mm breite Abschnitte von Pillenröhrchen aus Kunststoff (mit einer feinen Säge abschneiden und die Kanten glattschleifen). Plaka in Weiß, Rosa, Grün und Orange. Klarlack. Stabilit DUR oder Stabilit EXPRESS zum Kleben.
Flaschen und Spulen säubern und glattschleifen. Spulen unter die Flaschen kleben und provisorisch mit Klebstreifen fixieren. Holzspulen an den rosa Linien A und B etwas flachfeilen und dicht nebeneinander unter die Flasche kleben. 12 Stunden trocknen lassen.
Für die Schwänzchen: Entweder zwei gleiche Ringe aufeinander oder einen kleinen in einen größeren kleben. Provisorisch mit Klebstreifen fixieren, 12 Stunden trocknen lassen. Die Ohrenschablone der Zeichnung links auf das weiße Papier übertragen und ausschneiden, an den gestrichelten Linien umbiegen und mit dem schraffierten Teil auf die Stirn kleben. Die Klebestelle mit Gummiringen oder Bindfaden provisorisch fixieren und trocknen lassen. Kein Klebeband benutzen, weil es das Papier beim Abnehmen beschädigen würde. Die Körper weiß oder rosa anmalen und lackieren; die Ohren innen rosa und außen orangefarben; ebenso werden die Kunststoffspulen angemalt und lackiert; Holzspulen bleiben naturfarben.
Für die Augen kleine runde Kartonstückchen leuchtendgrün anmalen und festkleben.
Wie öffnet man die Sparbüchsen später? Die aus Kunststoff mit einer Schere oder feinen Säge (Geldscheine dabei nicht zerschneiden!), die aus Glas steckt man in eine Plastiktasche und zertrümmert sie an einer Mauer.

Ondulierter Löwe

Materialien: 80 Haarnadeln, schwarz, 65 mm lang und ganz flach (die Wellen aushämmern). Kleber: Stabilit DUR mit spitzer Tülle. Starre Unterlage, 45×50 cm groß, aus weiß lackiertem Holz oder starker Pappe.
Für die Ohren und anderen Teile des Gesichts werden die Nadeln folgendermaßen verändert; Ohren: die Nadeln ganz auseinander und anschließend um einen Flaschenhals rund biegen, beide Enden mit der Beißzange um 5 mm kürzen; Nase und Augenbrauen: 2 Nadeln ganz öffnen und 4 cm von einem Ende mit der Hand rund biegen; Nüstern: 5 cm breit aus einer Nadel, von einem Schenkel sind 4 cm senkrecht nach unten gebogen, vom Ende des anderen Schenkels sind 1,5 cm waagrecht nach innen zurückgebogen; das gerade Maul besteht aus einer halben Haarnadel; 2 auf 4 cm verkürzte Nadeln bilden die Augen und 2 abgeschnittene Nadelbiegungen die Pupillen. Die Nadeln auf der Unterlage anordnen (64 für die Mähne) und sie, unten beginnend, sorgfältig ankleben. Mit der Pinzette arbeiten, wenig Klebstoff mit der spitzen Tülle auftragen, um Flecke zu vermeiden. Flach liegend und beschwert 12 Stunden trocknen lassen.

Wildschwein

Materialien: Ein kleiner, gut getrockneter, birnenförmiger Flaschenkürbis, etwa 8 cm groß; 4 dünne Bambusstäbe, 6 cm lang; 2 Markierungsnadeln mit weißen Köpfen; 2 runde Stücke aus weißem Karton von 28 mm Durchmesser. Braune und rosa Farbe. Ponal oder Stabilit DUR zum Kleben.
Den Kürbisstiel abschneiden und an die Gegenseite kleben. Mit dem Nagelbohrer vier Löcher für die Beine bohren und diese so einkleben, daß sie noch 2 cm vorstehen. Für die Ohren zwei 12 mm lange Schlitze in die Stirn sägen und die Kartonscheiben hineinkleben. 8 Stunden trocknen lassen. Danach das Innere der Ohren rosa, die Außenseite und die Streifen auf dem Körper braun malen. Die Markierungsnadeln für die Augen einstechen.

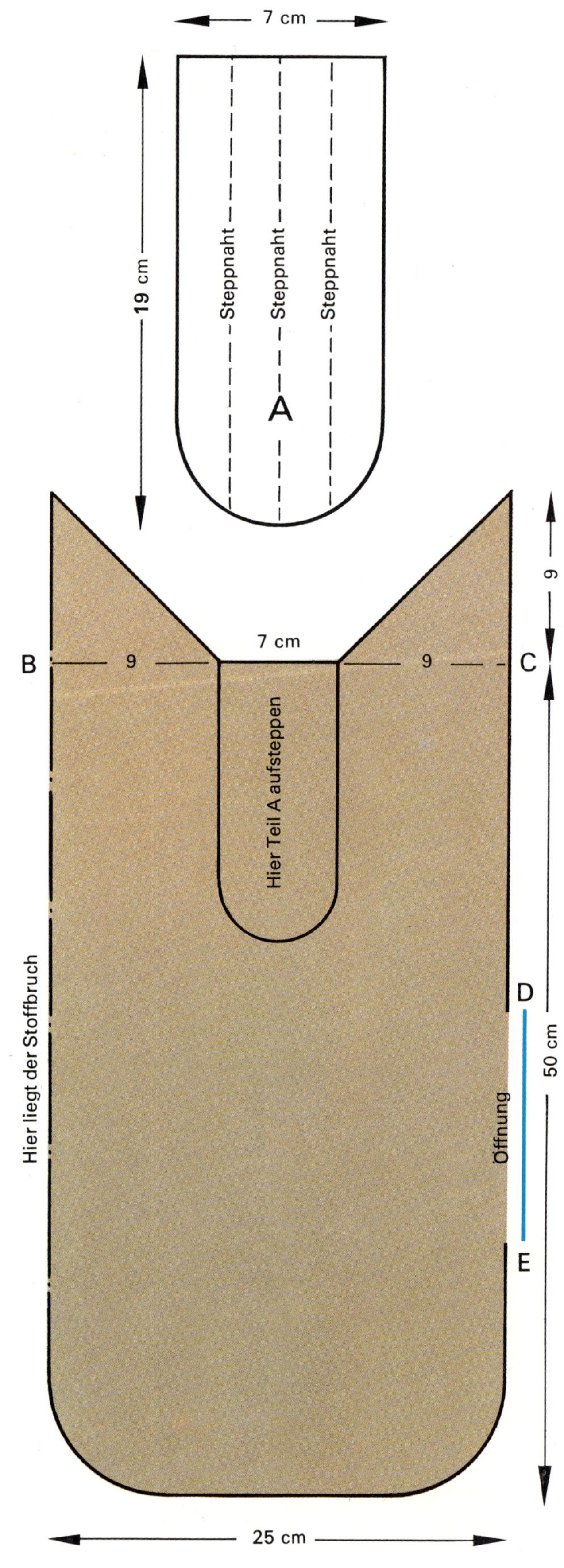

Diwanpferdchen (Kissen)

Materialien: 55×65 cm brauner Stoff; für den Fleck auf der Vorderseite ein heller Leder- oder Wildlederstreifen oder ein Streifen Vorhangtoile 19×7 cm groß. Zur Versteifung der Ohren 2 quadratische Filzstücke, 9×9 cm, diagonal durchgeschnitten. Für die Füllung: Kapok oder Schaumstoffschnipsel.

Für das Zaumzeug: schwarze Leder- oder Plastikriemen, 25 mm breit; Riemenlänge: Stirnriemen: 55 cm plus Schnalle (auf der Rückseite geschlossen); Nasenriemen: 46 cm plus Schnalle; senkrechter Riemen: 50 cm ohne Schnalle. Für die Scheuklappen: 2 schwarze Lederrechtecke 6×9 cm (von Handtasche, Portemonnaie, Notizbucheinband). 2 verchromte Metallringe von 4 cm Durchmesser; 1 große Schelle. Für die Nüstern: 2 braune Knöpfe von 14 mm Durchmesser.

Nach der Abbildung links einen Papierschnitt zeichnen und ausschneiden. Den Stoff doppelt legen und den Schnitt am Stoffbruch anstoßen lassen. Nun den Stoff nach dem Schnitt mit 15 mm Nahtzugabe zuschneiden. Aus dem weißen Material die Form A zuschneiden und auf die Stirn des Pferdes heften, mit der Maschine ringsum aufsteppen und viermal in Abständen von 17 mm entsprechend den gestrichelten Linien in Abbildung A der Länge nach durchsteppen. Den braunen Stoff wenden, so daß er rechts auf rechts liegt, und den Pferdekopf bis auf die Öffnung D–E zusammensteppen. Dann wiederum wenden, bügeln, in das Innere beider Ohren zwei Filzdreiecke von 9 cm Seitenlänge schieben und in Höhe von B–C durch die Ohren steppen. Das Kissen mit Kapok oder Schaumstoffschnipseln füllen und die Öffnung D–E von Hand mit kleinen Stichen schließen. Für das Zaumzeug: Auf den Stirnriemen in 7 cm Abstand voneinander die Scheuklappen nähen und 3 cm von der linken Scheuklappe entfernt einen der Ringe befestigen. Den zweiten Ring 12 cm links von der Schnalle am Nasenriemen anbringen, die Schelle an diesen Ring hängen. Beide Riemen um das Kissen schnallen und sie von Ring zu Ring durch den 50 cm langen Längsriemen verbinden. Für die Nüstern: Zwei braune Knöpfe mit 6 cm Abstand annähen. Unser Pferdekopf kann gegen eine Wand gelehnt oder einfach auf eine Couch gelegt werden.

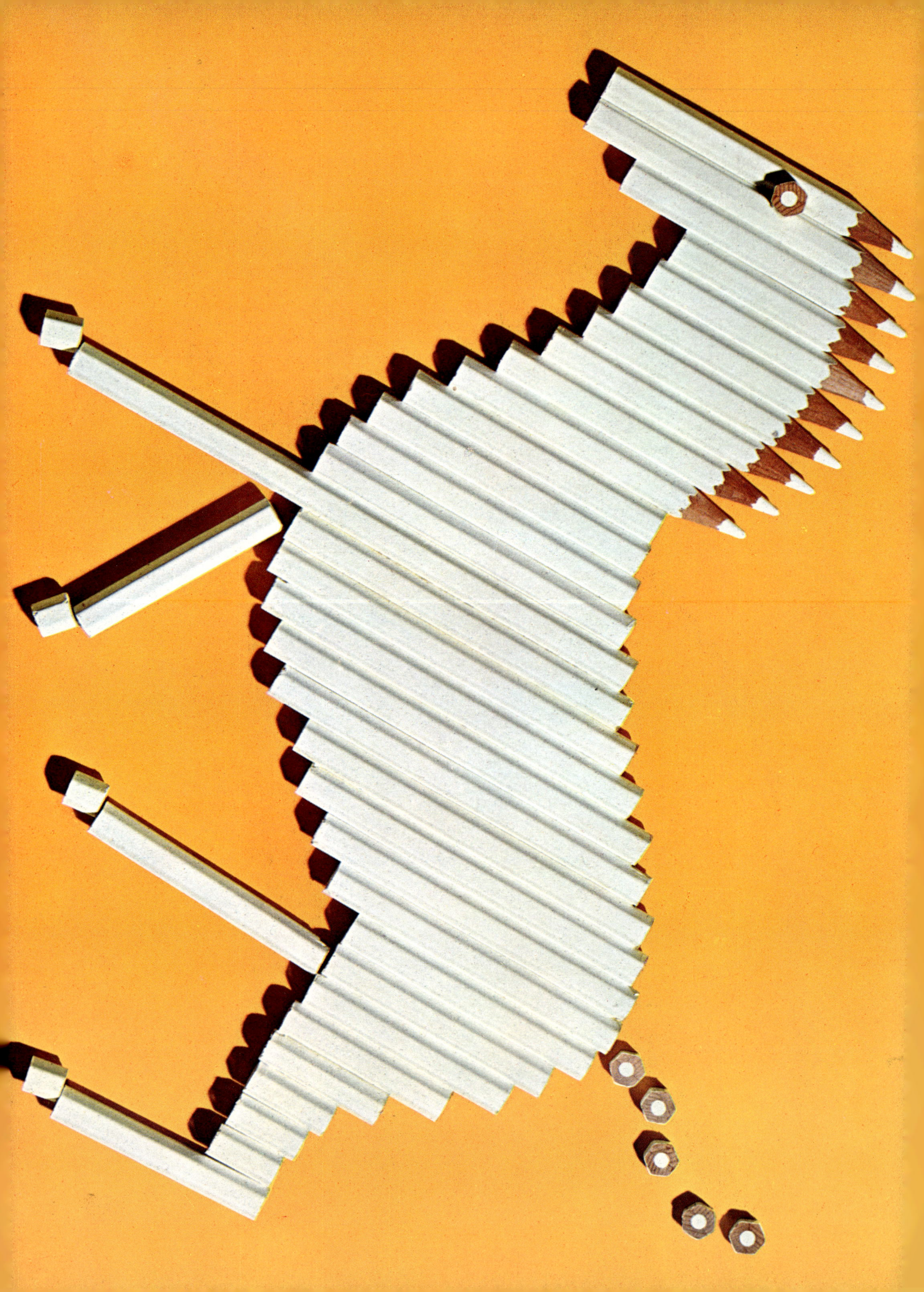

Bleistift-Pferd (Bildtafel, Foto in natürlicher Größe)

Materialien: 20 gleiche neue Bleistifte, weiß, sechskantig. Pattex compact zum Kleben. Unterlage: Eine 40×40 cm große Holz- oder Papptafel, goldgelb lackiert.
Das Foto links sorgfältig auf Transparentpapier durchpausen und die Pause am oberen Rand mit zwei Klebstreifen auf der gelben Platte befestigen. Die Bleistifte mit einer feinen Säge nach den in der Zeichnung unten angegebenen Maßen zuschneiden, die Schnittstellen auf einem auf dem Tisch liegenden Blatt Sandpapier glattschleifen. Die 10 ersten Bleistiftstücke behalten die Spitzen, um die Pferdemähne anzudeuten. Die Spitzen muß man noch zu den in der Zeichnung angegebenen Maßen hinzurechnen. Die Stücke, am Kopf beginnend, der Reihe nach zusägen und nebeneinander unter die Pause legen.
Sobald die Anordnung stimmt, wird die Pause vorsichtig entfernt, und die Bleistifte können, mit dem Kopf beginnend, aufgeklebt werden. Der Kleber wird nur auf eine Kante, und zwar auf die mit der Beschriftung aufgetragen, die Stifte müssen parallel und dicht aneinanderliegen. Klebstoff-Flecke möglichst vermeiden oder sofort mit Spiritus entfernen. Für das Auge und den Schwanz 5 mm lange Bleistiftstückchen absägen. Alles flach liegend trocknen lassen, damit sich die Stifte nicht verschieben.
Wenn man will, kann aus dem Pferd auch ein Zebra werden. Dafür genügt es, am Körper jeden zweiten Stift schwarz zu lackieren und die Beine schwarz und weiß zu ringeln. Die ersten beiden Stifte am Kopf bleiben weiß, nur das Maul wird schwarz lackiert.
Man kann anstelle der Bleistifte auch Stabifix (Papierstäbchen) nehmen und die Enden (für die Mähne) anmalen. Das Material bekommt man im Spielwarenhandel.

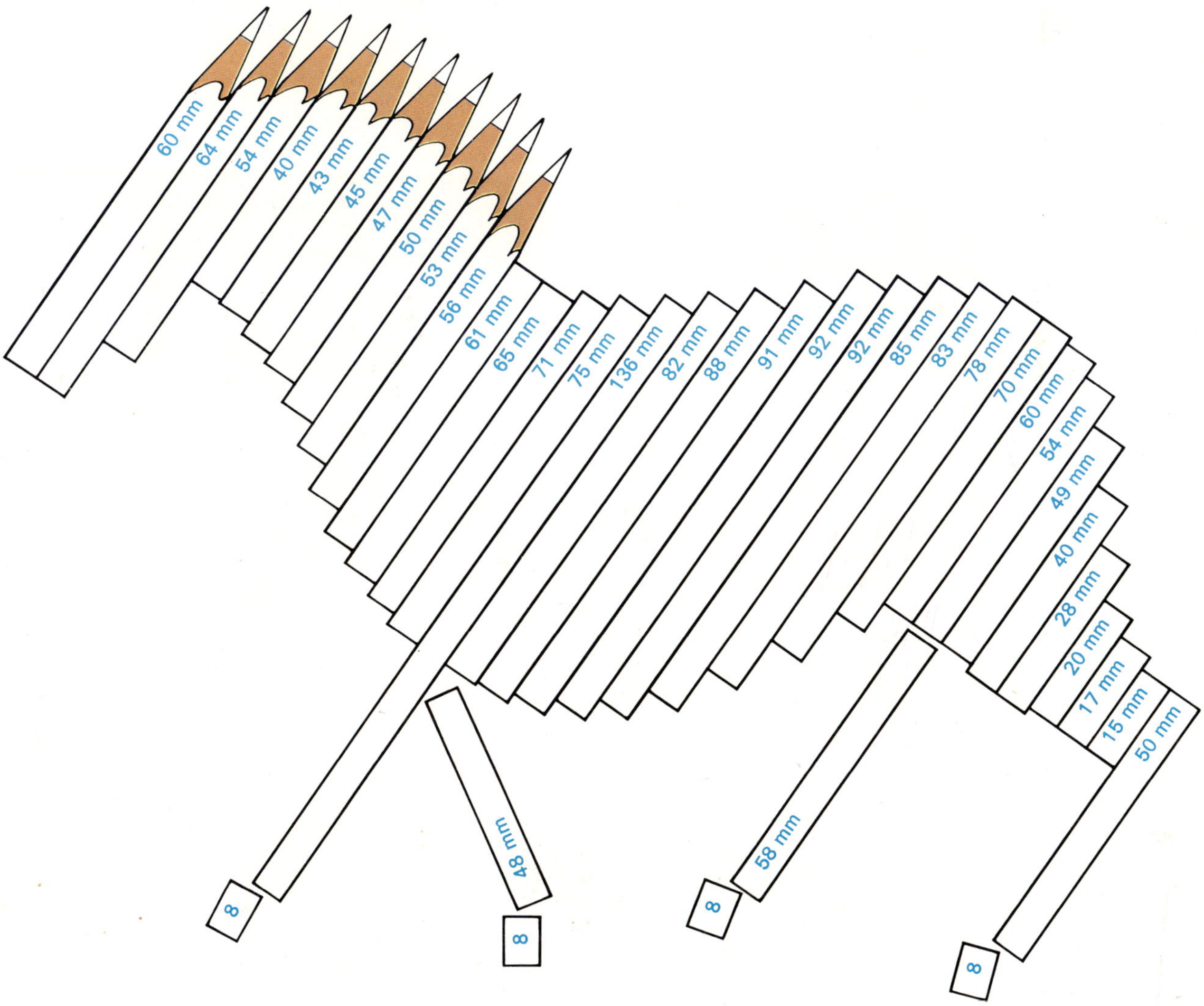

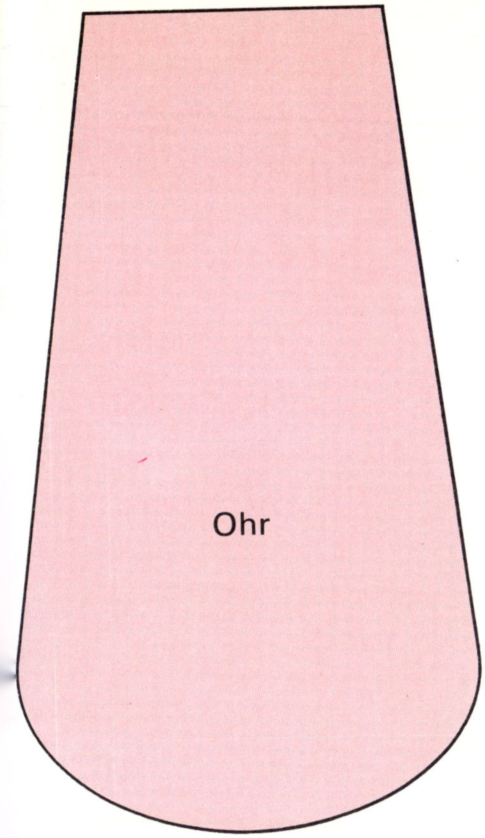

Socken-Waldi

Materialien: Kindersocken: 1 rote, aus mittelfeiner Wolle dicht gestrickt; Fußlänge 12 cm, Beinlänge etwa 23 cm. 3 gelb und blau geringelte, feingestrickte Socken, Beinlänge 20 cm. Kapok oder Schaumstoffschnitzel zum Füllen. Perlen oder Kugelknöpfe: 1 mit 18 mm Durchmesser für die Nase, 2 mit 6 mm Durchmesser für die Augen, marineblau. Für die Füße: 4 schmale Spulen von 7 cm Durchmesser (Perlonschnurspulen) und 2 dicke Spulen, ca. 18 mm stark, 3 cm Durchmesser. Stabilit DUR zum Kleben. Grüne Lackfarbe.

Die beiden kleinen Spulen als Abstandhalter in die Mitte zwischen je zwei größere Spulen kleben und 8 Stunden trocknen lassen. In den oberen Rand der großen Spulen mit dem Nagelbohrer je zwei Löcher zum Befestigen am Dackelkörper bohren, die Löcher müssen sich genau gegenüberliegen. Spulen grün lackieren. Die Beine der drei Ringelsocken in Fersenhöhe abschneiden. Für den Schwanz: ein Bein der Länge nach falten und, an der Spitze abgerundet, mit der Maschine zusammennähen, die Nahtzugabe auf 4 mm Breite abschneiden, den Schwanz wenden, ausstopfen und unten zunähen. Zum Nähen mit der Maschine legt man die Socke zwischen zwei Blatt Seidenpapier. Für die Ohren überträgt man den Umriß der nebenstehenden rosa Zeichnung auf ein Stück Seiden- oder Pergamentpapier, legt es auf eine Ringelsocke, schiebt ein zweites Blatt darunter und steppt durch das Papier, der Kontur folgend; oben bleibt das Ohr zunächst offen. Die Nahtzugabe auf 4 mm Breite abschneiden, das Ohr wenden, bügeln und die Öffnung mit der Hand zunähen. Die rote Socke mit Kapok oder Schaumstoffschnitzeln ausstopfen, in das offene Ende senkrecht den Schwanz einfügen und zunähen. Die Ohren mit kleinen Stichen in Fersenhöhe an die rote Socke nähen, dann die Räderfüße gut am Bauch des Dackels befestigen. Zum Schluß die Perlen oder Knöpfe für Nase und Augen annähen, die Augen hoch oben und dicht beieinander, um den rührenden Dackelblick zum Ausdruck zu bringen.

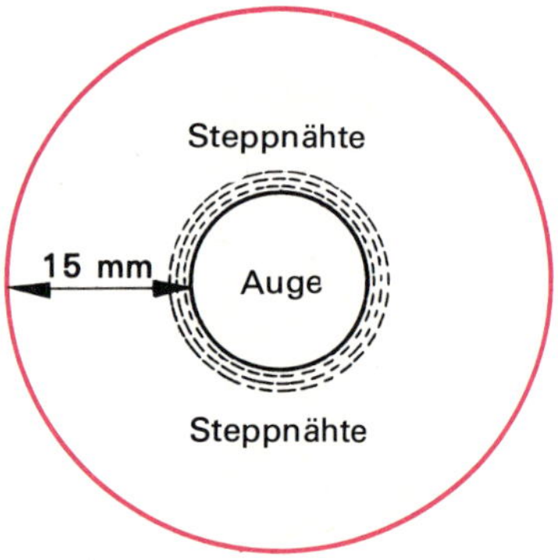

1

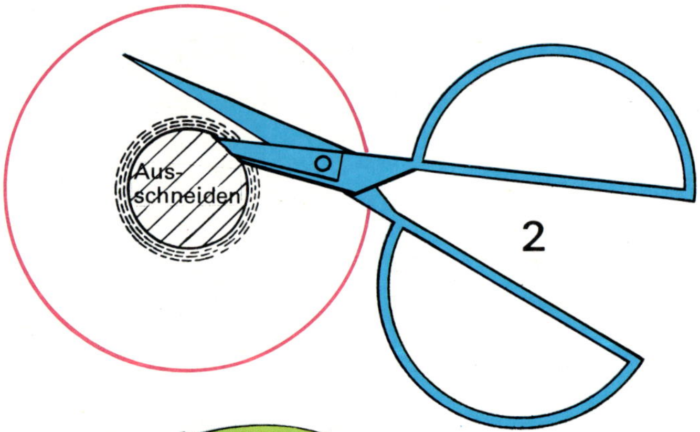

2

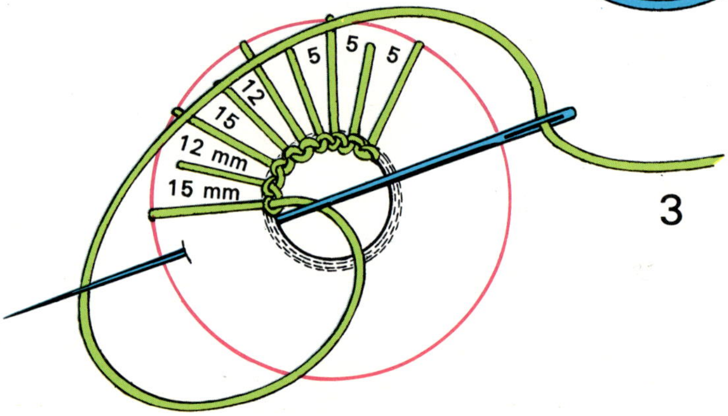

3

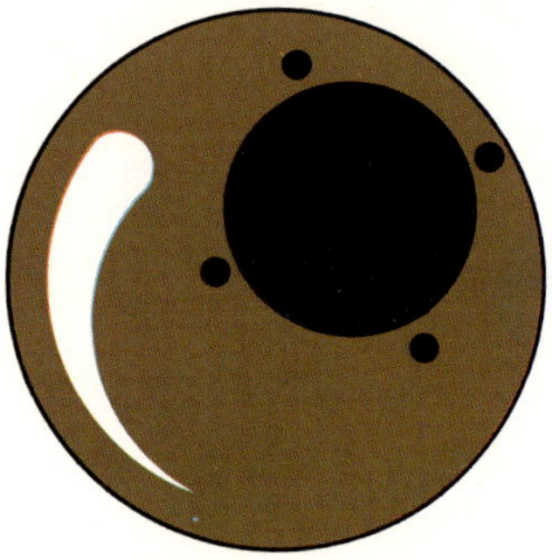

4

Hundemaske

Materialien: 60×90 cm weißer Wäschestoff; 60 cm braun gemusterter Baumwolldruck. Schwarzes Perlgarn. Ein Tischtennisball. Dunkelbraune Lackfarbe.
Ein 60×40 cm großes Stück Detailpapier in der Mitte falten, auf das so entstandene Rechteck von 30×40 cm die Halbschablone der Hundemaske auf Seite 58/59 zeichnen, dabei den Bruch des Papiers an der Linie A–B anlegen. Die Schablone öffnen, flach auf den Tisch legen und mit dem Zirkel Augen und Nase einzeichnen. Die Maske besteht aus drei gleichen Stoffstücken, zwei weißen für die Vorderseite (aus doppeltem Stoff) und einem gemusterten für die Rückseite. Den weißen Stoff doppelt legen, darauf die geöffnete Schablone, so daß die Linie C–B–C auf der Webkante liegt. Den Umriß der Schablone mit spitzem Bleistift auf den Stoff zeichnen und diesen mit 1 cm Nahtzugabe ausschneiden. In gleicher Art, jedoch ohne Verdoppelung, den gemusterten Stoff zuschneiden. Die weißen Teile entlang der Bleistiftlinie zusammensteppen. Nase und Augen mit dem Zirkel auf den weißen Stoff zeichnen und um die Augenkreise dreimal mit weißem Garn steppen (gestrichelte Linien in Abb. 1). Zur Begrenzung der Wimpern mit dem Bleistiftzirkel leichte Kreise um die Augen ziehen (rote Linie in der Abbildung). Mit einer feinen Schere das Innere der Augen (Abb. 2) und die Nase ausschneiden. Die Wimpern mit schwarzem Perlgarn sticken: die Nadel einstechen (Abb. 3), den Faden unter der Nadel herumlegen und leicht anziehen; die Wimpern sind abwechselnd 12 und 15 mm lang; ihr Abstand beträgt 5 mm. Die Schnauze wird mit einem dicken Filzschreiber aufgemalt (Abb. Seite 58 unten links). Dann Vorder- und Hinterteil rechts auf rechts liegend entlang der Steppnaht des Vorderteils zusammensteppen. Die Nahtzugaben um die Ohren herum einzwicken (siehe Seite 16, Nr. 6), die Maske wenden, bügeln und entlang der Linie D–E durchsteppen. Für die Nase (Abb. 4): aus einem Tischtennisball mit einem scharfen, dünnen Messer (Schustermesser) ein rundes Stück von 2 cm Durchmesser herausschneiden und dicht daneben mit einer Ahle 4 Befestigungslöcher bohren, dann den Ball braun lackieren und über der Nasenöffnung im Stoff annähen.

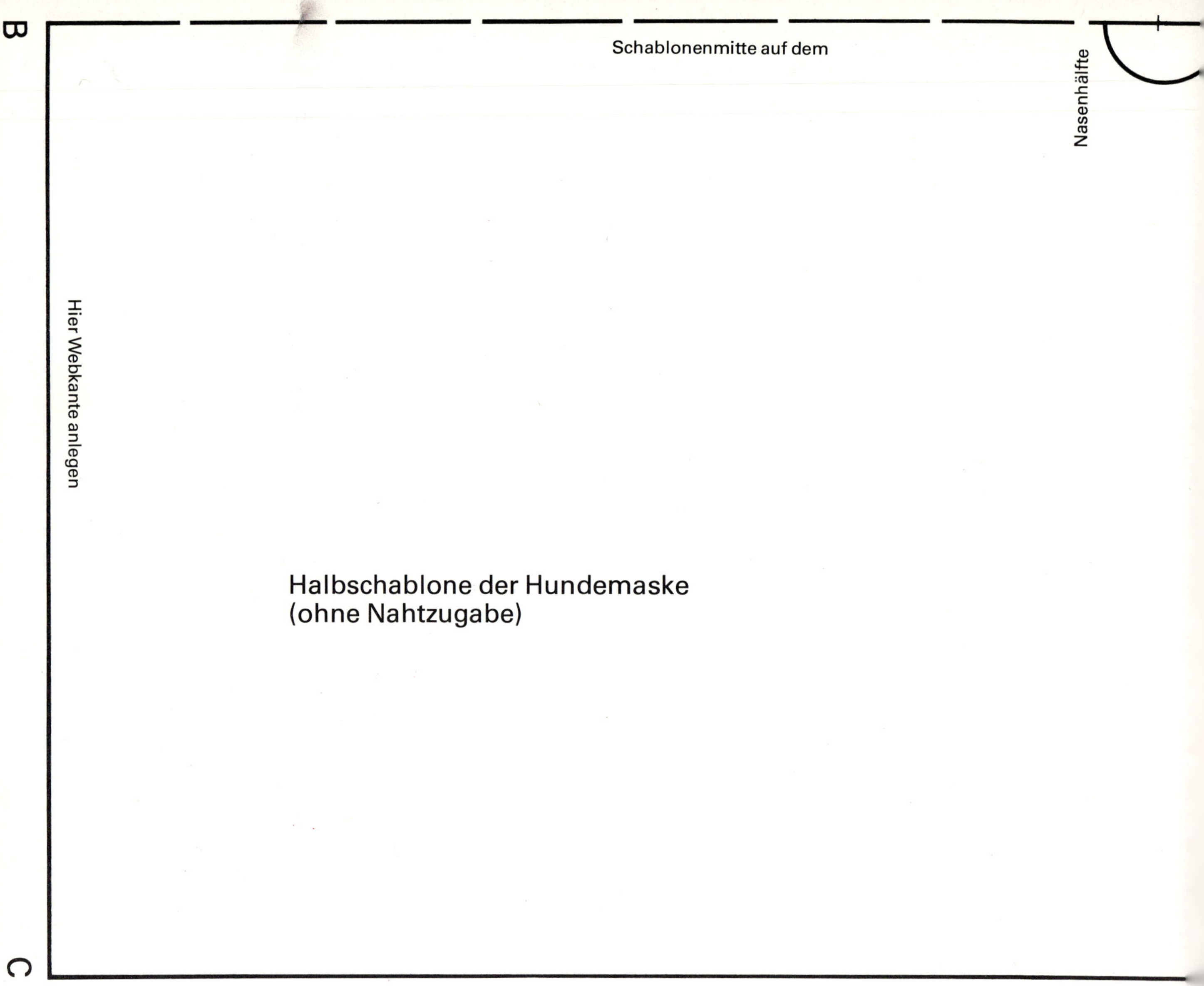

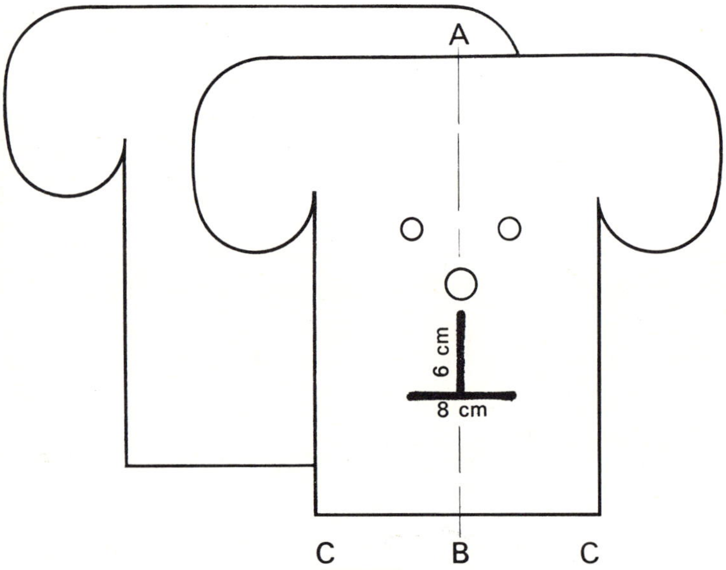

Doppeltes weißes Vorderteil

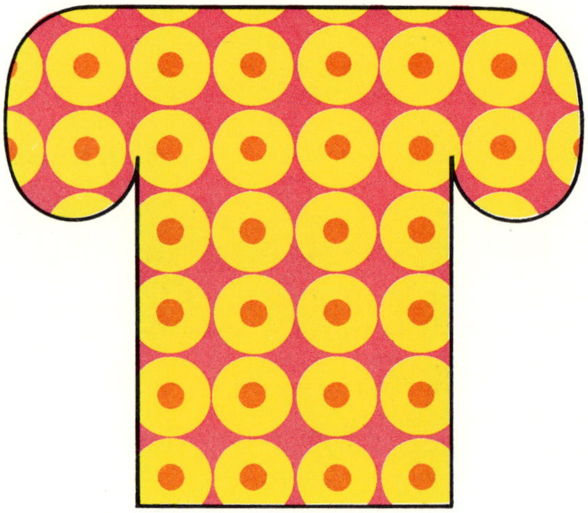
Gemustertes Rückenteil

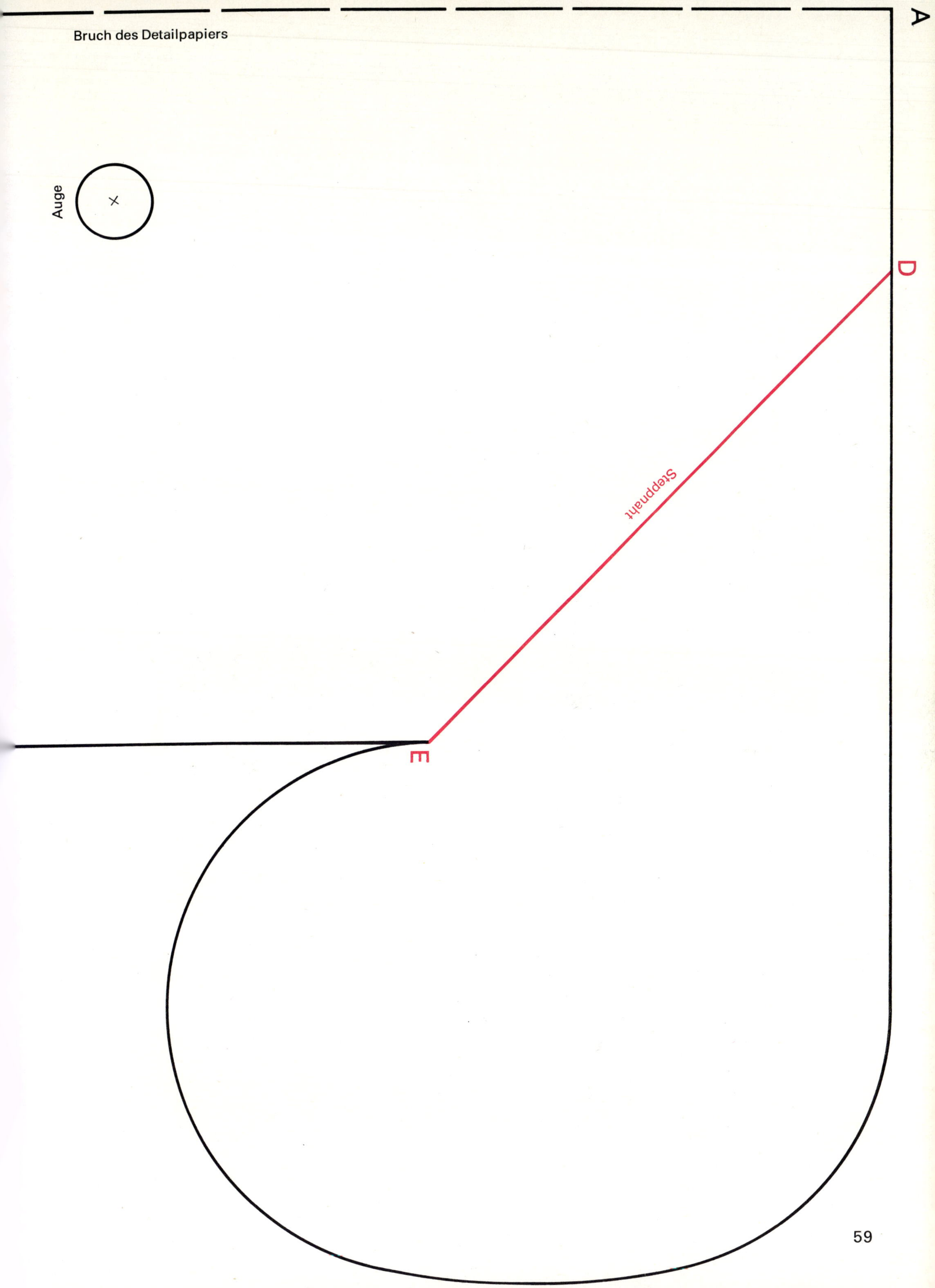
Bruch des Detailpapiers
A
Auge
D
Steppnaht
E

Duftendes Luxuskätzchen

(Mit Kapok und Lavendel gefülltes kleines Kissen für den Wäsche- oder Kleiderschrank)

Materialien: 30×35 cm brauner Stramin, ebensoviel weißer Stoff zum Unterlegen des Stramins und brauner Stoff für die Rückseite des Kissens. Wolle zum Sticken: braun, weiß, marineblau (in der Abbildung rechts hellblau wiedergegeben), orange und rosa. Zum Füllen: Kapok oder Watte und getrocknete Lavendelblüten.
Die Zeichnung rechts mit Kugelschreiber genau auf den Stramin übertragen. Der braune Grund wird nicht bestickt, er bleibt in der Naturfarbe des Stramins. Zur Technik des Stickens siehe Seite 17, Nr. 7. Zuerst in „Petit point" alle Stellen sticken, die in der Zeichnung rechts mit Punkten in der Mitte der Quadrate gekennzeichnet sind. Kontur der Ohren: braun; Augen: marineblau und orangefarben; Näschen: rosa; Mäulchen und senkrechter Strich darüber: marineblau. Die übrigen Teile des Kätzchens werden in Plattstichen gestickt: die Fellstreifen: braun; Innenseite der Ohren, Pfoten, Näschen und Schnäuzchen: weiß. Achtung: Auf die waagerechte oder senkrechte Richtung der Stiche achten, die in der Zeichnung durch starke schwarze Striche angegeben ist. Nach Abschluß des Stickens und Vernähen der Fadenenden wird der Stramin auf den weißen Futterstoff geheftet und entlang der roten Linie daraufgesteppt. Dann legt man Stickerei und braunen Stoff rechts auf rechts aufeinander, heftet sie zusammen und steppt entlang der ersten Steppnaht bis auf eine 8 cm lange Öffnung an der Unterseite des Schwanzes. Die Nahtzugaben werden auf 8 mm Breite abgeschnitten, um die Ohren herum auf 4 mm, und sehr sorgfältig eingezwickt, mit besonderer Vorsicht bei dem Stramin. Der Erfolg des Wendens hängt weitgehend davon ab. Kissen vorsichtig wenden, seine Kontur mit Heftstichen fixieren, und unter einem feuchten Tuch bügeln. Die Ohrennähte von A–B schmal absteppen. Nun das Kätzchen mit Kapok und getrockneten Lavendelblüten füllen und die Öffnung unter dem Schwanz mit der Hand zunähen. Um das Kätzchen plastischer erscheinen zu lassen, wird schließlich noch die innere Kontur von Schwanz und Pfoten mit kleinen Stichen durchgenäht.

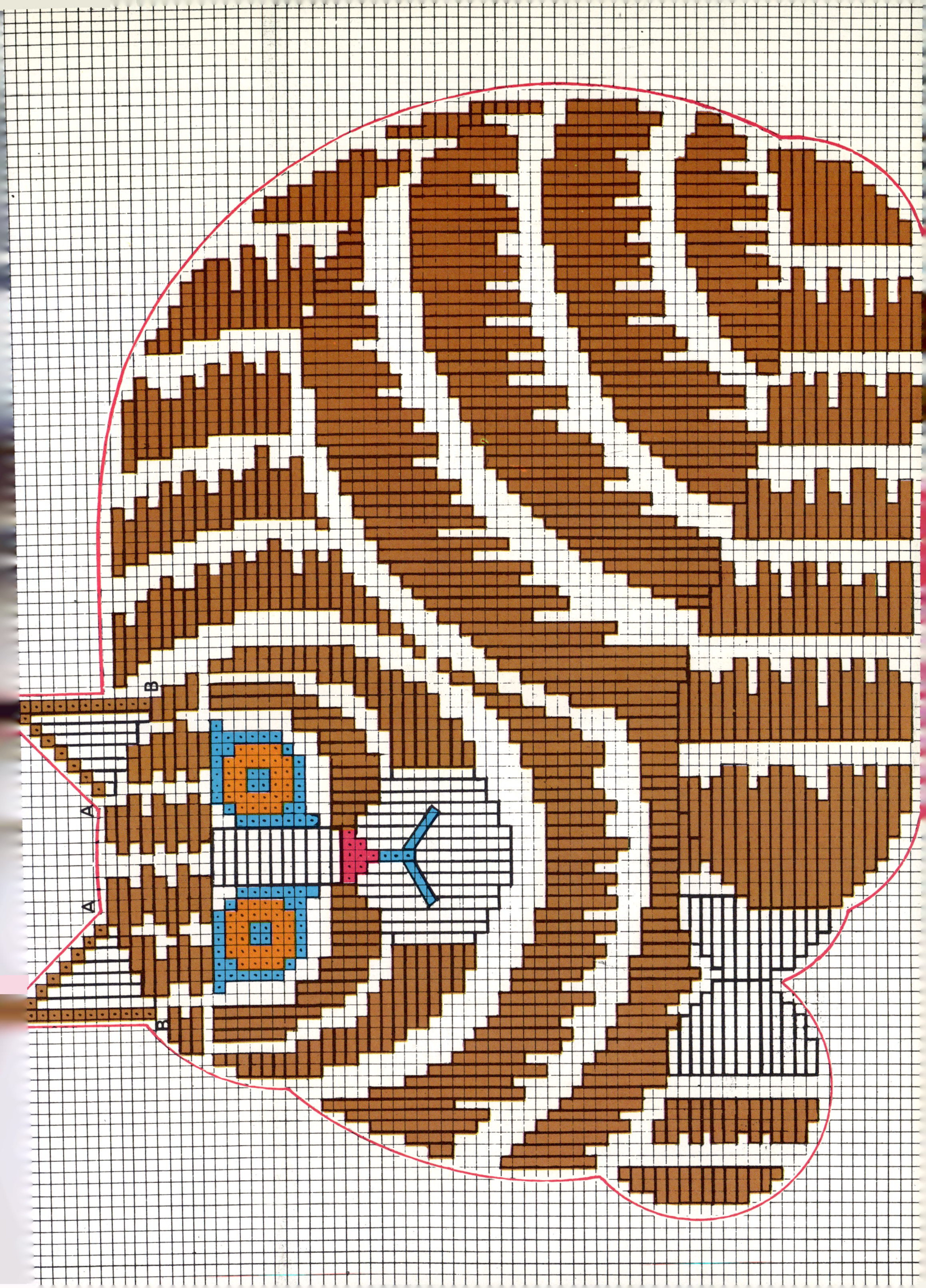
A
A
B
B

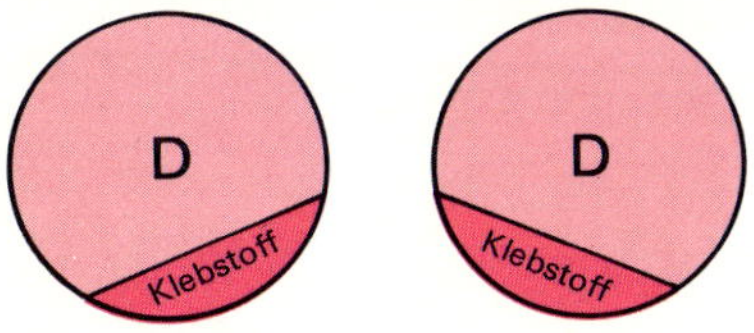

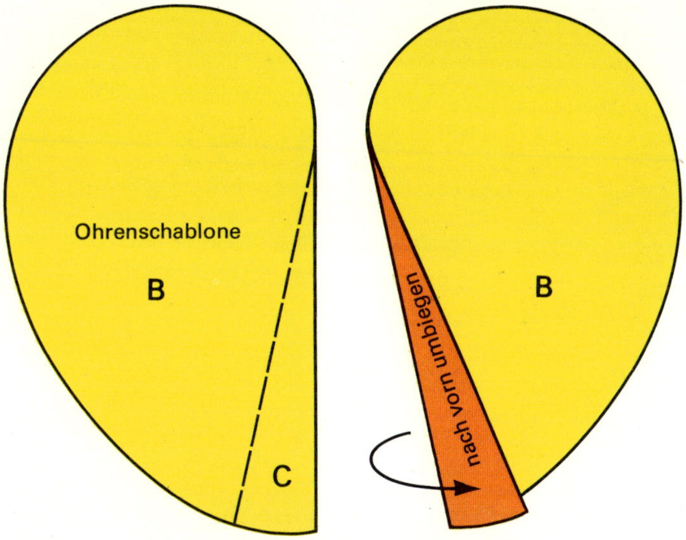

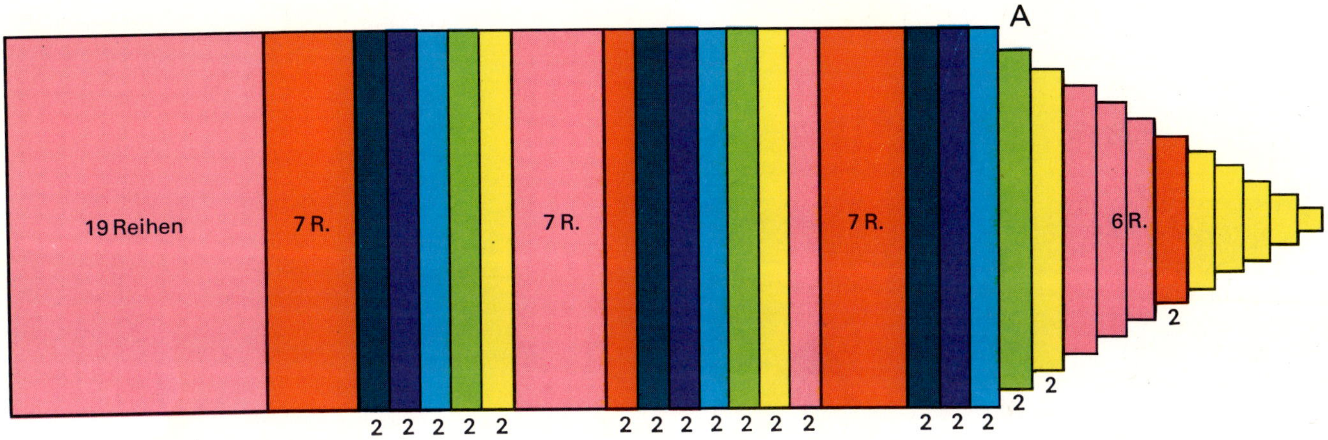

Kitschmaus

Materialien: Strickwolle von gleicher Stärke in lebhaften Farben: rosa, rot, gelb, grün, hellblau, violett und marineblau. 10×10 cm helles biegsames Leder. 2 weiße Wäscheknöpfe 8 mm Durchmesser. Dünner Perlonfaden (Angelschnur). 35 cm weiße Kunststofflitze (Lederhandlung). Kapok zum Ausstopfen.
Auf drei Strumpfstricknadeln je 14 rosa Maschen anschlagen und mit der vierten Nadel wie bei einem Strumpf weiterstricken. Farbwechsel immer an der gleichen Stelle nach den Angaben in der Zeichnung oben. Von der grünen Reihe A an sind alle zwei Reihen drei Maschen abzunehmen (je eine per Nadel). Mit Kapok ausstopfen, Ende zunähen und dabei den Schwanz aus der Litze befestigen. Die Ohren nach Schablone B aus dem Leder ausschneiden und annähen, dabei Teil C nach vorn umschlagen. Augen annähen. Der Schnurrbart besteht aus zwölf 15 cm langen Perlonschlingen, die in der Mitte abgebunden und durch das Schnäuzchen gezogen sind. Man kann sie später aufschneiden.

Minimäuschen

Materialien (für eine Maus): 1 Bimsstein (Drogerie). 17 cm weiße Plastiklitze. Für die Augen: 2 kleine Silberkugeln oder Perlen. Festes weißes Papier. Stabilit DUR zum Kleben. Plaka in Rosa und Lindgrün und rote Leuchtfarbe.
Mit einer Feile in die Unterseite des Bimssteins am runden Ende eine 17 mm lange feine Rille feilen, das Schwanzende hineinkleben und ein rundes Papierstück von 25 mm Durchmesser darüberkleben. Nun die Maus umdrehen; zwei 1 cm lange Schlitze für die Ohren mit einer feinen Säge einschneiden und die Ohren, zwei runde Scheiben von 2 cm Durchmesser aus festem Papier nach Schablone D, aufrecht stehend hineinkleben. Für die Augen: zwei kleine Vertiefungen einkratzen und die Kugeln hineinkleben. 8 Stunden trocknen lassen. Die Mäuschen nach Belieben, die Ohren rosa lackieren. Auf die Nase einen 2 mm großen Punkt mit roter Leuchtfarbe aufmalen.

Süße Käfer (Bonbondöschen)

Materialien: Kleine ovale Schachteln oder Dosen mit glatter Oberfläche. Starker weißer Zeichenkarton. 4 Unterlegscheiben aus Messing, 2 mit 15 und 2 mit 8 mm Durchmesser; 2 Versandbeutelklammern, 8 mm lang. Plakafarbe: marineblau, braun, schwarz, rosa, türkis und weiß. Pelikan Klarlack. Stabilit DUR zum Kleben.
Die Dosen säubern, mit Weiß grundieren und auf die Deckel die Käfermuster nach den Fotos auf Seite 65 zeichnen. Die Muster farbig ausmalen und über den Deckelrand bis zum Unterteilrand der Dosen verlängern. Anschließend lackieren. Für die beweglichen Käferflügel: Aus Zeichenkarton je zwei halbrunde Stücke von 7 cm Durchmesser ausschneiden und blaßgrün oder rosa anmalen; in eine Flügel-Ecke kleine Löcher bohren und, dazu passend, ebensolche Löcher in den Dosendeckel (siehe Seite 16, Nr. 4). Die Flügel mit innen im Deckel umgebogenen Versandbeutelklammern befestigen. Für die Augen: Zwei größere und zwei kleinere Unterlegscheiben aufkleben.

Klammer-Heuschrecken

Materialien für 1 Heuschrecke: 1 hölzerne Wäscheklammer; 2 Sicherheitsnadeln, 6 cm lang, möglichst mit Kugel im Gelenk. 2 kleine Markierungsnadeln. Zum Kleben: Ponal oder Stabilit DUR. Plaka in Grün und Rosa.
Die Feder der Wäscheklammer entfernen und die beiden Holzteile zusammenkleben (siehe Zeichnung unten). 8 Stunden trocknen lassen, dann die Heuschrecke schleifen. Mit einer Zange den flachen Kopf der Sicherheitsnadel entfernen und das Ende, wie in der Abbildung, rechtwinklig abbiegen, um den Fuß anzudeuten. Um die Beine zu befestigen, mit einem dünnen Nagel und Hammer zwei Löcher schräg in das Holz schlagen, die Sicherheitsnadelspitzen hineinkleben und trocknen lassen. Die Augen anbringen. Die ganze Heuschrecke grün, nur die Pupille rosa anmalen.

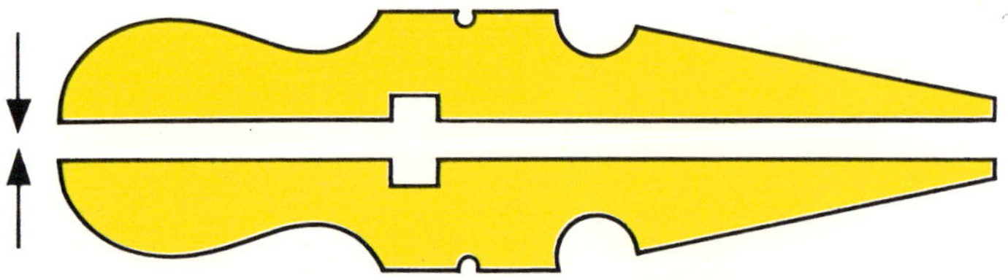

Blumen

Ein Teil der Blumen dieses Kapitels steht in ganz einfachen Vasen aus Papprollen, zylindrischen Dosen, Karton, Blech oder Kunststoff, die bemalt oder beklebt sind.
Für die Blumen mit goldenen Stengeln muß man geraden Messingdraht (nicht von der Rolle) verwenden.

Fast wie gewachsen

Diese Blumen werden nach den Angaben auf den folgenden Seiten hergestellt und mit der Sprühdose lackiert (Umgebung gut mit Zeitungspapier abdecken).
Materialien: Farbiges Seidenpapier. Grüner Blumendraht von der Rolle, etwa 1 mm stark; weicher Messingdraht, 0,3–0,5 mm stark. Kleine weiße Papierkugeln; Wolle: hellblau, marineblau und violett. Grüne Plastik-Trinkhalme. Kleber: Pritt Alleskleber.

Margeriten (weiß mit gelber Mitte oder gelb mit dunkelblauer Mitte)

50 cm Draht für den Stengel abschneiden, ein Bällchen bis 2 cm unter eines der Drahtenden schieben, dieses hakenförmig zurückbiegen und mit dem Stengel unter dem Bällchen zusammendrehen. Das Bällchen gelb oder marineblau anmalen. Zwei weiße oder gelbe Papierquadrate von 15 cm Seitenlänge viermal falten, so daß 16 Dreiecke entstehen. Auf das breite Ende ein Oval wie bei A zeichnen und ausschneiden. Beide Blüten öffnen, aufeinanderlegen, den Stengel durch ihre Mitte stecken und unterhalb der Blüte mit Messingdraht umwickeln, so daß sie gegen das Bällchen gepreßt wird. Die Wickelstelle mit einem schräg um den Stengel geklebten 50×15 mm großen grünen Seidenpapierstück verdecken. Für das Blatt: ein 5×15 cm großes Stück grünes Papier der Länge nach falten und nach der Schablone unten rechts ausschneiden. Das gefaltete Blatt mit dem schraffierten Teil, unten beginnend, um den Stengel kleben, dann den oberen Teil des Blatts öffnen.

Pfingstrosen

6 rosa Seidenpapierquadrate von 18 cm Seitenlänge je zweimal falten, so daß sich je vier aufeinanderliegende Quadrate von 9 cm Seitenlänge ergeben. Die verschieden großen Blütenblätter mit dem Zirkel nach den Schablonen A, B und C anzeichnen und ausschneiden, und zwar 2 Blätter A, 1 Blatt B und 3 Blätter C. Die Blätter in der Mitte 35 mm tief einschneiden, sie öffnen und durch Rollen um eine Stricknadel kräuseln. Die 2 Blätter C werden nicht gekräuselt. 50 cm grünen Draht für den Stengel abschneiden und ein Ende zu einer kleinen flachen Öse biegen. Den Draht durch die Mitte der Blütenblätter A, B und C stechen, durch die nicht gerillten zuletzt. Blüte und Blatt wie bei der Margerite beschrieben befestigen und mit der Sprühdose lackieren.

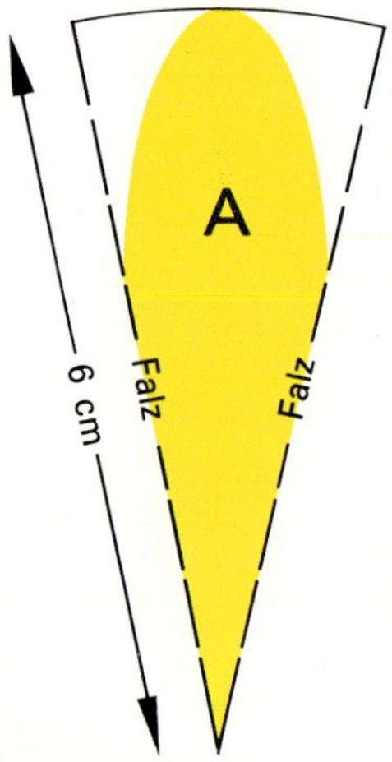

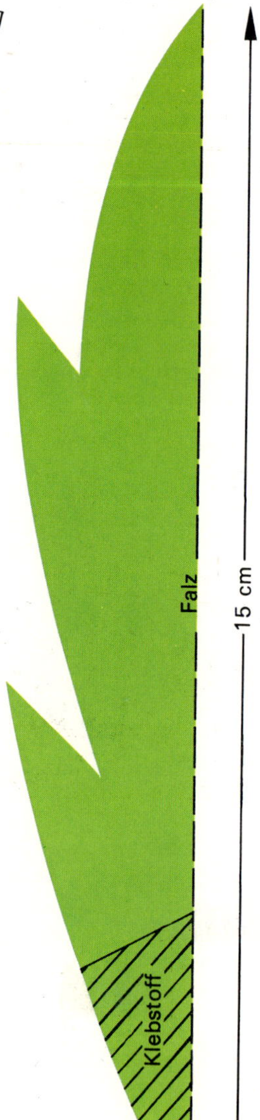

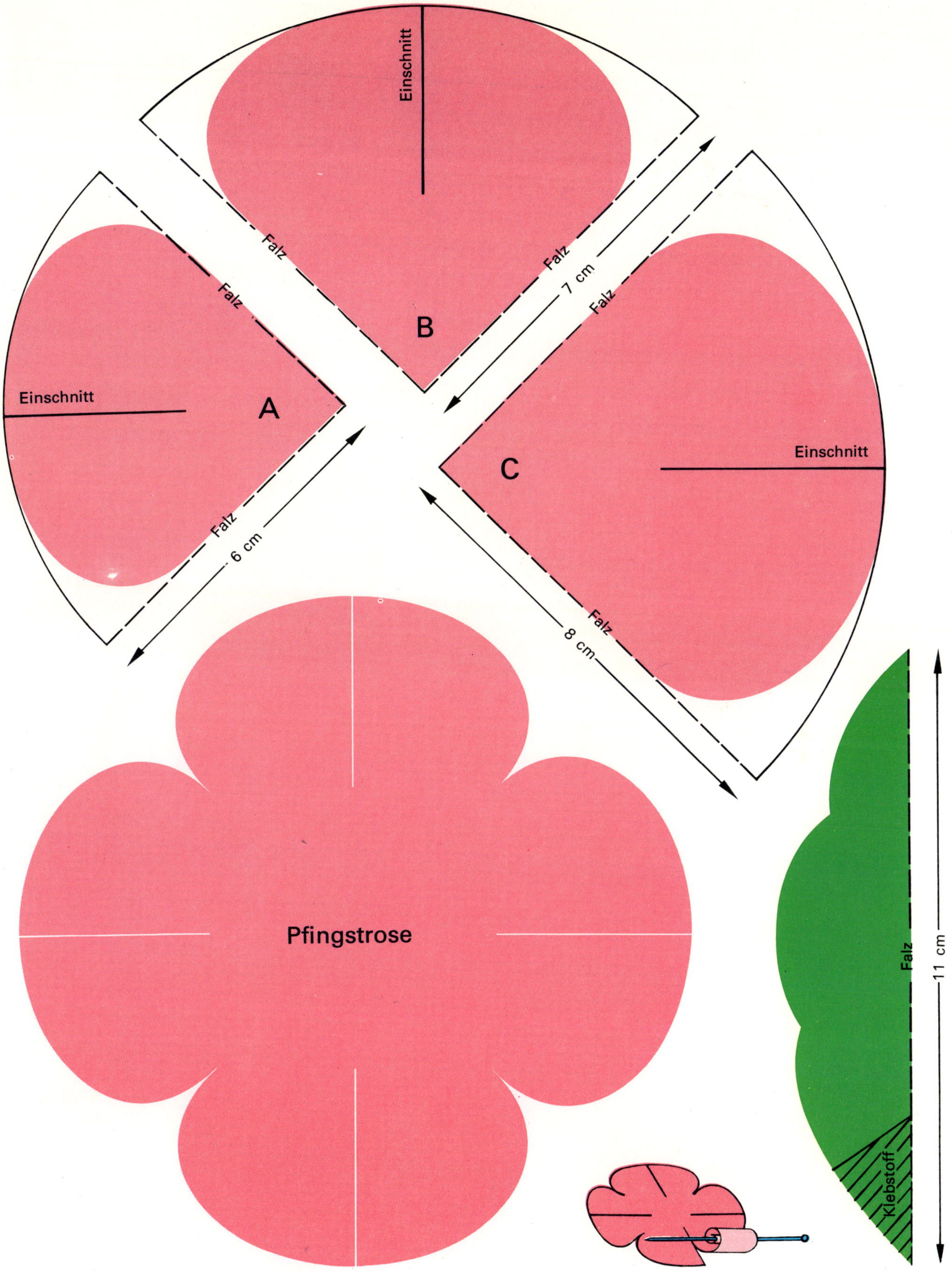
Einschnitt
Falz
Falz
B
7 cm
Falz
Falz
Einschnitt
A
C
Einschnitt
Falz
6 cm
Falz
8 cm
Pfingstrose
Falz
11 cm
Klebstoff

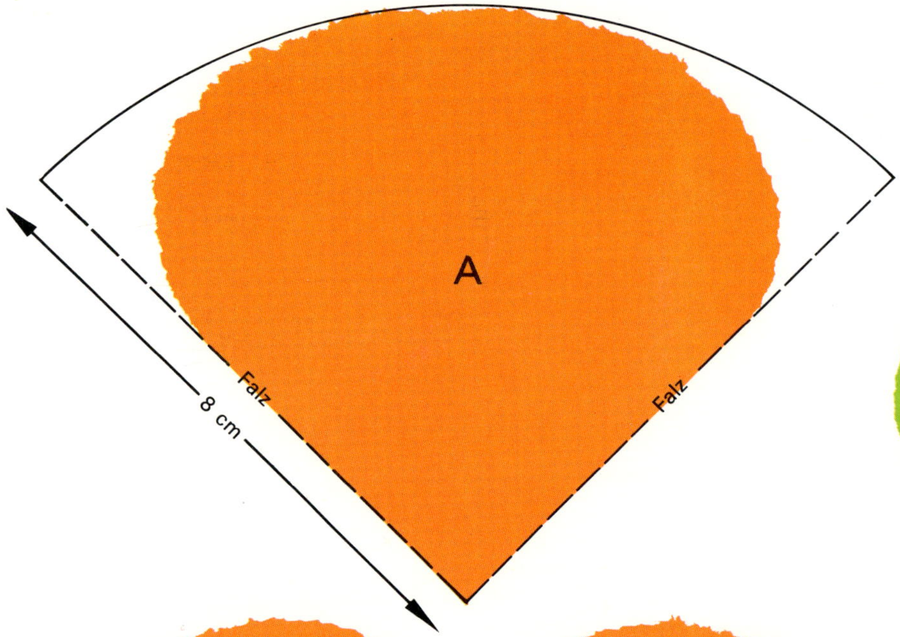
A
Falz
Falz
8 cm

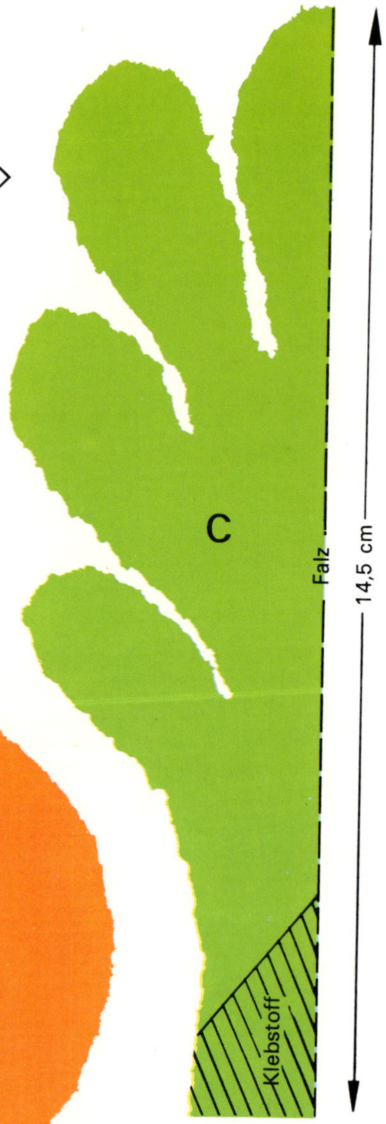
C
Falz
14,5 cm
Klebstoff

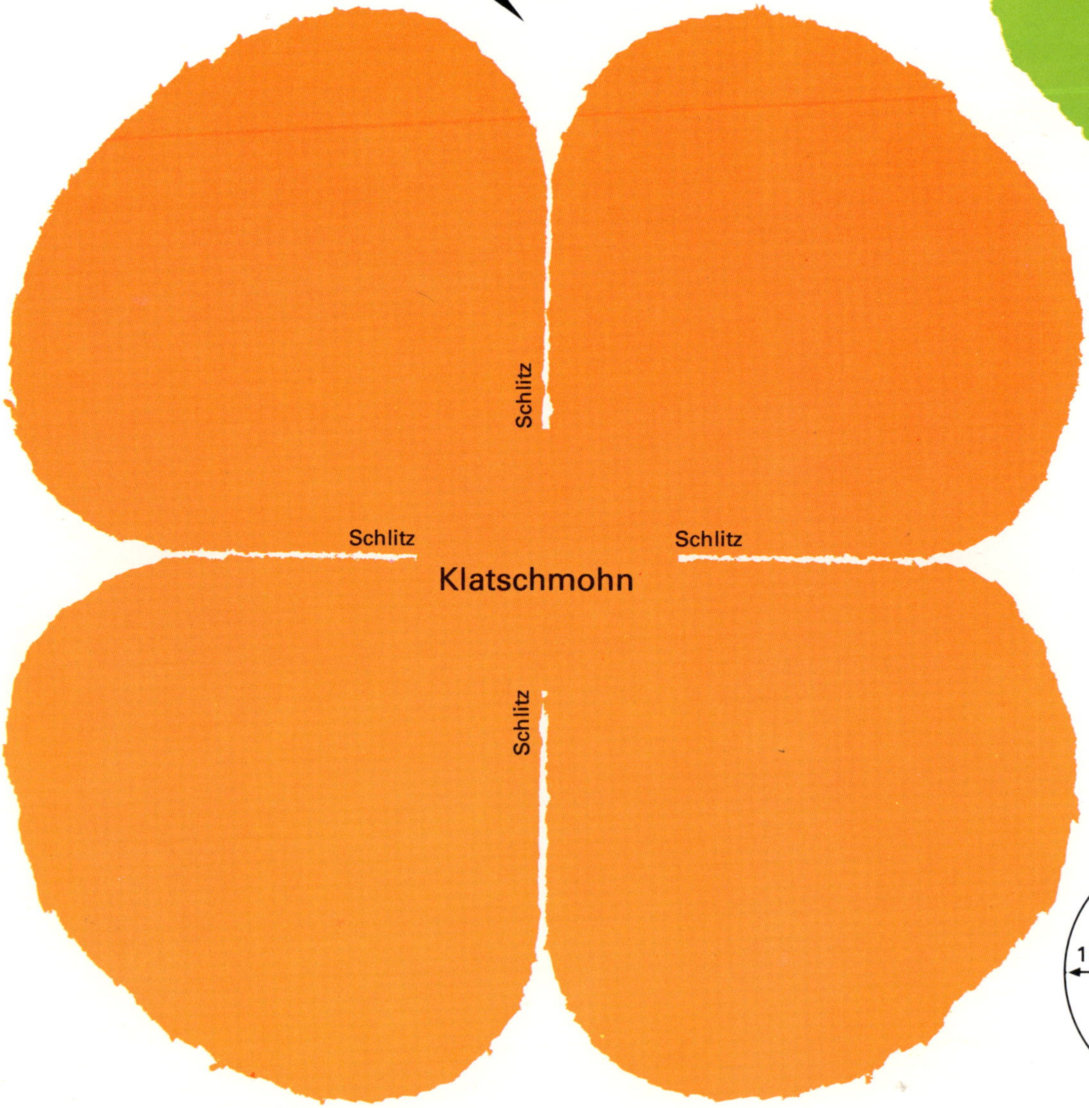
Schlitz
Schlitz
Schlitz
Klatschmohn
Schlitz

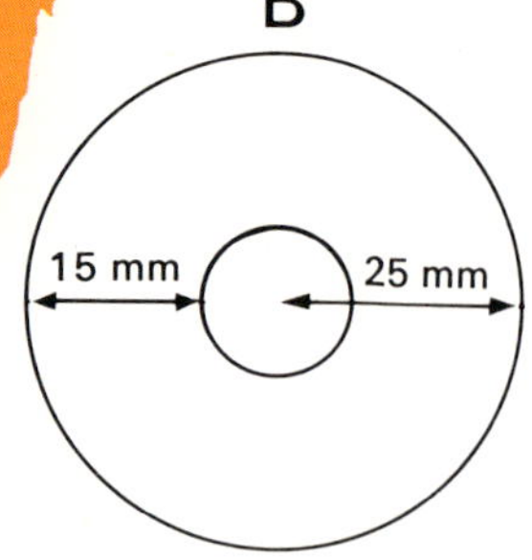
B
15 mm
25 mm

Klatschmohn

3 leuchtendrote Seidenpapierquadrate von 20 cm Seitenlänge zweimal falten, so daß sich jeweils 4 große Quadrate von 10 cm ergeben. Die Form der Blütenblätter nach Schablone A mit dem Zirkel zeichnen und die Rundung vorsichtig ausreißen. Die Blätter öffnen und versetzt aufeinanderlegen. Für den Stengel 50 cm grünen Draht abschneiden und 4 cm eines Endes hakenförmig zurückbiegen. Für das Blütenherz aus marineblauer Wolle einen runden Pompon herstellen (siehe Seite 17, Nr. 8), die Maße der Pappscheiben sind in Skizze B angegeben. Vor dem Abnehmen der Pappringe wird der Haken des Stiels dazwischengeschoben und die Drahtenden werden miteinander verdreht. Pappringe entfernen, Pompon mit der Schere abrunden und Stengel durch die Mitte der Blütenblätter stekken. Unterseite der Blüte und Blatt wie bei der Margerite befestigen. Das Blatt wird nach der Schablone C ausgerissen. Für die Knospe: 40 cm grünen Draht abschneiden, ein Ende 1 cm lang umbiegen, dreimal um den Stengel winden und in eine grüne Papierkugel stecken.

Blaue und violette Knopfblumen (An Stengeln befestigte Wollpompons, wie das Herz des Klatschmohns.)

Nelken

Ein 15 cm großes Quadrat aus rosa Seidenpapier viermal falten, so daß 16 Teile entstehen. Das Ende der Blütenblätter nach Schablone A vorsichtig abreißen. Die Blüte öffnen, konisch formen und ihr unteres Ende 15 mm lang zu einer feinen Spitze drehen. Ein 4×16,5 cm großes Stück grünes Seidenpapier der Länge nach falten und das Blatt nach Schablone B ausschneiden. Das schraffierte Ende des gefalteten Blattes mit Pritt Alleskleber bestreichen und, am spitzen Ende beginnend, schräg um die Blüte kleben. Blüte mit der Spitze in einen grünen Trinkhalm kleben.

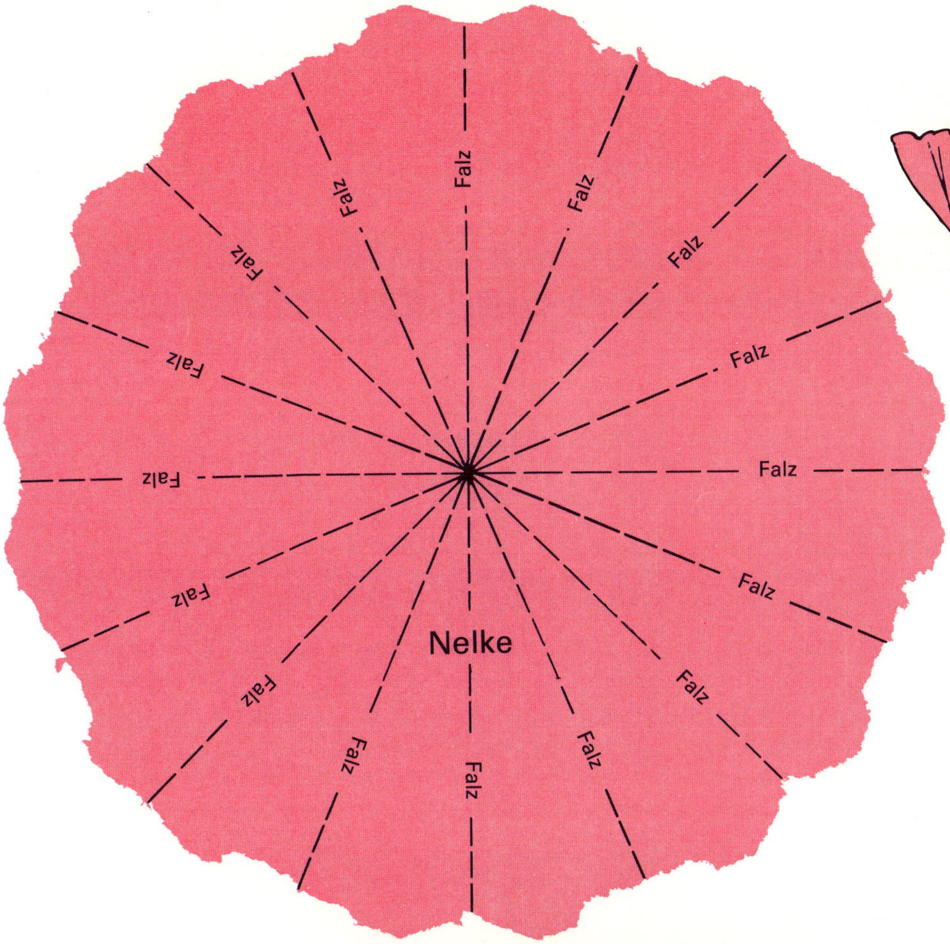

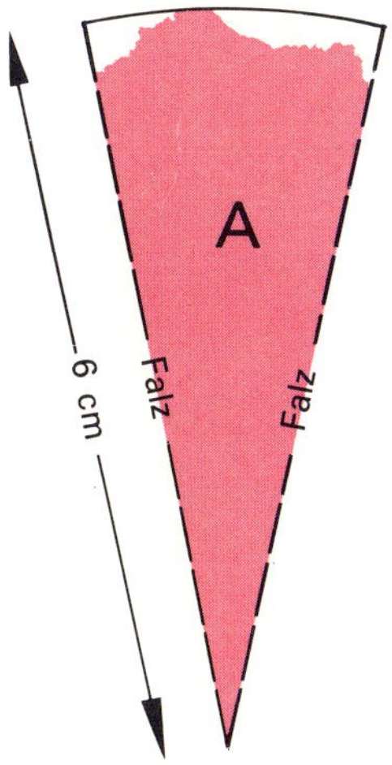

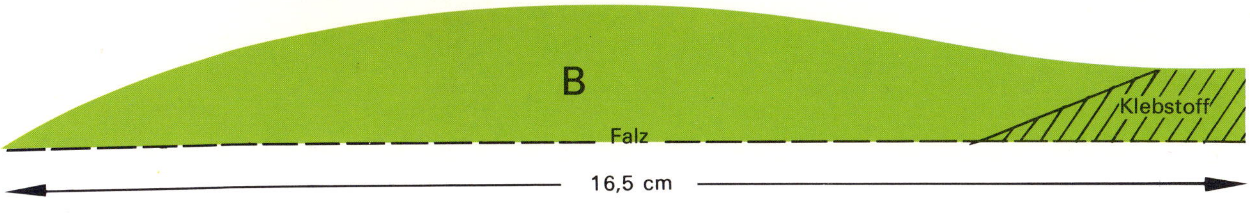

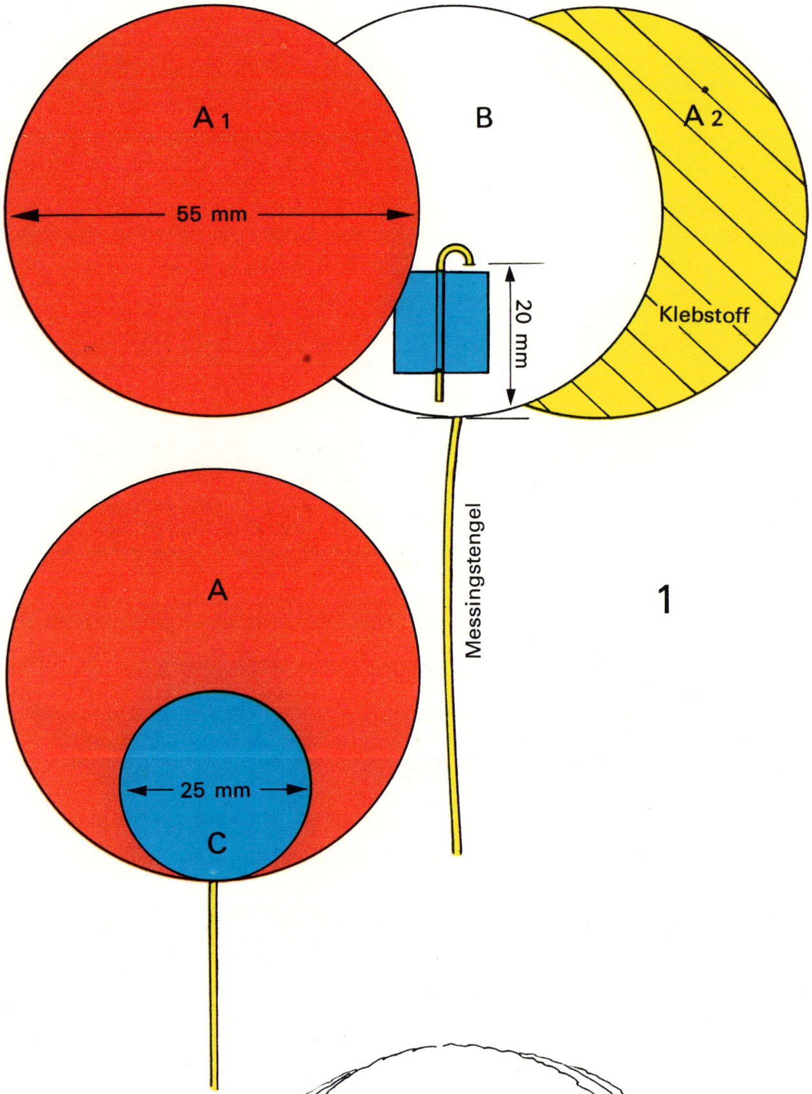

1

Teufelsaugen

Materialien: Leuchtfarbenpapier oder dünner Leuchtfarbenkarton, rot, grün, pink und orange; festes Zeichenpapier. Pritt Alleskleber. Messingdraht, 1 mm stark, für die Stengel.

Für jede Blume mit dem Zirkel 2 rote Scheiben von 55 mm Durchmesser (A1, A2), eine gleich große Zeichenpapierscheibe (B) und 2 grüne Scheiben von 25 mm Durchmesser zeichnen und ausschneiden. Einen 30–40 cm langen Stengel aus Messingdraht schneiden, ein Ende mit der Zange 15 mm hakenförmig umbiegen. Den Stengel 20 mm vom Rand entfernt durch das Zeichenpapier stecken (siehe Abb. 1) und den Haken auf beiden Papierseiten der Scheibe B mit einem Stück Klebstreifen (blaues Quadrat) befestigen. Nun das Zeichenpapier zwischen die roten Scheiben kleben, so daß sich die Ränder der drei Scheiben genau decken. Auf beide roten Seiten genau über dem Stengelansatz eine grüne Scheibe C kleben.

Engelsblicke

Materialien: Goldgelbes Leuchtfarbenpapier, dünnes Transparentpapier oder Vlieseline; Pritt Alleskleber; 1 mm starker Messingdraht für die Stengel.

Herstellung wie die Teufelsaugen, nur werden die roten Scheiben durch Blütenblätter aus Transparentpapier oder Vlieseline ersetzt. Ein Stück Papier, 13×26 cm groß, dreimal falten, so daß acht 6,5 cm große Quadrate aufeinanderliegen. Auf das obere Blatt mit dem Zirkel einen Kreis von 5,5 cm Durchmesser zeichnen. Alle Blätter mit der linken Hand fest zusammenhalten und ausschneiden. Beim Schneiden preßt der linke Daumennagel den Rand der Blätter, immer der Schere folgend, zusammen. Achtung: Die Blüten sollen zart und locker wirken, deshalb werden die Blätter nur an einem Punkt zusammengeklebt, nämlich unter den gelben Scheiben. Zwei Blätter auf diese Art zusammenkleben, einen Stengel durchstecken und wie in Abbildung 1 befestigen. Auf jede Seite leicht gegeneinander verschoben (siehe Abb. 2) 3 Papier-Blätter und auf die äußeren Blätter über dem Stengelansatz die beiden gelben Scheiben kleben. Vase aus Bambusabschnitten zusammenkleben.

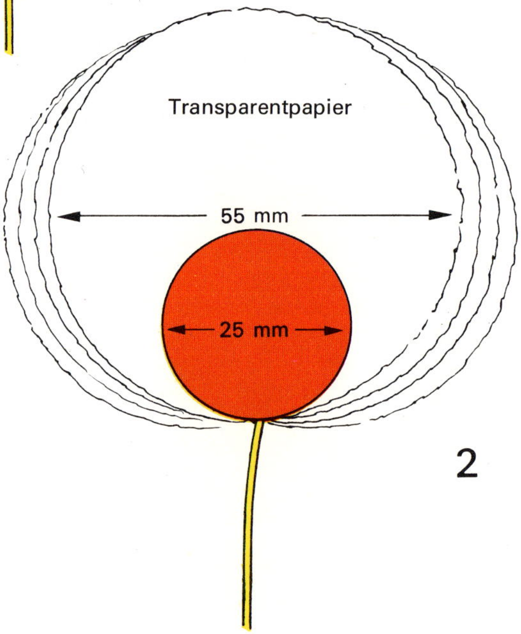

2

Herzblatt

Materialien: Zitronengelbes und goldgelbes Origamipapier. Pritt Alleskleber. Für die Stengel: gerader Messingdraht, 1 mm dick, 40 cm lang.
Zitronengelbes und goldgelbes Papier, Farbseiten nach außen, aufeinanderkleben und darauf 6 runde Scheiben von 48 mm Durchmesser anzeichnen und ausschneiden (A). Die Scheiben in der Mitte falzen und mit der zitronengelben Seite nach innen falten. Eine zitronengelbe runde Scheibe von 22 mm Durchmesser ausschneiden (B), den 1 cm lang hakenförmig umgebogenen Stiel durch ihre Mitte stecken und mit einem Stückchen Klebstreifen auf der Rückseite von B befestigen. 2 Scheiben A mit geöffneten zitronengelben Seiten in der Mitte zusammenkleben (siehe A1, A1 in Abb. 1) und die Scheibe B darauf festkleben. Nun auf die schraffierten Stellen der Scheibe A1 die gefalteten Scheiben A2 kleben und auf deren Innenseite die gefalteten Teile A3. Die Abwinkelungen bei D beachten. Um das Herz zu schließen, werden die Teile A1 wieder gefaltet und leicht zusammengeklebt.

Vierblatt

Materialien: Origamipapier. Pritt Alleskleber. Für die Stengel: Gerader Messingdraht, 1 mm dick, 30–40 cm lang. Papierkugeln, mit rosa und roter Plaka-Leuchtfarbe gestrichen.
Blaues und blaues Papier mit den Farbseiten nach außen aufeinanderkleben und 4 runde Scheiben von 45 mm Durchmesser ausschneiden, in der Mitte falten, wieder flach legen und zusammenkleben (siehe Abb. 2). Nach dem Trocknen Blüte leicht zusammendrücken und dadurch einwölben. In einen Stieldraht 10 cm unterhalb des Endes eine waagrechte Spirale drehen und die Blüte darauf setzen. Dann eine rote und eine rosa Kugel auf den Stiel schieben und festkleben.

Heidelbeere

Grünes Origamipapier mit den Farbseiten nach außen aufeinanderkleben und zwei Blätter nach Abb. 3 ausschneiden. 10 cm von einem Ende entfernt eine Öse in den Draht drehen und abwechselnd Blätter und bemalte Papierkugeln auf das Stielende schieben und festkleben.

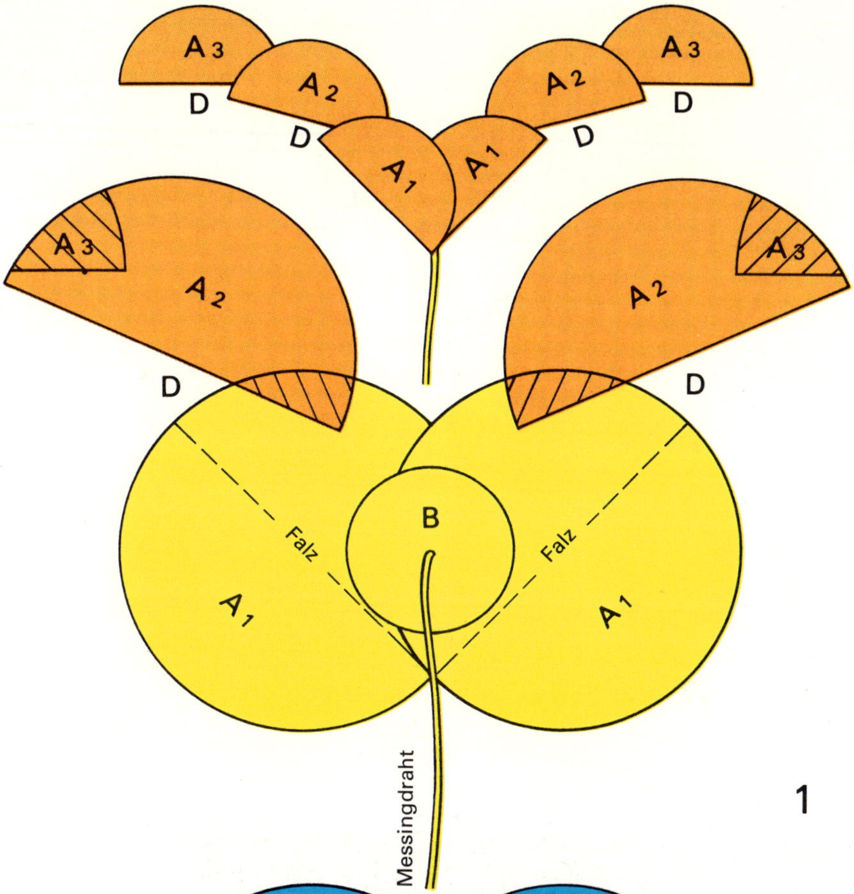

1

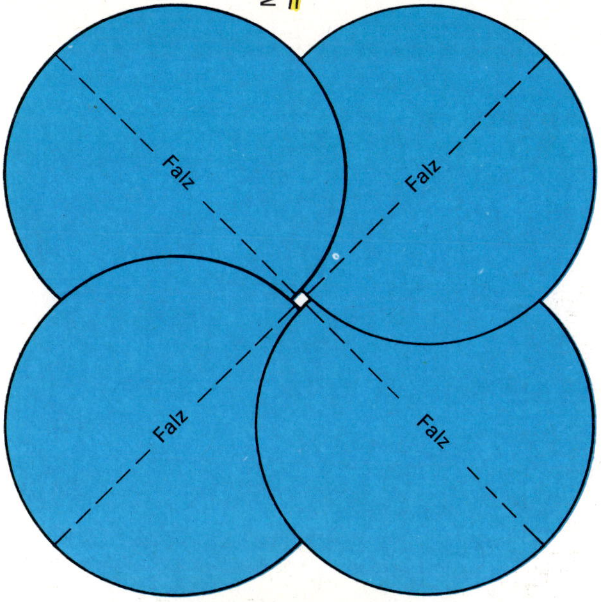

2

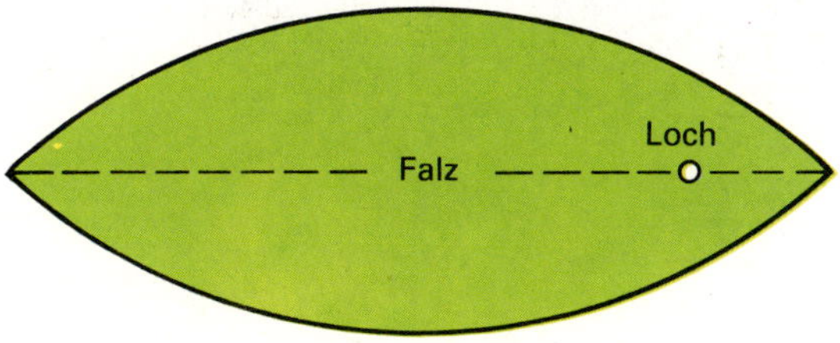

3

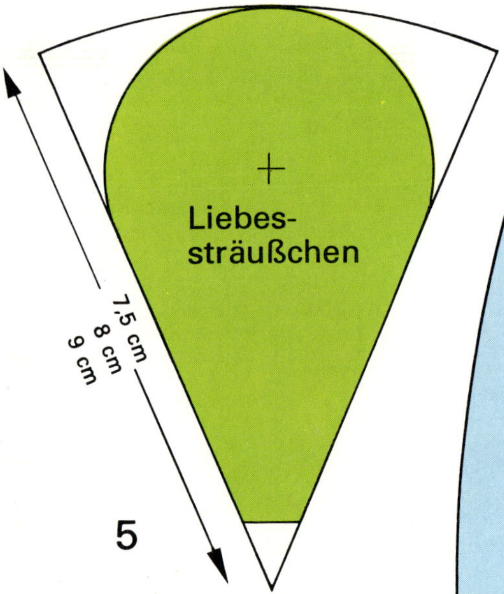

5

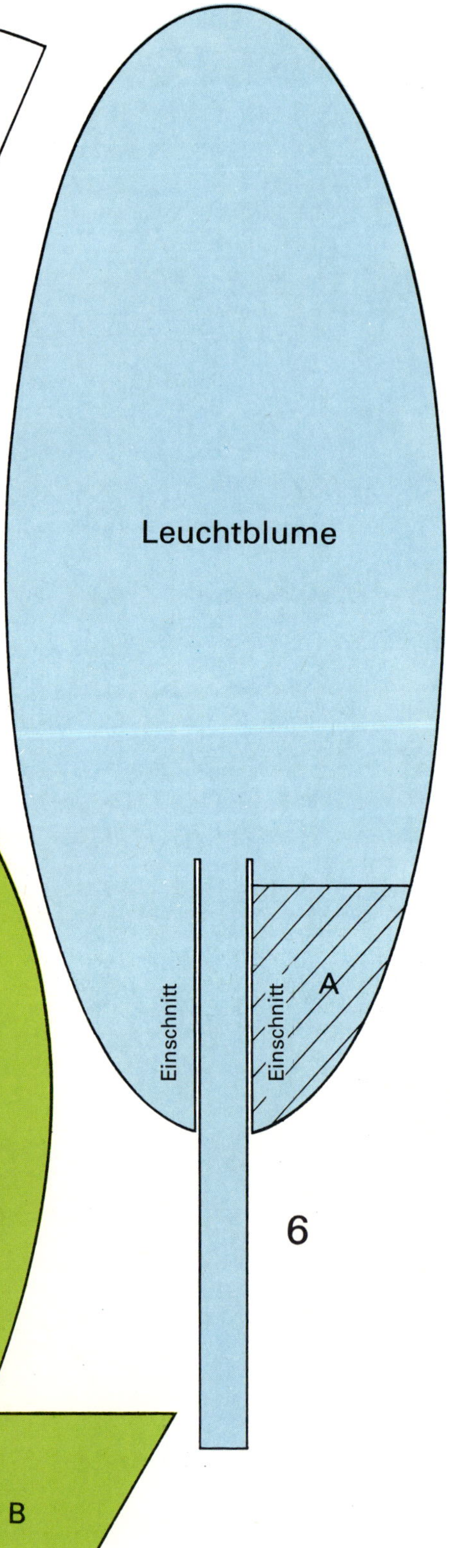

6

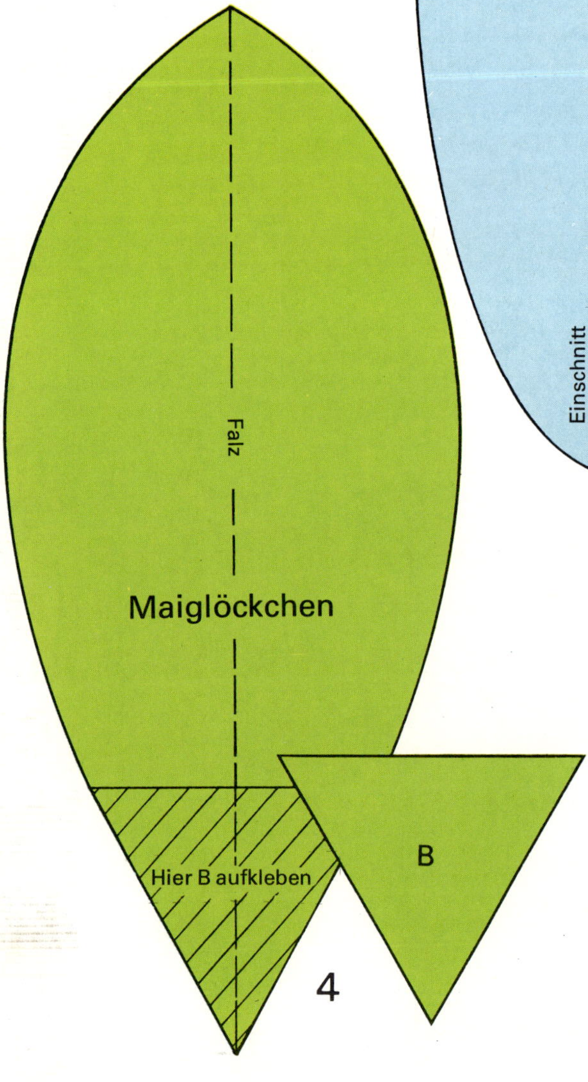

4

Leuchtblume (Lampe)

Materialien: Aluminiumfolie (oder Messingfolie), 0,5 mm stark. Zweiadriges weißes Kunststoffkabel, Schukostecker, Lampenfassung und eine weiße mattierte Glühlampe, 15–25 Watt. Zylindrische Blechdose, 20 cm hoch, 6 cm Durchmesser. Zum Kleben: Stabilit DUR.
Ein 5 mm großes Loch unten in die Dose bohren (für eine hängende Blume in die Mitte des Dosenbodens, für eine stehende Blume in die Dosenwand dicht über dem Boden). Aus starkem Papier eine Schablone nach Abb. 6 herstellen, auf die Metallfolie legen und ihren Umriß mit einer Nadel einritzen. 5 Metallblätter ausschneiden, leicht nach außen biegen (siehe Foto rechts) und auf den Dosenrand schieben. Den Stiel innen und das schraffierte Teil A nach außen ankleben. Die Klebstellen provisorisch mit Klebstreifen fixieren, in die Dose einen Papierpfropfen stecken, und trocknen lassen und die Klebstreifen entfernen.

Maiglöckchen

Grünes Origamipapier mit den Farbseiten nach außen aufeinanderkleben und das Blatt nach der Schablone in Abb. 4 ausschneiden. In einen 30 cm langen Messingstengel 8 cm unterhalb des Endes eine Öse drehen. Den Stengel in den Falz des Blattes legen und mit einem auf die schraffierte Stelle geklebten grünen Papierdreieck befestigen. 4 weiße Bällchen bis an die Öse auf den Stiel schieben und sein Ende umbiegen.

Liebessträußchen

Materialien: Ein weißes Taschentuch. Grünes Origamipapier; grünes Seidenpapier. Eine weißlackierte runde Dose, 10 cm hoch, 5 cm Durchmesser.
Aus Origamipapier eine Scheibe von 15 cm Durchmesser ausschneiden, dreimal falten, so daß 8 Felder entstehen, ihr breites Ende nach Schablone 5 abrunden und ausschneiden, das spitze Ende abschneiden. Ebenso 2 Scheiben von 16 und 18 cm Durchmesser sowie 2 Seidenpapierscheiben von 19 cm Durchmesser anfertigen. Die 5 Blüten öffnen, ohne sie ganz flach zu drücken. Die Mitte des Taschentuchs zu einer Spitze drehen und sie durch die Löcher der kleinen, mittleren und großen Origamiblüten und der beiden Seidenpapierblüten stecken.

Mechanischer Blumenstrauß

Materialien: Räder aus einem alten Wecker, ein 8 cm langes Messingscharnier. Alle Teile sollen die gleiche Metallfarbe haben. Eine Sperrholzplatte, etwa 30×40 cm. Plaka in Marineblau; Pelikan Klarlack. Stabilit ULTRA zum Kleben.
Die Grundplatte sorgfältig streichen und lackieren. Die Räder mit Salmiakgeist oder Terpentin reinigen und sie dann mit der Pinzette auf der Platte anordnen; nicht hin- und herschieben, damit der Lack nicht zerkratzt wird. Anfertigung einer Pause nach dem Foto links (in natürlicher Größe) erleichtert die Komposition. Sobald sie zufriedenstellend ist, die Räder Stück für Stück ankleben. Dabei mit der Pinzette arbeiten und Stabilit ULTRA möglichst genau auftragen. Räder, die zu fein zum Kleben sind, werden mit einem winzigen Nagel befestigt. Stabilit ULTRA trocknet transparent auf. Einige Stunden nach dem Kleben ungestört liegenlassen.

Eiserne Chrysantheme (als Dosendeckel oder sonstige Dekoration, Foto in natürlicher Größe)

Materialien: Runde Metall- oder Plastikdosen mit glattem Deckel, 8–10 cm Durchmesser. Absatzeisen (Schuhmacher, Eisenwarengeschäft oder Warenhaus), Anzahl und Größe je nach Form der Dose. Für eine 10 cm große Dose: 12 Eisen (3 von 5 cm, 3 von 4 cm, 2 von 3,5 cm, 4 von 3 cm Länge; für eine Dose von 7 cm Durchmesser: 9 Eisen, 3 cm groß. Goldgelbes Origamipapier. Stabilit EXPRESS oder ULTRA zum Kleben. Plaka in Gelb und Grün.
Blanke Metalldosen außen unverändert lassen, bedruckte Dosen außen grün und innen gelb anmalen. Die Blütenmitte aus gelbem Papier ausschneiden: Für die große Dose eine 20 mm große runde Scheibe, die versetzt auf der Deckelmitte sitzt; für die kleine Dose eine 15 mm große Scheibe. Die Eisen um diesen Punkt herum auf dem Deckel anordnen (siehe Foto) und ohne Klebstoff-Flecken mit der Pinzette ankleben. 8 Stunden trocknen lassen.

Blechdeckelstrauß (Foto rechts)

Materialien: Konservendeckel. 35–60 cm lange Stiele aus 1,5 mm dickem geradem Messingdraht (Hobby- oder Eisenwarengeschäft). 15 mm dicke gelbe Holzperlen, 8 mm dicke grüne Plastikperlen (oder Glasperlen).
In die Mitte der Deckel ein 3 mm großes Loch bohren (siehe Seite 16, Nr. 4). Mit einer Flachzange ein Ende des Messingstiels 28 mm lang zurückbiegen, eine gelbe Perle mit einem leichten Hammerschlag so auf das Stielende schieben, daß der Stiel sich in ihr festklemmt ohne überzustehen. Einen Deckel unter die Perle auf den Stiel schieben, das vorstehende Stielende darunter zur Hälfte zurückbiegen und dicht an den Stiel drücken. Eine grüne Perle über den Dreifachdraht schieben, die den Deckel von unten her hält. Sind die Löcher in den Perlen zu groß, einen Pflock aus einem Zündholz mit hineinschieben.

Muschelblüte (Foto unten)

Materialien: 2 gleiche runde Blechdosen mit flachem Deckel, Deckeltiefe mindestens 12 mm. 8 flache weiße Muschelschalen und 4 kleinere braune derselben Art, eine kleine konische Muschel oder ein Schneckenhaus für die Mitte. Dufix Spachtelmasse und Stabilit DUR als Klebstoff. Klarlack, marineblaue und orangefarbene Plaka-Farbe.
Dosen und Muschelschalen reinigen, Muscheln lackieren. Die beiden Dosendeckel mit den Rücken aufeinanderkleben und unter Beschwerung 8 Stunden trocknen lassen. Die Muscheln vor dem Eingipsen in der richtigen Anordnung zurechtlegen. Dufix Spachtelmasse mit Wasser breiartig anrühren und den oberen Deckel bis an den Rand damit füllen. Sobald die Masse abzubinden beginnt, schnell die Muschelschalen hineindrücken: zuerst die kleine in der Mitte, dann die äußeren weißen, die mittleren weißen und die braunen. Während des Erhärtens die Spachtelmasse zwischen den Muscheln sorgfältig glätten. Trocknen lassen, säubern und den Deckel marineblau streichen und lakkieren, ein Dosenunterteil bis auf den Randfalz orange (das Unterteil der zweiten Dose wird nicht gebraucht).

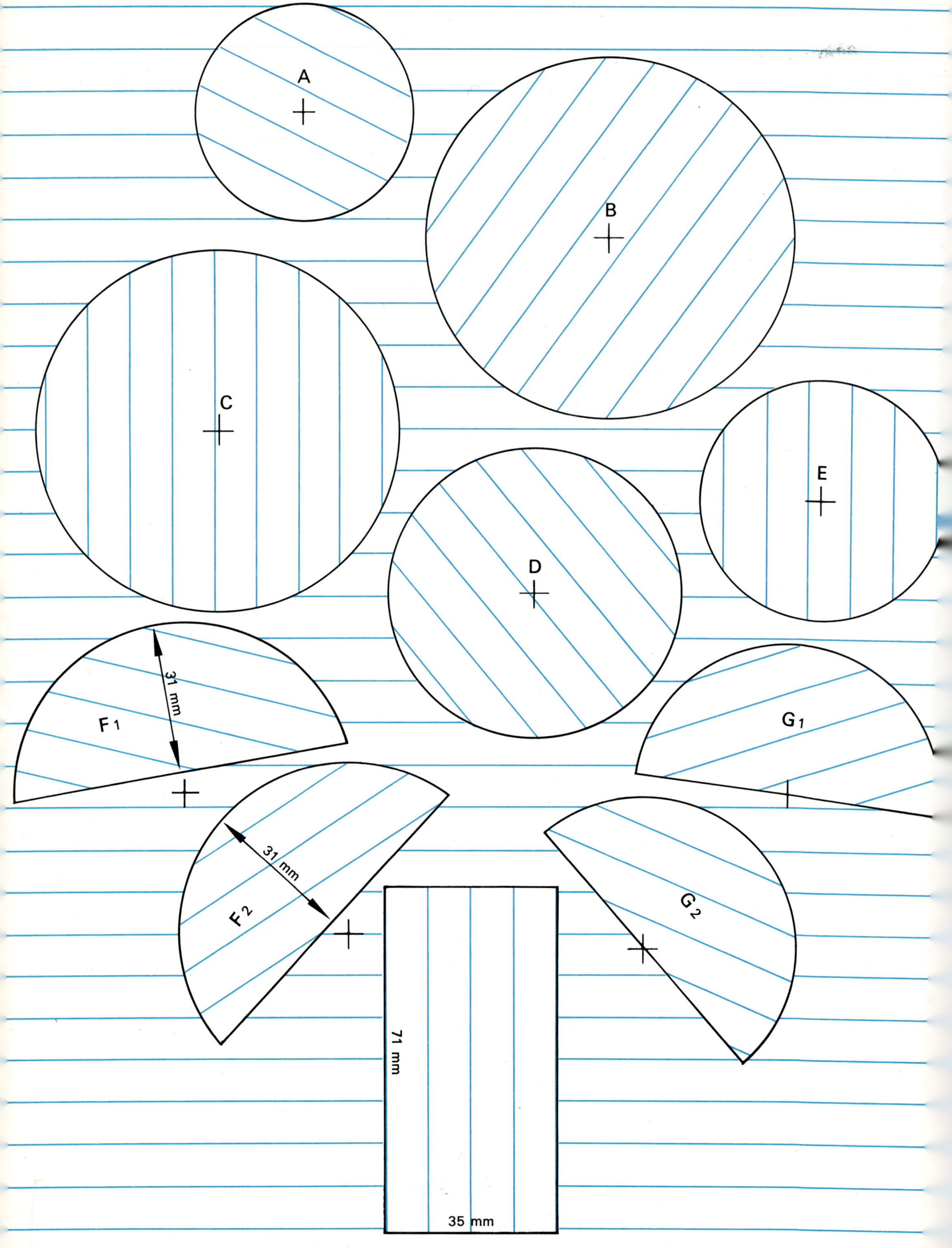
A
B
C
D
E
31 mm
F1
G1
31 mm
F2
G2
71 mm
35 mm

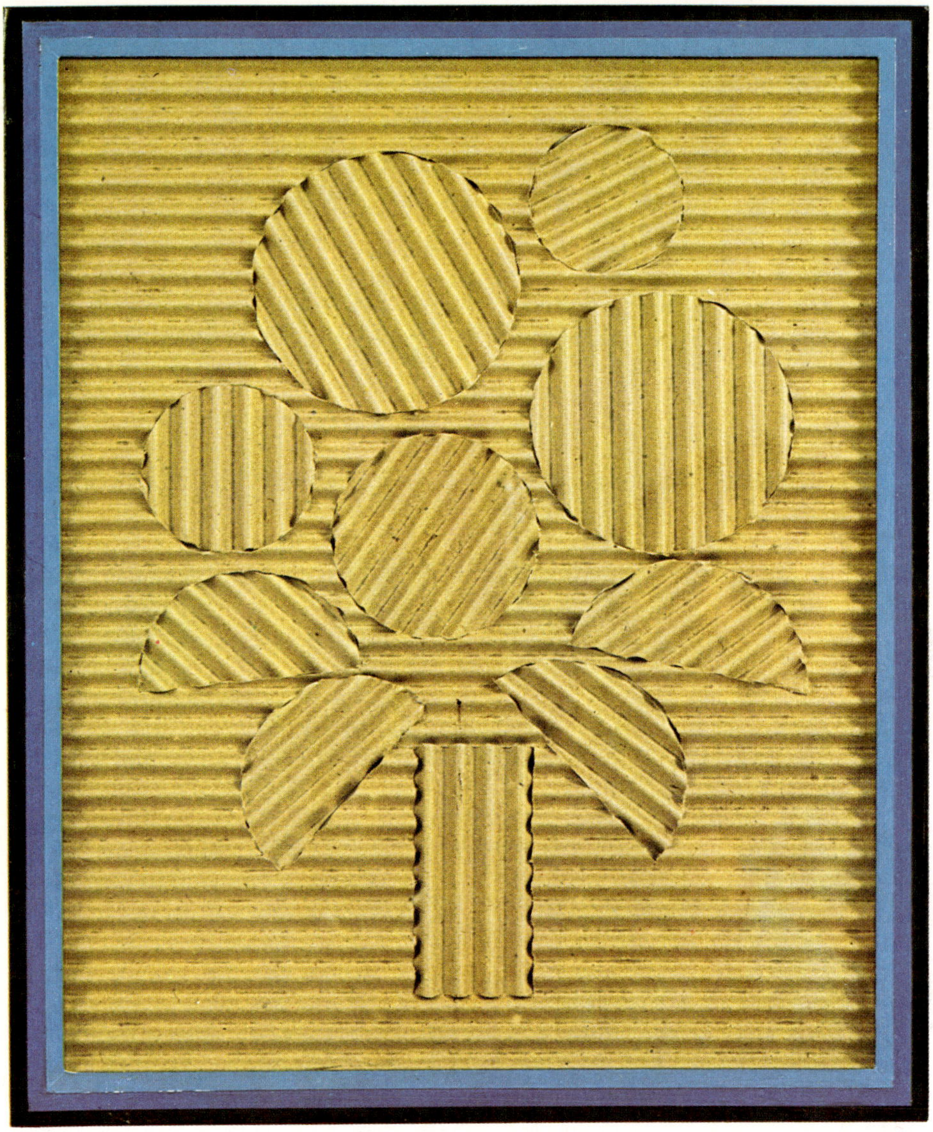

Reliefbild

Materialien: Ein Stück Wellpappe, etwa 40×40 cm. Ein Bilderrahmen aus flachen Leisten, Innenmaß mindestens 29×23 cm. Plaka in Weiß und drei verschiedenen Blautönen, Pelikan Klarlack, Pritt Alleskleber oder Ponal. Die Wellpappe mit waagerecht liegenden Rippen nach dem Hochformat-Innenmaß des Rahmens zuschneiden. Mit Feder, Zirkel und Tusche auf Transparentpapier eine originalgetreue Pause der Zeichnung links anfertigen. Die Blätter F1 und F2 müssen absolut identisch sein, ebenso muß G1 und G2 genau übereinstimmen. Die Pause so auf die Rückseite der Wellpappe legen, daß Ober- und Unterkante der Vase genau in der Mitte von Vertiefungen liegen. Um die Pauszeichnung auf die Pappe zu übertragen, sticht man die Kreismittelpunkte leicht mit der Zirkelspitze ein. Auch die Kennbuchstaben A, B, C usw. auf die Pappe übertragen. Beim Ausschneiden der Teile mit einem feinen, scharfen Messer kommt es auf größte Genauigkeit an, weil sie untereinander ausgetauscht werden und in die Ausschnitte der jeweiligen Gegenstücke fugenlos, wie bei einer Einlegearbeit, passen müssen. Die runden Scheiben beim Zurücklegen in ihre Ausschnitte um die Achsen verdrehen, wie es das Foto und die blauen Linien der Zeichnung zeigen. Die halbrunden Stücke so einlegen, daß F1 mit F2 und G1 mit G2 vertauscht werden. Aus einem Abfallstück der Pappe für die Vase ein 35×71 mm großes Rechteck mit Längsrippen ausschneiden und in den Vasenausschnitt einfügen. Zum Fixieren der Teile auf die Rückseite der Pappe ein gleich großes Blatt Papier kleben. Der Rahmen wird mit drei verschiedenen Blaustreifen bemalt. Dazu wird er zunächst sauber abgeschliffen und mit weißer Farbe grundiert. Nach dem Trocknen der Grundierung die Streifen aufmalen und überlackieren.

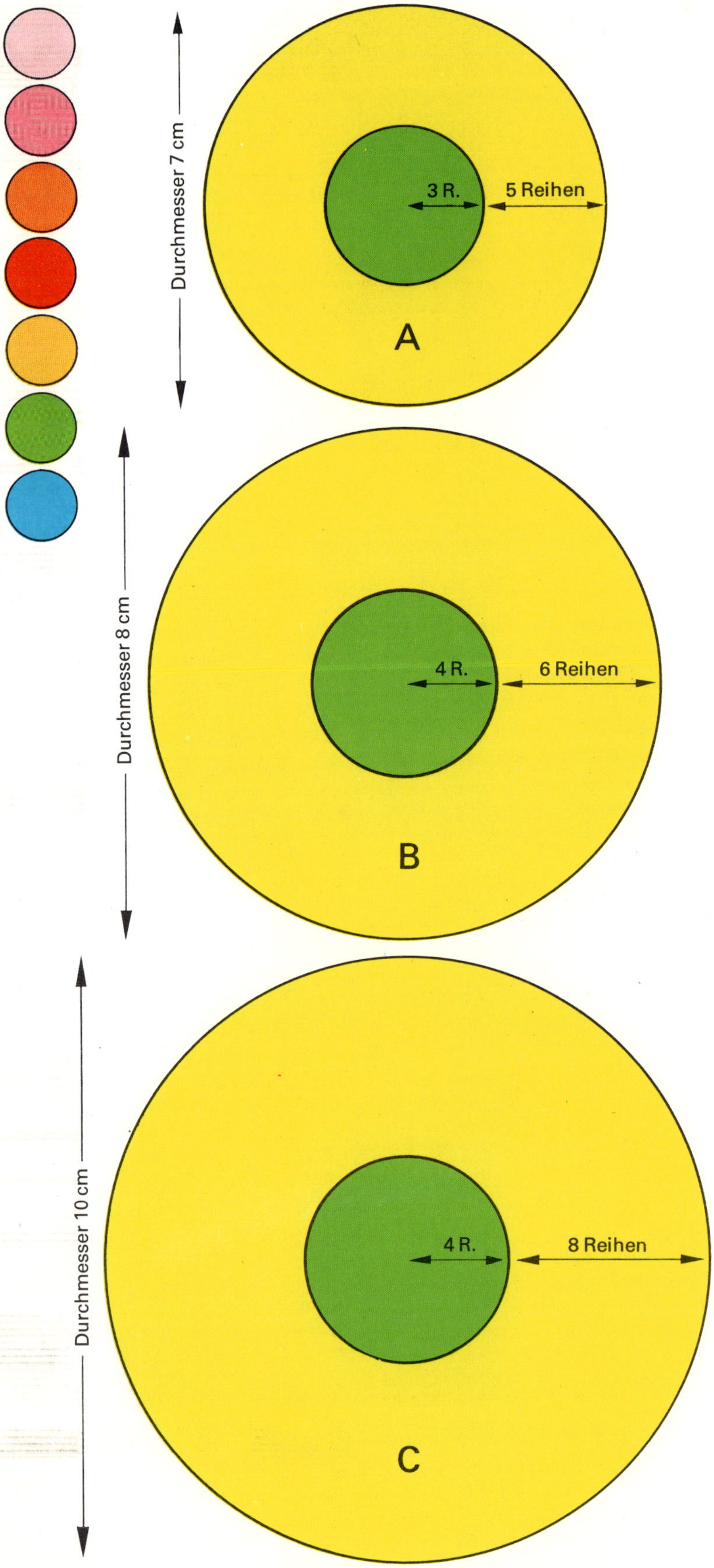

Bunte Häkelblumen

Materialien: Häkelwolle mittlerer Stärke in lebhaften, aufeinander abgestimmten Farben (Farbvorschlag in den kleinen Kreisen links). Stengel aus geraden, 1,5 mm dicken Messingdrahtabschnitten. Gewöhnliche Hosenknöpfe zum Befestigen der Blüten.

Die Blüten dieses Straußes sind alle in der gleichen Art, jedoch in drei verschiedenen Größen A, B, C und in verschiedenen Farben gehäkelt (siehe Seite 17, Nr. 9). Alle Blüten sind zweifarbig. Die Anzahl der Häkelrunden für die drei verschiedenen Größen ist in der Zeichnung links angegeben.

Mit der inneren Farbe eine Reihe von 5 Luftmaschen häkeln, die Reihe durch Einstechen in die erste Masche zur Runde schließen. Ringsherum weiterhäkeln, dabei durch zweimaliges Einstechen in jede Masche zunehmen, damit die Blüte flach bleibt und sich nicht wie ein Mützchen wölbt. Nach Fertigstellung der Mitte die Farbe wechseln und die Blüte unter ständigem Zunehmen zu Ende häkeln; die Nadel in die letzte Masche stechen, den Faden durchholen, abschneiden und vernähen.

Für die Stengel: Verschieden lange Messingdrähte, zwischen 33 und 50 cm, zuschneiden. 12 mm eines Endes mit der Flachzange hakenförmig zurückbiegen, die Öffnung des Hakens soll mit dem Abstand der Löcher in den Hosenknöpfen übereinstimmen: im allgemeinen 3 mm. Den Draht durch die Blütenmitte stechen, so daß der Haken mehrere Maschen umfaßt, von der Unterseite her den Knopf auf den Haken dicht unter die Blüte schieben und das überstehende kurze Hakenende mit der Zange gegen den Knopf biegen. Für die Vase eine etwa 6×15 cm große Dose innen weiß lackieren und außen mit Goldpapier bekleben.

sartel

Aus dem Nähkasten

(Bildtafel)

Materialien: Eine 41×33 cm große Malpappe mit Leinenstruktur. Dunkelbraune Grundierfarbe und Verdünnung. Eine ca. 10 cm hohe Nähgarnrolle (von Faden). 9 Röllchen Nähseide in folgenden Farben: 3mal Türkis, 4mal Hellorange, 1mal Rosa, 1mal Blaßlila. 3 Garnsterne (möglichst Rosa) mit weißem Zwirn. Glatte, flache Wäscheknöpfe, weiß, und von derselben Sorte: 4 große von 15 mm, 9 mittlere von 12 mm und 15 kleine von 10 mm Durchmesser. Stabilit DUR zum Kleben.

Die Pappe mit der verdünnten braunen Farbe grundieren, so daß die Leinenstruktur noch erkennbar ist; trocknen lassen. Die Holzspule in Längsrichtung spalten (siehe Seite 16, Nr. 2), sie soll als Vase dienen; abschleifen, 5 cm über dem unteren Tafelrand senkrecht in die Mitte der Pappe kleben und provisorisch mit Klebstreifen fixieren. Alle anderen Teile zunächst ohne Klebstoff auf der Tafel anordnen, die Zwirnsterne mit der Rückseite nach oben, damit keine Schrift zu sehen ist. Die „Margeriten" bestehen oben aus 7 kleinen und unten aus 7 mittleren Wäscheknöpfen. Alle Teile mit Stabilit DUR ankleben und 8 Stunden trocknen lassen. Wenn man will, kann man die Platte mit einer schmalen Naturholzleiste einrahmen.

Lockenkopf

Materialien: Eine Artischocke mit Stengel. Ein Blatt weißes Zeichenpapier, das auf einer Seite orange, auf der anderen zitronengelb lackiert wird.

Das lackierte Papier in 15 mm breite und 160 mm lange Streifen schneiden, sie durch Ziehen der gelben Seite über einen Messerrücken ringeln und hinter jedes Artischockenblatt ein Löckchen stecken. Für die Vase lackiert man eine 16,5 cm hohe Dose von 4 cm Durchmesser (Würstchendose) orangefarben.

Süßer Strauß (trocken aufzubewahren)

Material: Trockene runde Kekse. 8 mm dicke rote Perlen. Kleine 18 mm lange Korken von 13 mm Durchmesser. Für die Stiele: gerader, 1 mm dicker Messingdraht. Stabilit DUR zum Kleben. Klarer Lack für Holz. Ein Blatt starkes und ein Blatt dünnes weißes Zeichenpapier, die einseitig grün lackiert werden.

Die Kekse mit dem trockenen Pinsel vorsichtig abbürsten und dann auf allen Seiten klar lackieren. Aus festem Papier drei Schablonen A, B und C nach der Zeichnung unten anfertigen. Für jedes Blatt nach den Schablonen aus dem dickeren und dünneren grünen Papier je ein gleichgroßes Blatt ausschneiden, das dickere für die Oberseite. Die letzten 8 cm eines 40 cm langen Stiels zu einem Dreieck biegen und mit Klebestreifen auf der Unterseite eines starken grünen Blatts befestigen (siehe Abb. 1 unten). Ein dünneres grünes Blatt dagegenkleben. Den Stiel leicht rundbiegen (siehe Foto rechts).

Für die Blüte: Die letzten 12 mm eines 40 cm langen Stiels scharf zurückbiegen, einen Korken mit einer Stricknadel in Längsrichtung durchbohren und den Stiel durch die Bohrung stecken, so daß der Haken mit dem Korken abschließt; wenn nötig, eine Zange benutzen. Die Kekse flach auf die Korken kleben und 8 Stunden trocknen lassen; die Blumen können dazu mit ihren Stielen provisorisch in ein Stück Karton gesteckt werden, das man an einer Tischkante überstehend befestigt hat.

Salziger Strauß

Materialien: Teigwaren: Schleifchen und Muscheln. Grüner kunststoffbezogener Blumendraht. Festes Zeichenpapier. Rosa Lackfarbe.

Das Papier einseitig rosa lackieren. Die Muscheln mit einer feinen Messerspitze in der Mitte durchbohren. Für jedes Blatt nach den Schablonen A, B und C zwei gleich große Blätter schneiden und mit den Rückseiten aufeinanderkleben. Jedes Blatt dicht an der Einkerbung fein durchbohren, auf einen 40 cm langen Stiel schieben und in diesen dicht über und unter dem Blatt einen kleinen Knoten zum Festhalten drehen (siehe Foto rechts). 5 cm vom Stielende entfernt einen weiteren Knoten drehen und eine Muschel daraufschieben. Für die Schleifchen wickelt man den von oben kommenden Draht zweimal um ihre Mitte, verdreht ihn darunter und bringt die nächste Blüte 1 cm weiter unten an. Auf jedem Stiel sitzen 4 Schleifchen. Die Anfertigung der Vase ist auf Seite 178 beschrieben.

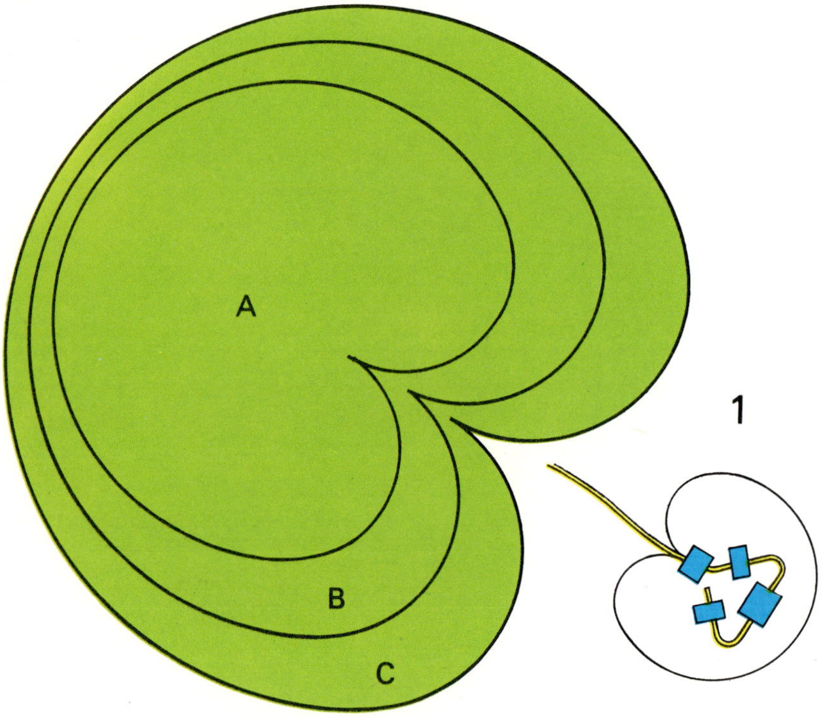

Gänseblümchen
(Dekoration für Glückwunsch-, Einladungs- oder Tischkarten)

Materialien: Kleine geriffelte Pralinenformen aus Metallfolie. Origamipapier, grün und orange. Als Unterlage: weißer Karton oder starkes weißes Papier. Stabilit EXPRESS.
Die Formen, ohne die Riffelung zu zerstören, vorsichtig öffnen und mit dem Handballen auf der Tischplatte flachdrücken. 1 cm große runde orangefarbene Papierscheiben ausschneiden und in die Mitte der Blüten kleben. Für die Blätter grüne Papierscheiben von 32 und 40 mm Durchmesser ausschneiden und, für die Blattadern, zweimal falzen und falten, wie in Abbildung A gezeigt. Die Blüten mit ihrer Mitte und die Blätter mit einer Hälfte auf die Unterlage kleben.
Anstelle der Pralinenformen kann man auch kleine Teller aus Metallfolie schneiden und sie entsprechend der Rippen eindrücken.

Silberblüten
(Bildtafel oder Dekoration für eine Tür, einen Balken, eine Schachtel usw.)

Materialien: Runde Kuchenförmchen mit flachem Boden: 1 mit 4,5 cm, 2 mit 7 cm, 1 mit 7,5 cm, 2 mit 8 cm, 2 mit 10 cm, 1 mit 12 cm Durchmesser; glatte Schiffchenformen, 1 von 6,5 cm, 1 von 8 cm, 2 von 10 cm, 2 von 12 cm Länge. Ein von Leisten eingefaßtes Zeichen- oder Sperrholzbrett, 50 × 65 cm groß. Weiße Grundierfarbe; Plaka in Maigrün, Smaragdgrün und Türkis, Pelikan Klarlack, Stabilit DUR zum Kleben.
Die Holzplatte glattschleifen, die Einfassung mit Klebestreifen abdecken und die innere Fläche weiß grundieren. Zwei 6 cm breite senkrechte Streifen mit Bleistift anzeichnen, Streifen und Platte anmalen und lackieren. Nach dem Trocknen Blüten und Blätter nach dem Foto rechts anordnen und aufkleben. Dabei Flecken vermeiden. 8 Stunden ungestört trocknen lassen.

Telefonbuchgewächs
(zum Aufhängen)

Materialien: Ein altes Telefonbuch. 3 kleine Rollen selbstklebendes Geschenkband 15 mm breit, in Hellblau, Dunkelblau und Gold. Pritt Alleskleber.

Auf dem Umschlag des Telefonbuchs waagrecht einen 4 cm breiten Streifen anzeichnen und ihn tadellos ganz gerade und ohne Schrammen absägen (siehe Seite 16, Nr. 5), dabei das Buch sehr gut festhalten. Den abgesägten Streifen auf der Schnittkante vor sich hinlegen und zuerst V-förmig, dann ganz wie einen runden Fächer öffnen, so daß die beiden Umschlagstreifen A und B aneinander liegen (siehe Abb. 1). Diese Streifen mit einer Büroklammer zusammenhalten, dann die Seiten in 18 gleichstarke Bündel teilen, nur Bündel 1 und 18 sind etwa doppelt so dick wie die anderen. Die einzelnen Bündel mit Büroklammern fixieren, 1 und 18 in der Höhe C–D mit einem Perlonfaden zusammenbinden (Abb. 2). Nun Teil 2 bis zur Mitte nach innen biegen und gegen Teil 1 legen; ebenso mit den anderen Teilen in der Reihenfolge 3, 4, 5 . . . usw. verfahren, nur 1 und 18 bleiben ausgenommen. Sobald alle Schlaufen gebildet sind, werden sie mit einem Tropfen Kleber an den roten Strichen in Abb. 2 untereinander befestigt. Jede Schlaufe ist nur mit einem Blatt an ein Blatt der nächsten geklebt.

Zum Schluß werden die Bündel 1 und 18 mit einem leuchtend vierfarbigen Ring verbunden. Dazu schneidet man von dem farbigen Geschenkband vier 20 cm lange Stücke ab: 2 hellblaue, ein dunkelblaues und ein goldenes, und klebt sie dicht nebeneinander auf ein Stück dünnes weißes Papier (siehe Abb. 3). Das Vierfarbenband auf 6×18 cm beschneiden und rund, ohne Brüche an den Kanten, um den Pflanzenstengel rollen und zusammenkleben. Zwei 24 cm lange Doppelstreifen – der eine hell- und dunkelblau, der andere hellblau und golden – werden in der Mitte zusammengeklebt, bis an den Ring in den Stengel geschoben und dort mit einem Tropfen Kleber fixiert; die Streifen-Enden rollen sich nach außen. Zum Aufhängen der Pflanze wird ein Perlonfaden in die Schlaufen 9 und 10 geknotet. Aus mehreren Telefonbuchblumen läßt sich eine Girlande herstellen.

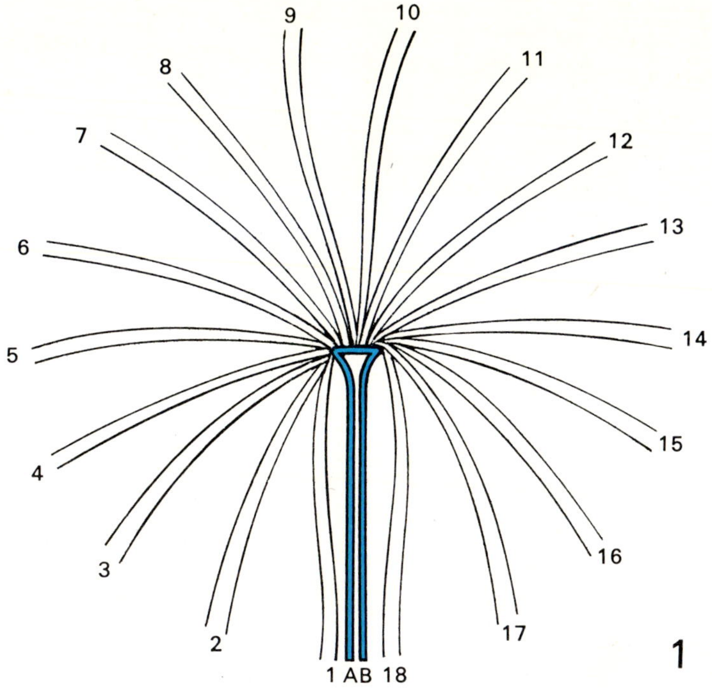

1

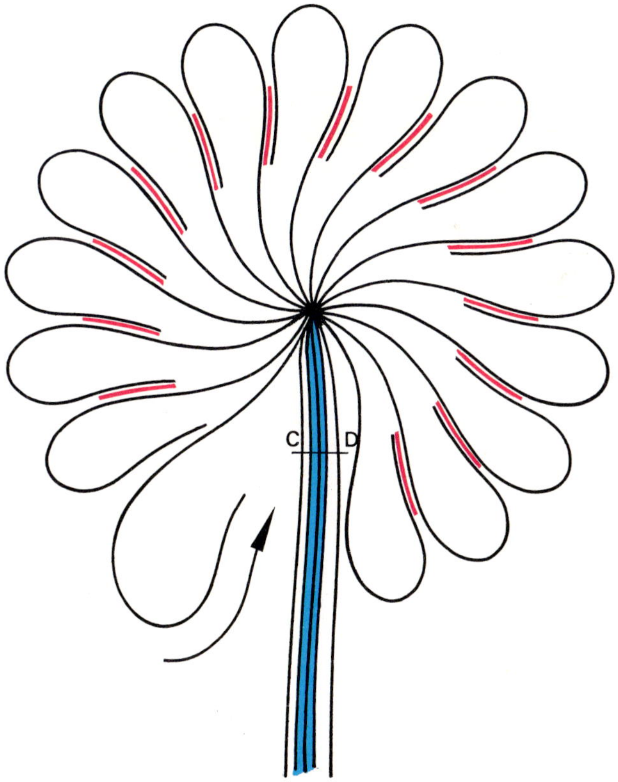

2

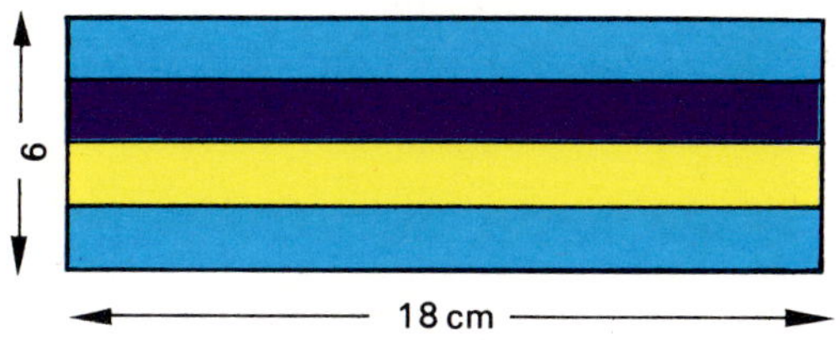

3

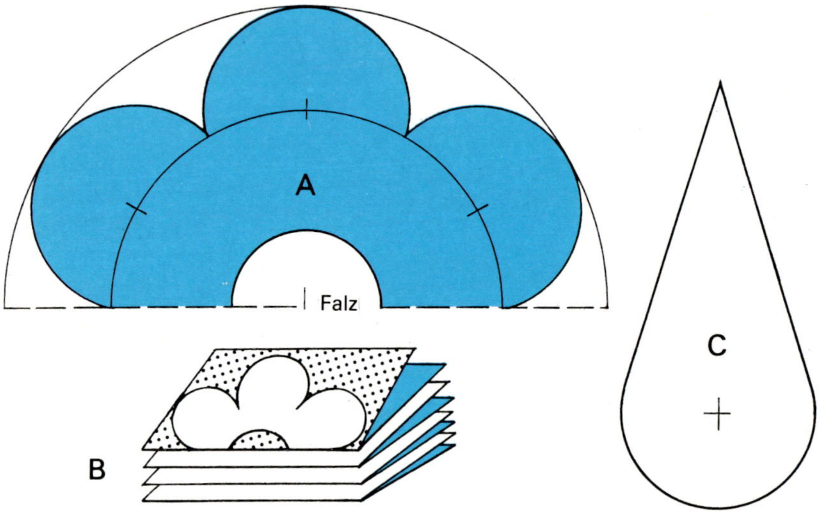

Blauweißer Blütenregen

(Zum Aufhängen als Raumteiler)

Blaue Blüten

Materialien: Blaues Origamipapier. 12 Unterlegscheiben aus Messing mit 15 mm Durchmesser. Ein 5 mm dicker, 65 cm langer Bambusstab. Pritt Alleskleber.

Für jede Blüte: Aus dem Papier 4 Quadrate von 9 cm Seitenlänge ausschneiden und sie, mit der blauen Seite nach innen, einmal falten. Auf die Rückseite einer Papierhälfte mit dem Zirkel die halbe Blüte A der Abbildung oben zeichnen, die gestrichelte Linie ist der Falz im Papier. Nun die zweite Hälfte dieses Quadrats auf die Rückseite eines anderen kleben und in gleicher Weise mit dem dritten und vierten gefalteten Quadrat verbinden (siehe Zeichnung B). Die Blüte (8 Papierstärken) ausschneiden, wobei die punktierten Teile der Zeichnung B entfallen. Die Blüte öffnen und vor ihrem vollständigen Zusammenkleben eine mit einem 1,5 m langen Perlonfaden verbundene Unterlegscheibe in ihre Mitte bringen, den Faden in den Falz kleben und die Blüte zusammenkleben. Für das Aufhängen siehe Seite 16, Nr. 3; Fadenlänge zwischen 60 und 140 cm variieren.

Weiße Blüten

Materialien: Für 16 Blüten 24 einwandfreie Tischtennisbälle. Möglichst dünnes weißes Bristolpapier (glattes Kartonpapier aus 3 zusammengeklebten Bahnen, die beiden äußeren holzfrei). Weiße Lackfarbe. Dünner Perlonfaden. Ein 68 cm langer, 5 mm dicker Bambusstab. Pritt Alleskleber.

Aufdruck auf den Tischtennisbällen, falls vorhanden, vorsichtig wegschaben. Jede Blüte besteht aus einem ganzen Ball und einer Ballhälfte (Kalotte), die als Haube dient. Zum Zerschneiden legt man den Ball auf ein sauberes Tuch, hält ihn mit der linken Hand fest und sägt ihn entlang der Mittelnaht mit einer feinen Holzsäge durch; Kanten mit der Feile glätten; in die Mitte jeder Hälfte mit einer Nadel ein Loch stechen. Damit sie nicht durchscheinen, Bälle und Kalotten weiß lackieren.

Auf festes Papier das Blütenblatt C (oben) übertragen, ausschneiden und mit dieser Schablone für jede Blüte 6 Blätter aus Bristolpapier zuschneiden. Durch das Loch in der Kalotte einen etwa 120 cm langen Perlonfaden ziehen und in sein inneres Ende eine 15 mm große Schlinge knoten. Die Kalotte mit der Öffnung nach oben auf ein Tuch legen, ihr Inneres mit Pritt Alleskleber bestreichen und die Blütenblätter nebeneinander einkleben; ihre Spitzen treffen sich bei dem Loch in der Mitte. Das obere Drittel eines Balls mit Pritt Alleskleber bestreichen und in die Kalotte mit den Blütenblättern einkleben. Ein paar Minuten festhalten, bis der Klebstoff hält, dann an den Bambusstab hängen, an dem man vorher 16 je 4 cm lange Teilstücke markiert hat (siehe Seite 16, Nr. 3).

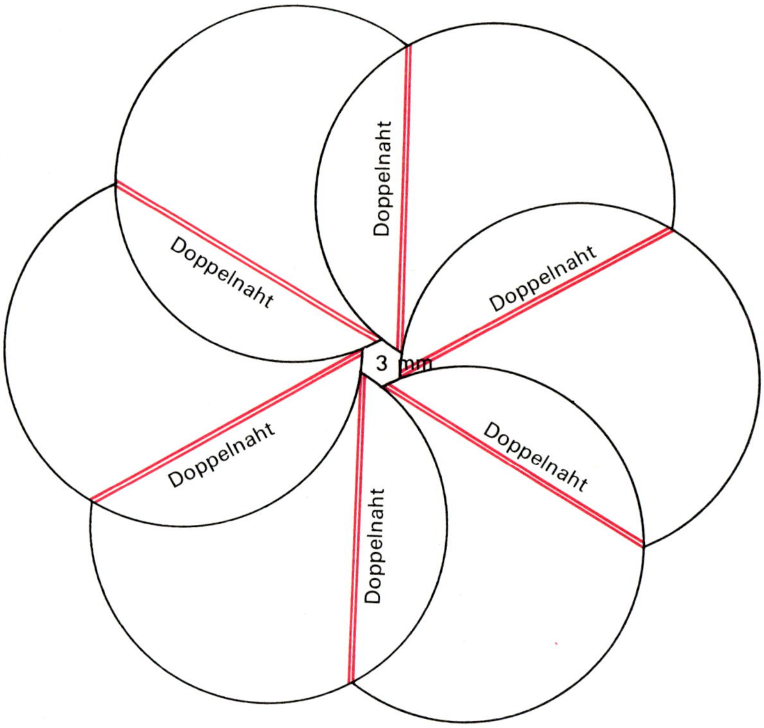

Anordnung der Blütenblätter

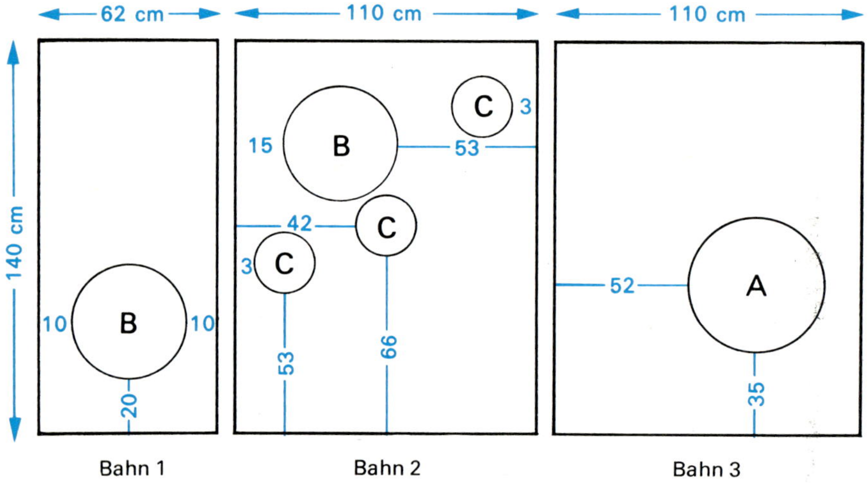

Verteilung der Blüten auf den Bahnen

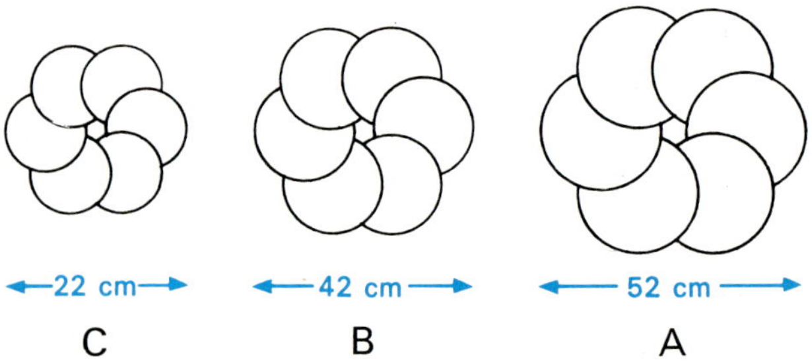

Weißer Blütenvorhang

(Durchsichtiger Schirm oder Vorhang vor einem vermauerten oder nicht zu öffnenden Fenster, die Bambusstäbe verhindern das Öffnen.)

Materialien: Gaze oder Organza, weiß, 1,5 m in einfacher (9o cm), 3 m in doppelter (130 cm) Stoffbreite; weißer Pikee in beliebiger Musterung: 2 m, 90 cm breit; weißer Hemden- oder Wäschestoff (Shirting), 2 m, 90 cm breit. 50 weiße Faschingsbällchen. Bambusstäbe: 4mal 1,30 m und 2mal 80 cm lang, alle 15 mm dick. Starker Perlonfaden zum Aufhängen.

Der Schirm oder Vorhang besteht aus drei Bahnen, deren genaue Maße in der Zeichnung nebenan angegeben sind. Zu diesen Maßen kommen an jeder Bahn oben und unten 4 cm breite Hohlnähte für die Bambusstäbe und 1,5 cm breite Einschläge zum Versäubern der langen Seiten. Die Bahnen genau zuschneiden und auf der Nähmaschine säumen.

Die Blüten haben drei verschiedene Größen: es werden 1 Blüte A, 2 Blüten B und 3 Blüten C benötigt. Jede Blüte besteht aus 6 gleichen runden Blütenblättern in folgenden Größen: Blüte A Blattdurchmesser 26 cm; B 21 cm; C 11 cm. Herstellung der Blüten: Pikee und Wäschestoff rechts auf rechts aufeinanderstekken. Die Blütenblätter mit dem Tuschzirkel leicht auf der Pikeerückseite anzeichnen und mit 4 mm Nahtzugabe ausschneiden. Entlang der Zirkellinie zusammensteppen, dabei eine Öffnung von 4 cm lassen. Das Blütenblatt wenden und feucht bügeln. Die 6 Blätter wie in der Zeichnung oben aufeinanderlegen, heften und entlang der roten Linien mit weißem Faden doppelt steppen. In der Blütenmitte je 7 Faschingsbällchen annähen (siehe Foto rechts). Die Blüten nach dem Muster links auf die Vorhangbahnen stekken (siehe Bahn 1, 2 und 3) und sie auf der Rückseite, an den Rändern und in der Mitte mit unsichtbaren Stichen annähen. Wenn man keinen großen Tisch hat, kann das auf einer sauberen Papierunterlage auf dem Fußboden geschehen. Die Bambusstäbe in die Hohlnähte schieben und die Bahnen mit 6 Perlonfäden an Ringschrauben in der Decke oder Fensteröffnung aufhängen; Abstand zwischen den Bahnen: 14 cm.

Porträts

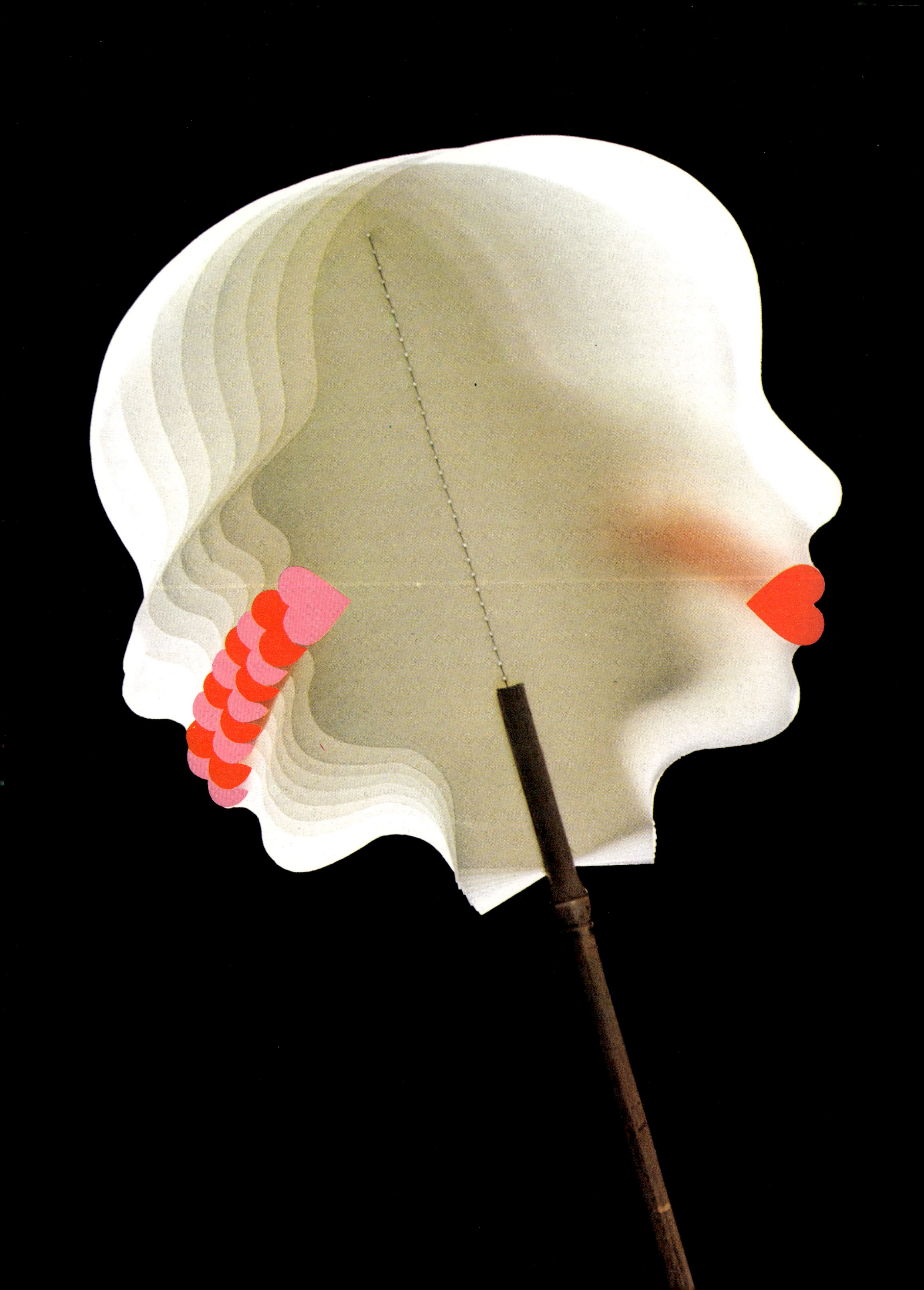

Herzliebchenfächer

Materialien: 1 Bogen starkes Pergamentpapier, 50×70 cm (ungemustert), rotes und orangefarbenes Leuchtfarbenpapier oder besser: selbstklebende Leuchtfarbenfolie (Letrafilm) von Letraset (Schreibwaren- oder Zeichenbedarfsgeschäft). Stabilit DUR. 1 Bambusstab, ca. 7 mm dick, 50 cm lang.

Das Pergamentblatt in 9 Teile zerschneiden (dreimal der Länge und dreimal der Breite nach) und auf eins der Stücke den Umriß der unten stehenden Schablone (ohne Mund) übertragen. Die 9 Blätter aufeinanderlegen, an den vier Ecken mit Büroklammern fixieren, den Umriß des Kopfs genau ausschneiden und beim +A mit einer Nadel ein kleines Loch hineinstechen. 9 rote und 9 orangefarbene Herzen nach dem Muster unten aus Papier oder Letrafilm ausschneiden und an die Stellen der Münder kleben. Bei Papier dünn aufgetragenen Pritt Alleskleber benutzen. Mit den Mundfarben so wechseln, daß sich zwei Reihen von Rosa, Orange, Rosa, Orange usw. ergeben. Die Köpfe aufeinanderlegen und durch das Loch bei A mit einer kleinen Versandbeutelklammer fixieren. Nun die Gesichter um diesen Punkt herum nach rechts verschieben, wie man einen Fächer öffnet, bis der Abstand zwischen ihnen in Stirnhöhe je 9 mm beträgt. Die Köpfe in dieser Lage mit Büroklammern fixieren.

Auf der Rückseite des Fächers oben mit einem Bleistiftpunkt die Mitte anzeichnen und den Punkt mit einem leichten Bleistiftstrich mit dem Loch bei A verbinden. Die Linie soll auf die Vorderseite durchscheinen. Mit weißem Faden und großen Stichen den Fächer auf dieser Linie durchsteppen, dabei ein Schutzpapier darauflegen, das nach dem Steppen vorsichtig abgerissen wird. Ein Ende des Bambusstabs 5 cm tief spalten, den Hals des Fächers in den Spalt schieben und mit einem Tropfen Stabilit DUR befestigen.

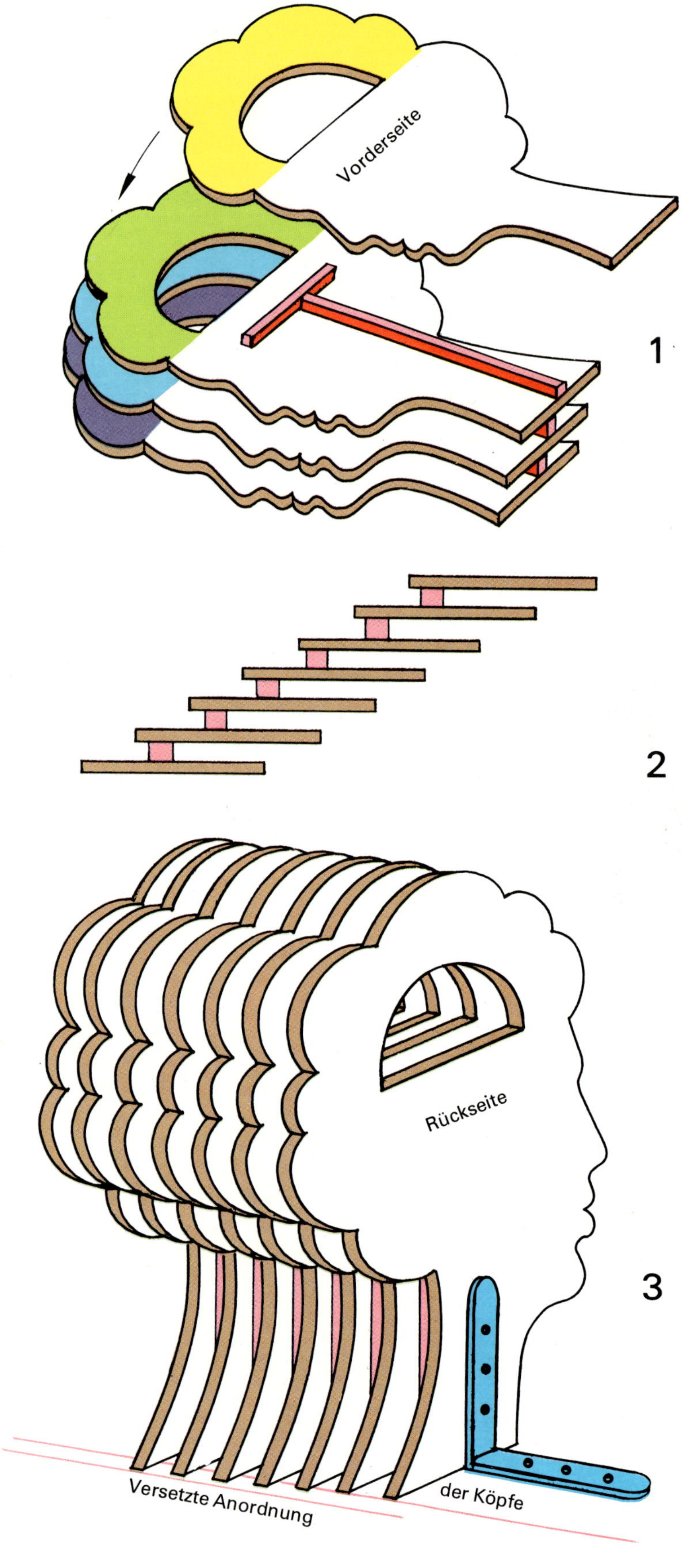

Regenbogenprofile

Materialien: 4 Sperrholzplatten, 3 mm dick, 100×24 cm groß; 2 Holzleisten, 8×8 mm dick, 1 m lang. Stabilit DUR, Pattex und Pritt Alleskleber. Lackfarben: Rosa, Orange, Gelb, Grün, Hellblau, Hellviolett. 1 Metallwinkel 12×12 cm (Eisenwarengeschäft). (Für die Sperrplatten und Leisten wird Balsaholz vorgeschlagen, es ist aber auch jedes andere helle Holz brauchbar.)

Die Kopfschablone auf den Seiten 106/107 auf starkes Zeichenpapier übertragen und ausschneiden. Die Papierschablone auf das Sperrholz legen, mit 2 Klebstreifen provisorisch befestigen und die Holzplatten ausschneiden. Balsaholz läßt sich mit einem schmalen scharfen Messer schneiden, anderes Holz nur mit der Laubsäge. Die 7 Profile mit feinem Sandpapier glattschleifen, entstauben und auf die auf Seite 107 blau schraffierten Teile nach dem Muster auf Seite 106 oben links farbig lackieren. Nur der erste Kopf bleibt unlackiert in der Naturfarbe des Holzes. Nach dem Trocknen des Lacks aus den Leisten 6 Stücke von 23 cm und 6 Stücke von 10 cm Länge schneiden. Nun eine lange und kurze Leiste mit Alleskleber auf die Vorderseite der farbigen Köpfe kleben und trocknen lassen. Die genaue Lage der Leisten ergibt sich aus den roten Streifen in der Schablone auf Seite 106/107 und aus der Zeichnung 1 nebenan.

Beim Aufeinanderkleben der Köpfe beginnt man mit dem unteren (hellviolett), man bestreicht die Oberseite seiner Leisten mit Stabilit DUR, legt den nächsten Kopf (hellblau) um 1 cm nach rechts versetzt darauf, drückt ihn an und fährt so bis zum letzten, unlackierten Kopf fort. Jeder Kopf ist gegenüber dem darunterliegenden um genau 1 cm nach rechts verschoben, die Unterseiten der Hälse liegen jedoch alle in einer Ebene, alle Köpfe stehen also genau senkrecht. Darauf ist beim Kleben besonders zu achten. Von der Unterseite her betrachtet erscheinen die Halskanten wie in Abbildung 2 links. Nach dem Trocknen der Klebungen befestigt man den Metallwinkel als Stütze mit Pattex compact auf der Rückseite des unteren (hinteren) Profils (siehe Abb. 3). Man kann diesen Kopf auch nach einem bekannten Profil aus seiner Umgebung herstellen.

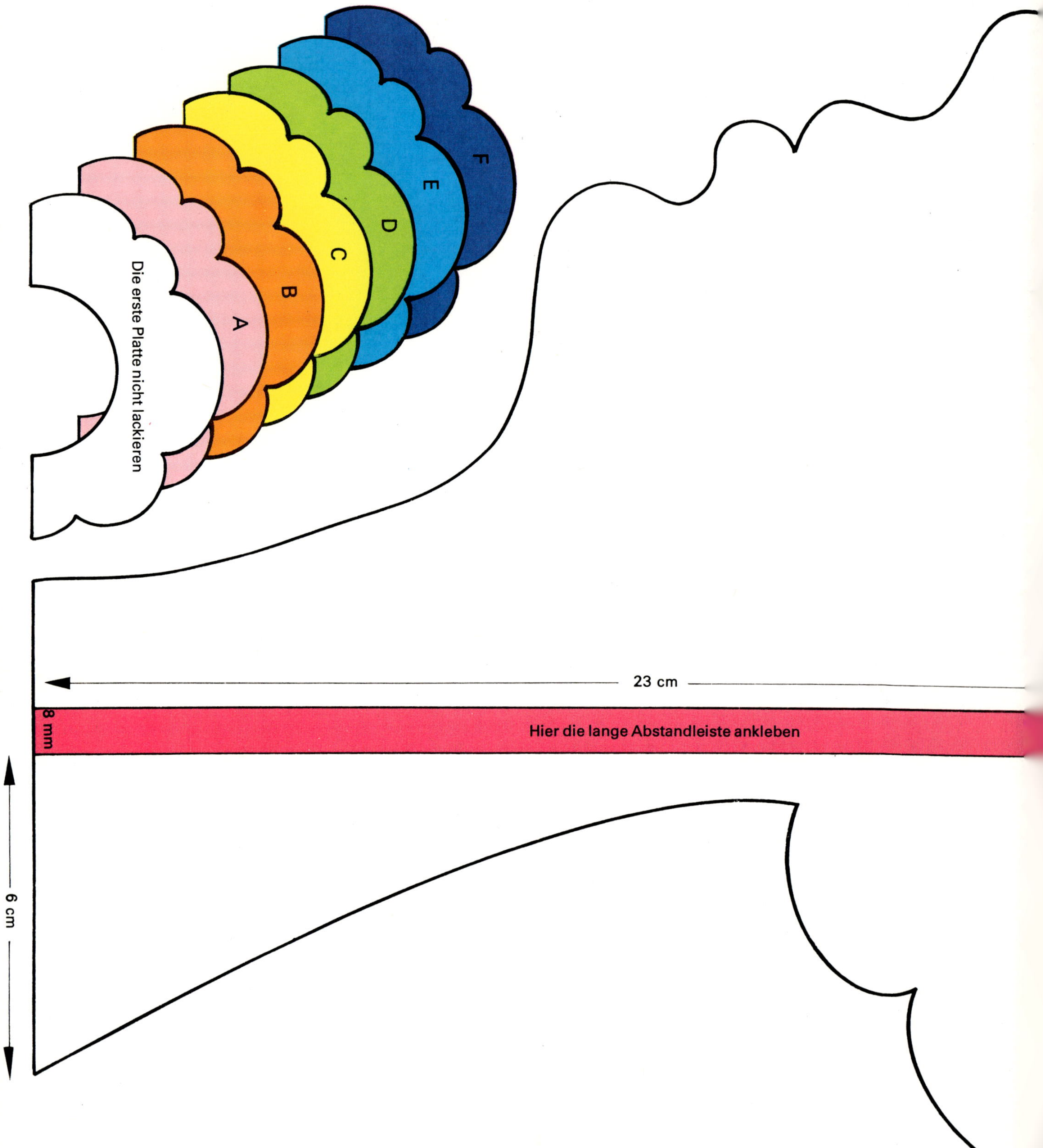

Schablone der Regenbogenprofile

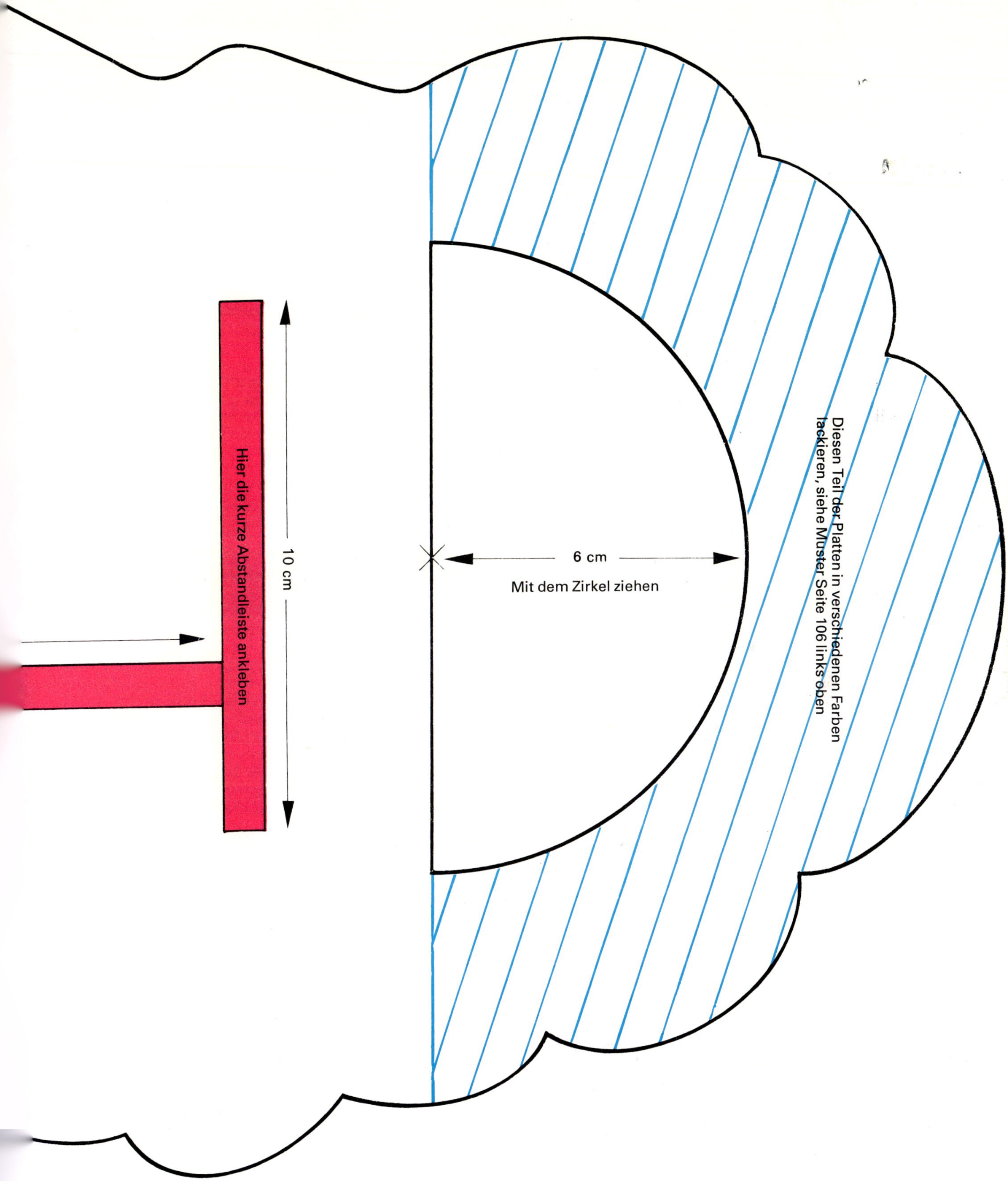
Hier die kurze Abstandleiste ankleben
10 cm
6 cm
Mit dem Zirkel ziehen
Dieses Teil der Platten in verschiedenen Farben lackieren, siehe Muster Seite 106 links oben

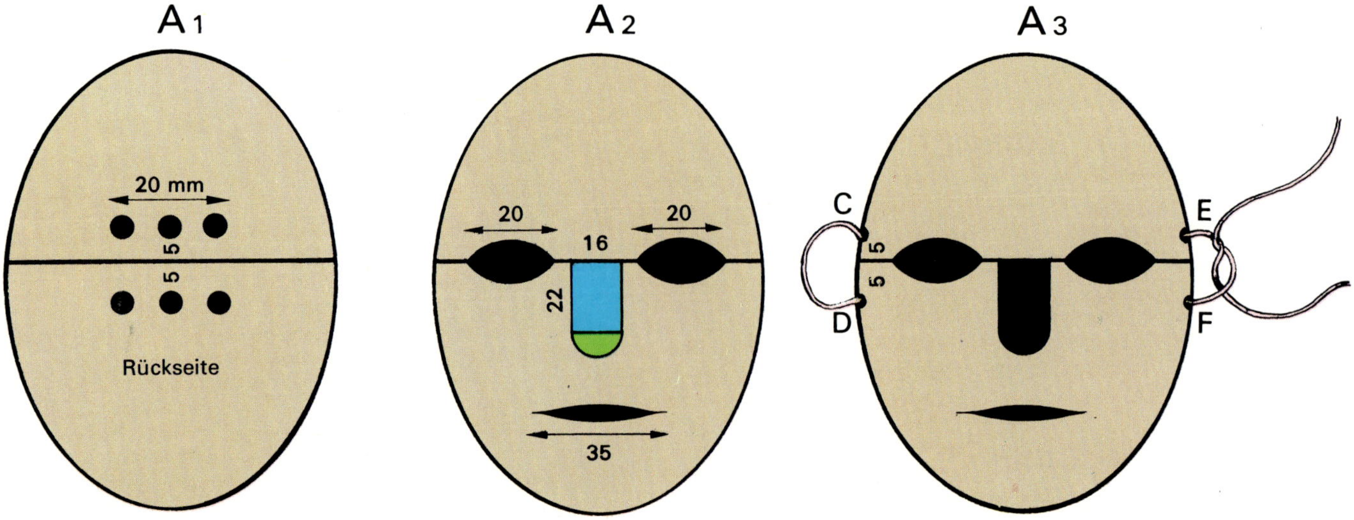

Kokoskerle (Dosen für Kleinkram)

Materialien: 2 Kokosnüsse, Bindfaden, Bambusrohrstücke mit 15 und 18 mm Durchmesser. Stabilit DUR zum Kleben. Die Bearbeitung ist bei den Kokosnüssen A und B zunächst gleich: in das untere Ende ein kleines Loch bohren und die Milch auslaufen lassen, dann beide etwas oberhalb der Mitte gerade und ohne Schrammen durchsägen; ein bißchen von dem abfallenden Sägemehl aufheben (auf Kleber gestreut kann man kleine Fehler damit verdecken). Um die Nuß während der Bearbeitung zu halten, stellt man sie in einen runden Deckel, ein Marmeladeglas oder auf ein Tuch. Das Kokosmark mit einem Löffel entfernen.

Kinnbart (rechts): Mit einem Nagel- oder Spiralbohrer vorsichtig, damit die Schale sich nicht spaltet, 6 kleine Löcher für das Scharnier bohren (Abb. A 1). Auf der anderen Seite Augen, Nase und Mund anzeichnen und ausschneiden (Abb. A 2). Für die Nase zwei senkrechte Sägeschnitte machen, das blaue Stück mit der Zange herausbrechen und das grüne Ende mit der Feile ausrunden. Den Mund mit Bohrer, Säge und Feile, die Augenöffnungen im Ober- und Unterteil der Nuß mit der Halbrundfeile ausarbeiten. Die Scharnierlöcher mit Bindfaden verschnüren. Auf beiden Seiten im Ober- und Unterteil zwei Löcher (C, D, E, F) für die Bindfadenohren bohren, einen Faden durch E-C-D-F ziehen und lose verknoten (Abb. A 3). Bart ankleben.

Rundauge (links): Mit einem 2-mm-Bohrer 4 Löcher für das Scharnier bohren (Abb. B 1), das ist schwieriger aber auch hübscher als bei A 1. Die Löcher mit einer dünnen Rundfeile vorsichtig auf 5 mm vergrößern und das in Abb. B 1 schraffierte Stück heraussägen. Beide Scharnieröffnungen mit der Feile glätten. Auf der anderen Seite die Nase anzeichnen (Abb. B 2), mit der Säge senkrecht einschneiden und das blaue und schwarze Stück mit der Zange herausbrechen. Die Stelle für den Mund gerundet einfeilen (Abb. B 2). Von einem 18 mm dicken Bambusstück zwei 5 mm dicke Scheiben für die Augen, ein 40 mm langes Stück für die Nase und ein 30 mm langes Stück für den Mund absägen. Aus dem Mundstück mit einem Messer einen 5 mm breiten Streifen (G) herausschneiden. Für das Scharnier von einem 20 mm dicken Bambusstück 12 mm absägen und aus diesem Stück mit dem Messer vorsichtig einen 5 mm breiten Streifen herausschneiden (H in Abb. B 3). Das Scharnier in die dafür vorgesehenen Öffnungen einsetzen und den Streifen H mit Stabilit DUR wieder in den Bambusring einkleben (Abb. B 3) und provisorisch mit Klebstreifen fixieren. Die Bambusnase in den blauen Ausschnitt (Abb. B 2) kleben, Augen und Mund ankleben und provisorisch mit Klebstreifen festhalten. 8 Stunden trocknen lassen. Bei Anwendung von Pattex kann man gleich weiterarbeiten – doch immer auf die Gebrauchsanweisung achten.

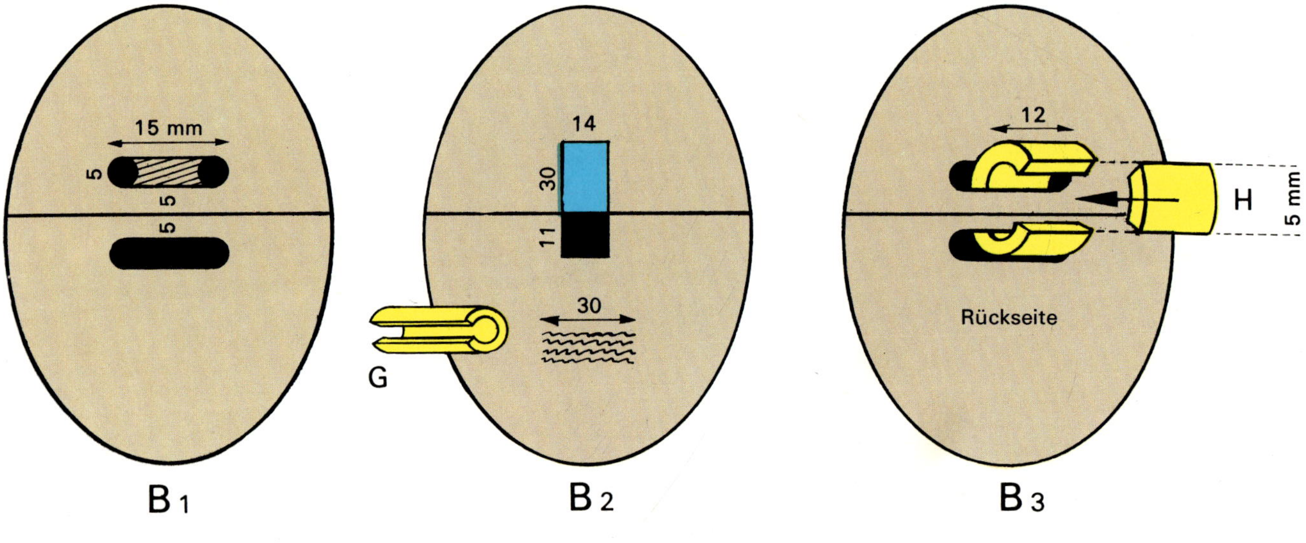

Feuriges Mädchen
(Streichholzschachtel-Puzzle)

Materialien: 1 schönes Porträt in Farben (großes Foto, Zeitschriftenseite, Poster); je nach Größe des Porträts 9, 16, 25, 49 oder 100 Streichholzschachteln. Pritt Alleskleber oder Metylan Kleister; Pelikan Klarlack.
Wenn das Porträt auf dünnem Papier gedruckt ist, zieht man es zur Verstärkung auf Zeichenpapier auf und läßt es gut trocknen. Inzwischen teilt man ein Stück Pergamentpapier sehr genau in Rechtecke ein, die der Schachtelgröße entsprechen. Je nach Größe des Fotos benutzt man Reihen von 3, 4, 5, 7 oder 10 Streichholzschachteln. Das Rechteckgitter in passender Weise auf das Porträt legen und es danach zerschneiden. Man kann gleichzeitig Gitter und Bild zerschneiden; da das Papier aber verrutschen kann, ist es besser, das Rechteckgitter mit einem spitzen Bleistift auf das Bild zu übertragen und dann nur dieses zu zerschneiden. Die Bildteile auf die Streichholzschachteln kleben, trocknen lassen und lackieren.

Tüten-Samurai (Maske)

Materialien: 2 Papiertüten mit seitlichen Falten, etwa 30×45 cm groß, möglichst ohne Aufdruck, in einer hellen Farbe, z. B. gelb. Schwarze Lackfarbe, Aluminiumpapier. Pritt Alleskleber.
Eine Pause des Gesichts auf Seite 112/113 herstellen und auf eine mit der offenen Seite nach vorn liegende Tüte übertragen. Der Abstand zwischen der Höhe A der Maskenschablone und der geschlossenen Tütenkante beträgt 11 cm (siehe Abb. Seite 112). Die beiden Augen B und C aus Aluminiumpapier ausschneiden und aufkleben. Die schwarzen Augenkonturen und den Mund mit feinem Pinsel aufmalen, den Mund auch mit Zirkel. Die schwarzen Flächen mit breiterem Pinsel ausfüllen, dabei Flecken vermeiden, trocknen lassen.
Aus der zweiten Tüte ein 12 cm großes quadratisches Papierstück ausschneiden und es mit einem stärkeren Papier unterkleben. Die Nase nach Abb. D, Seite 112, darauf übertragen und ausschneiden, entlang den gestrichelten Linien falzen, nach innen falten und das schraffierte Teil 1 unter Teil 2 kleben. Die fertige Nase auf die Maske kleben und die Sehlöcher E und F hineinstechen.

Höhe A

der Maske liegt
11 cm unter der
geschlossenen
Tütenkante

Schablone des Tüten-Samurais

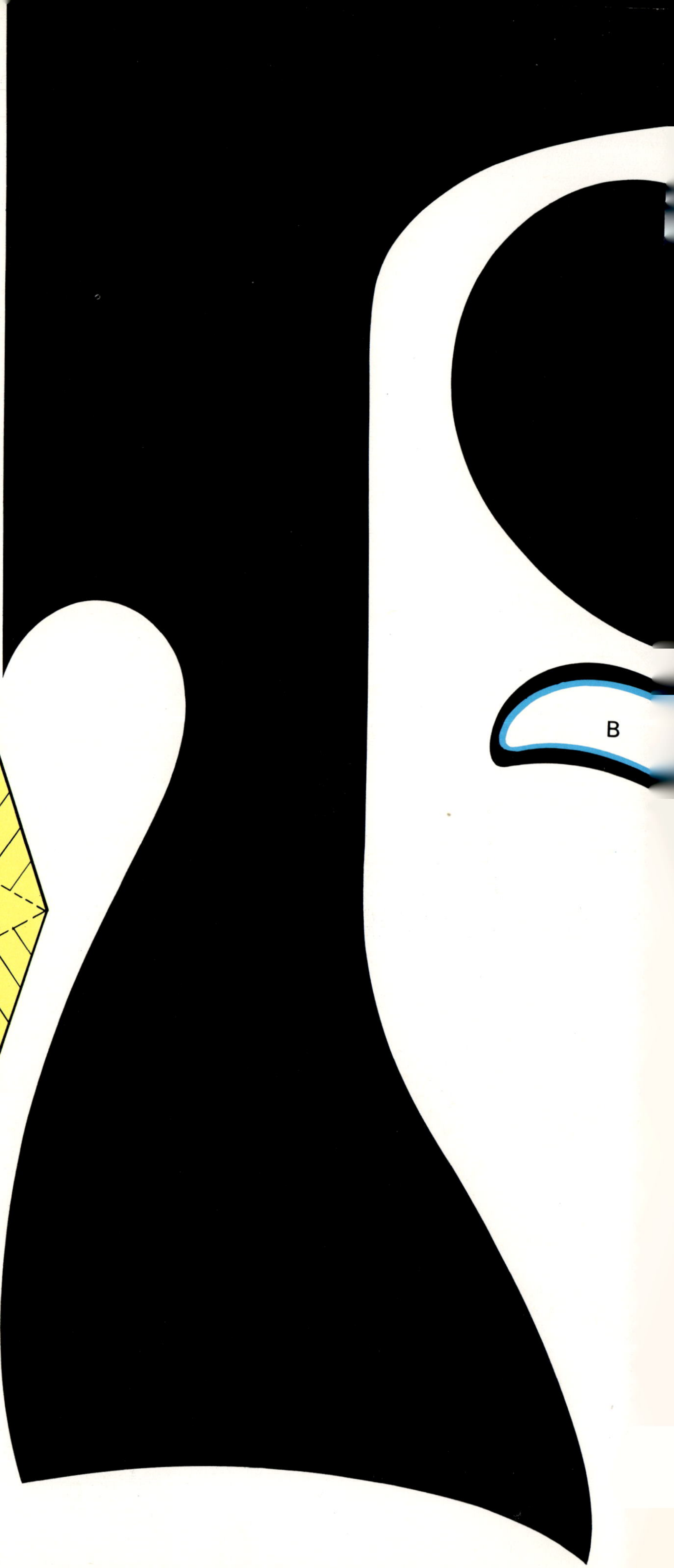

D

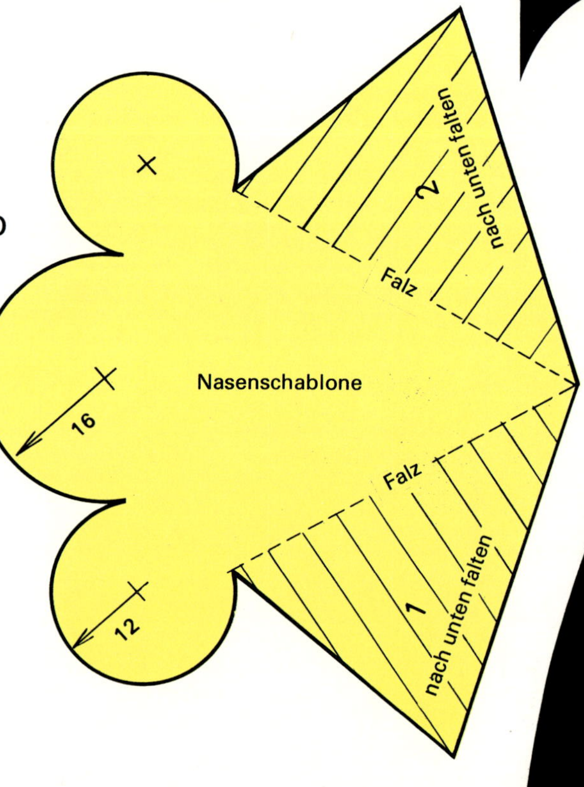

Diese Formen aus Aluminiumpapier
ausschneiden und in die Augen kleben

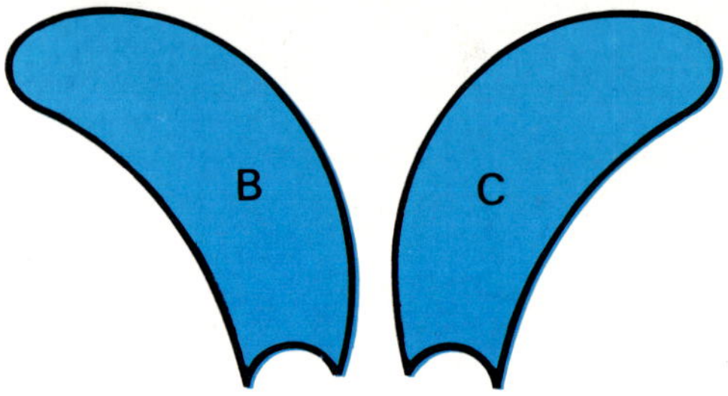

C
Hier die Nase ankleben
E
F
33 mm
44 mm

Flaschenclowns (Blumenvasen oder Spardosen)

Weißer Clown (Spardose)

Materialien: 1 Plastikflasche mit Henkel von Spülmittel; 1 Tischtennisball; Stabilit ULTRA; 2 Unterlegscheiben mit 15 mm Durchmesser. Weiße, marineblaue und rote Lackfarbe.
Schrift auf der Flasche mit Azeton entfernen, Flasche dabei nicht einbeulen, offene Flamme vermeiden. Den Tischtennisball mit langer Stopfnadel durchbohren (siehe Zeichnung unten) und an den Henkel nähen, zugleich mit Stabilit ULTRA festkleben. Ganze Flasche weiß lackieren. Die Beilegscheiben als Augen ankleben und zusammen mit den senkrechten Strichen dunkelblau lackieren. Nase und Mund rot lackieren. Die Flaschenöffnung (Tülle abschneiden) dient als Einwurfschlitz.

Großer grüner Clown

Materialien: 1 grüne Limonaden- oder Mineralwasserflasche; 1 Plastikball; 2 Sechskantmuttern aus Messing mit 10 mm Durchmesser. Stabilit ULTRA zum Kleben. Weiße und rote Lackfarbe.
Flasche säubern, Etikett entfernen, trocknen. Den Ball genau an die Flaschenwölbung anpassen (aufschneiden). Ihn als Nase und die Schraubenmuttern als Augen auf die Flasche kleben, provisorisch mit Klebstreifen fixieren und trocknen lassen.

Kleiner durchsichtiger Clown

Materialien: 1 flache klare Flasche; 1 große Holzperle mit 3 cm Durchmesser; 2 Sechskantmuttern mit 8 mm Außendurchmesser; 1 Metallring mit 4 cm Durchmesser. Stabilit ULTRA zum Kleben. Plaka in Rot.
$^2/_3$ der Perle absägen (siehe Seite 16, Nr. 2) und die Schnittfläche mit einer Feile leicht einrunden, so daß sie an die Flasche paßt. Vom Metallring eine knappe Hälfte absägen. Nase (Holzperle), Schraubenmuttern und Halbring auf die Flasche kleben, mit Klebstreifen provisorisch fixieren und trocknen lassen. Die Löcher der Perle mit einem Holzpflöckchen schließen, glattschleifen und rot anmalen.

Brauner Clown

Materialien: 1 braune Flasche mit Plastik-Schraubverschluß wie bei der Abbildung; 1 Holzspule, ca. 25 mm hoch, 22 mm Durchmesser für die Nase. Stabilit ULTRA zum Kleben. Rote, weiße und marineblaue Farbe.
Eine Seite der Spule mit der Feile der Flaschenrundung anpassen und an die Flasche kleben, provisorisch mit Klebstreifen fixieren und trocknen lassen.

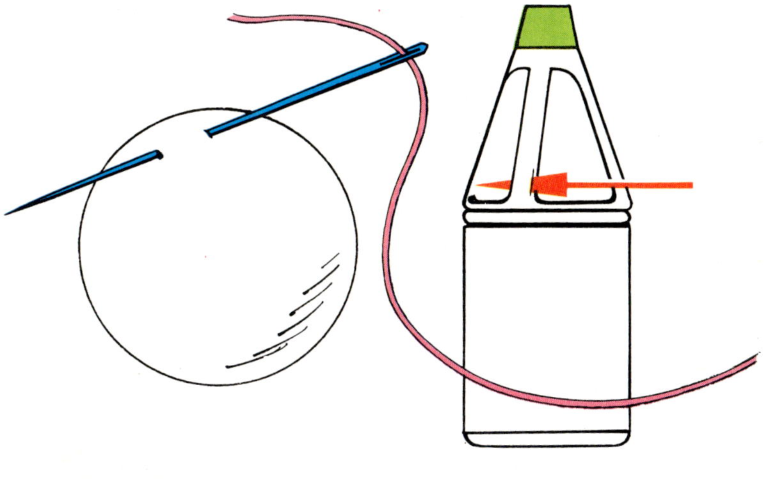

Steinfratzen (Briefbeschwerer, Buchstütze, Türfeststeller)

Materialien: Ovale oder runde Steine, möglichst ohne Unebenheiten (Kieselsteine, Wildwassersteine). Stabilit EXPRESS zum Kleben. Aluminiumfolie (Haushaltsfolie) für den Stein E.

Steinfratze A, B und C

Auf den großen ovalen Steinen kleinere Steine für Augen, Nase und Mund anordnen, mit reichlich Stabilit EXPRESS ankleben und provisorisch mit Klebstreifen oder Isolierband fixieren. Klebstoff-Flecken sorgfältig mit Spiritus entfernen. 20 Minuten trocknen lassen, sich mehrmals vergewissern, daß die Steine nicht verrutscht sind.

Steinfratze D

In einen vollkommen ovalen Stein 3 Löcher für Mund und Augen bohren (dazu eine elektrische Schlagbohrmaschine mit 8-mm-Steinbohrer benutzen). Den Stein auf den Fußboden legen, mit den Füßen festhalten und etwa 8 mm tief anbohren. Sorgfältig entstauben und einen länglichen kleinen Stein als Nase ankleben. Fortfahren wie bei A, B oder C.

Steinfratze E (falscher Uraltgranit)

Einen großen ovalen Stein für das Gesicht benutzen. Für Augen, Nase und Mund Aluminiumfolie so zusammendrücken, daß die Formen der Abbildung 1 entstehen; sie mit Stabilit EXPRESS auf den Stein kleben. Nach dem Trocknen ein Blatt Alufolie (30 × 35 cm groß für einen 14 cm langen Stein) leicht zerknittern, auf den Stein legen und mit den Fingern andrücken, dabei an Nase, Augen und Mund beginnen; die Folie nicht glätten, sie soll zerknittert bleiben. Die Knitterfalten mit der Unterseite eines Kaffeelöffels anklopfen. Die Ränder der Folie auf der Rückseite des Steins aufeinanderkleben. Um dem Gesicht mehr Volumen zu geben, ein zweites zerknittertes Folienblatt auflegen und andrücken und auf der Rückseite ankleben. Mit Messerrücken oder Schraubenzieher waagerechte Rillen in Mund und Augen drücken (siehe Abb. 2).

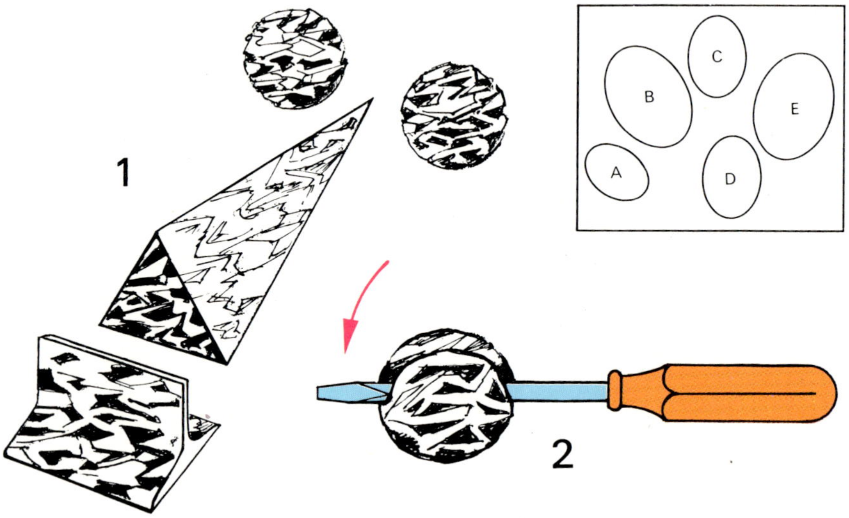

Rothäute (Totems oder Nachtlichter als Tischdekoration)

Materialien: Rote Blumentöpfe aus gebranntem Ton in 3 Größen (siehe Foto links). Für den Kopfputz: 10 bis 20 cm lange weiße Hühnerfedern. Zur Beleuchtung: Teelichter. Zur Herstellung der Löcher braucht man: eine elektrische Bohrmaschine oder eine Handbohrmaschine mit Hartmetallbohrern (Steinbohrer) von 6, 8 und 10 mm; eine Metallsäge und eine feine Lochsäge.
Nach Abbildung A, B und C die Lage der Löcher auf den Blumentöpfen mit Bleistift anzeichnen, die Töpfe mit Zeitungspapier ausstopfen. Um den Bohrer besser ansetzen zu können, die Mittelpunkte der Löcher mit einem leichten Hammerschlag auf einen Körner oder spitzen Stahlnagel ankörnen (d. h. eine leichte Vertiefung einschlagen). Den Topf auf eine Zeitung auf den Boden legen, außen mit den Füßen festhalten und behutsam die Löcher bohren: 6 mm für die Nase, 8 oder 10 mm für Augen und Mund. Die Löcher entlang den roten Linien durch Sägeschnitte verbinden und die orangefarbenen Stücke entfernen. Die Ränder der Öffnungen glattfeilen, bei Topf C Mund und Augen nach den gestrichelten Linien ausfeilen. Die Federn als Kopfputz in die Bodenlöcher stecken. Zur Beleuchtung entweder ein Teelicht auf einem Konservendosendeckel in den unteren Blumentopf stellen oder eine leere Dose mit Dufix Spachtelmasse füllen und kleine Kerzen hineinstellen.

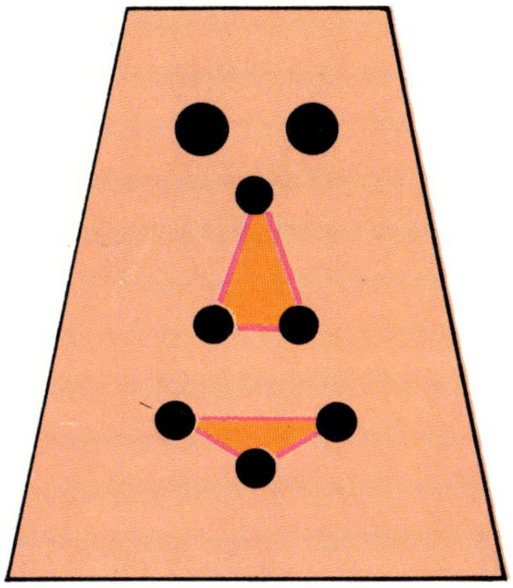

A

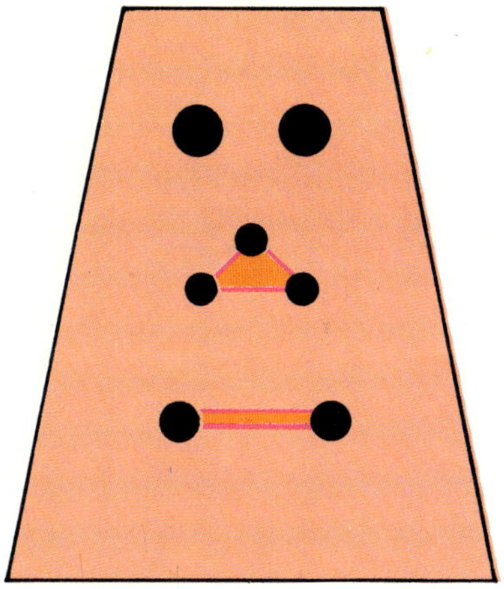

B

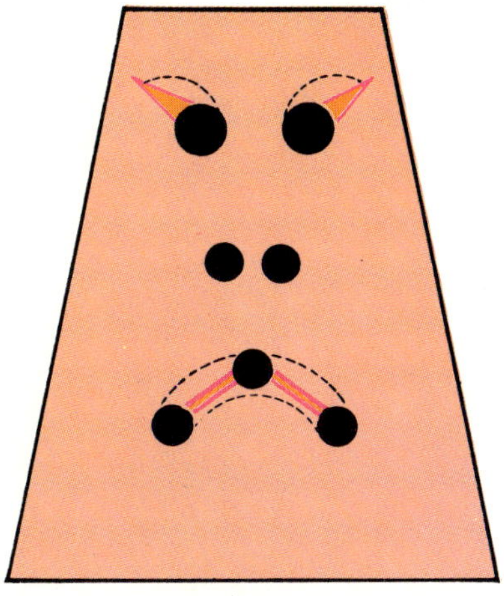

C

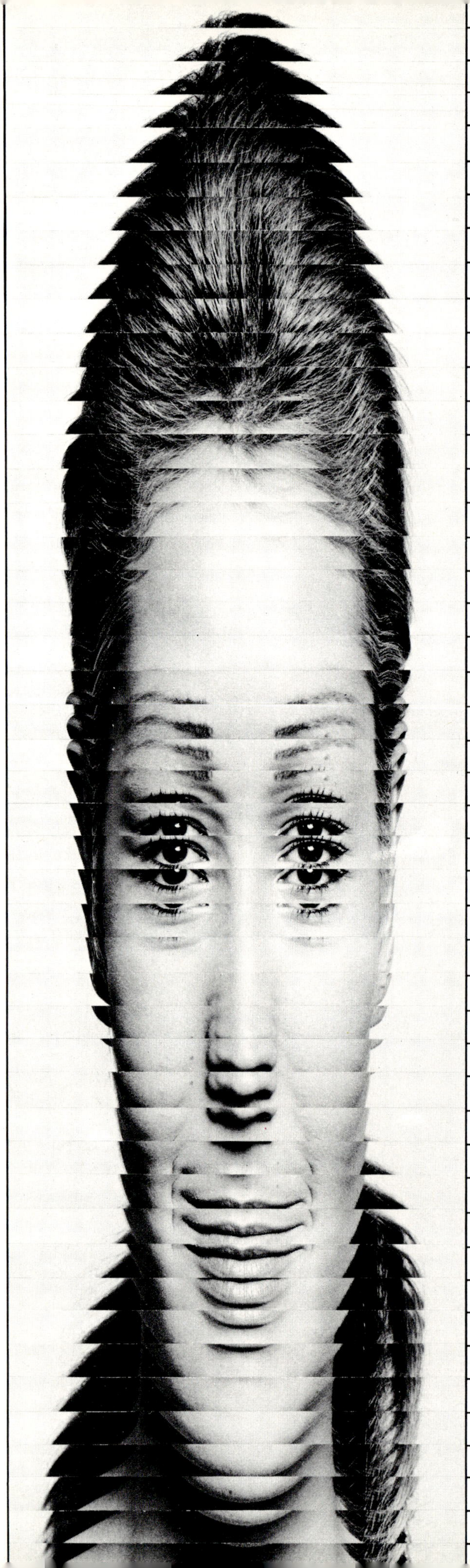

A 10
C 9
B 9
A 9
C 8
B 8
A 8
C 7
B 7
A 7
C 6
B 6
A 6
C 5
B 5
A 5
C 4
B 4
C 3
A 3
C 2
B 2
A 2
C 1
B 1
A 1

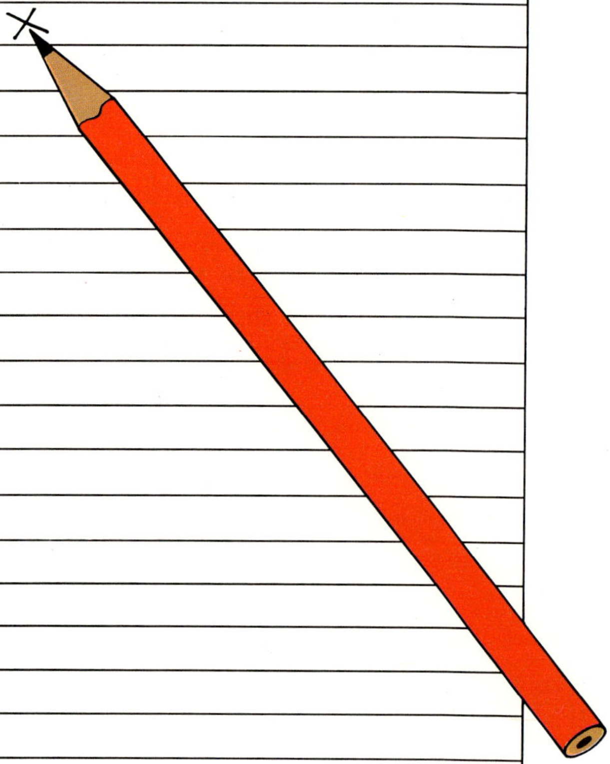

C 11
B 11
A 11
B 12
A 12
C 13
B 13
A 13
C 14
B 14
A 14
C 15
B 15
A 15
C 16
B 16
A 16
C 17
B 17
A 17
C 18

D

Zerrbilder

Materialien: 3 oder 4 vollkommen gleiche Porträtfotos, genaue Vorderansicht, 17 bis 20 cm hoch, Vergrößerungen auf weißem glänzendem Papier (ersatzweise 4 gleiche Zeitschriftenfotos). Man sollte vorsichtshalber ein Foto mehr haben für den Fall, daß bei der Arbeit etwas schiefgeht.
Als Unterlage: Weißer Karton, 65×48 cm; 1 Blatt weißes Zeichenpapier; Transparentpapier; Pritt Alleskleber oder Pritt Klebestift; für alle Arbeiten Reißschiene und Winkel benutzen.

In die Höhe verzerrt

Auf drei Fotos je ein Blatt Transparentpapier legen und sie mit einem spitzen Bleistift nach den Mustern A, B und C unten in waagrechte Streifen teilen. Achtung: Die Streifen sind alle gleichgroß, aber bei B um ein Drittel, bei C um zwei Drittel Streifenhöhe nach oben verschoben. Die Streifenhöhe entspricht der Augenhöhe des Fotos (siehe A 1). Die Streifeneinteilung Nr. 1 ist Ausgangspunkt für alle weiteren Teilungen. Deshalb zuerst die Streifen A 1, B 1 und C 1 zeichnen und von da aus alle anderen. Die Streifen werden an den Rändern der Fotos numeriert und mit Lineal und scharfem Messer ganz exakt zugeschnitten. Den Streifenplan D mit den Nummern auf die feste Unterlage übertragen; der Plan ist so breit wie das Foto und so hoch wie 50 Streifen. Nun die Fotostreifen der Nummernfolge nach auf der Unterlage anordnen. Es kann sein, daß einige Streifen von Stirn und Nase unnötig sind; so sind bei unserem Foto die Streifen A 4, B 3 und C 12 ausgeschieden worden, um das Bild nicht übermäßig wachsen zu lassen.
Es ist in jedem Fall wichtig, vor dem Aufkleben zunächst alle Streifen aneinanderzulegen, damit man die Wirkung des Bildes beurteilen kann. Die Streifen auf die Unterlage kleben, dabei Flecken vermeiden. Zum Schluß einen Rahmen aus weißem Zeichenpapier zum Abdecken der Ränder auf das Bild kleben.

In die Breite verzerrt (Seite 122/123)

Gleiche Arbeitsweise mit 4 Fotos wie in den Abbildungen unten, jedoch mit senkrechter Teilung. Die Art der Einteilung und Verschiebung bleibt die gleiche.

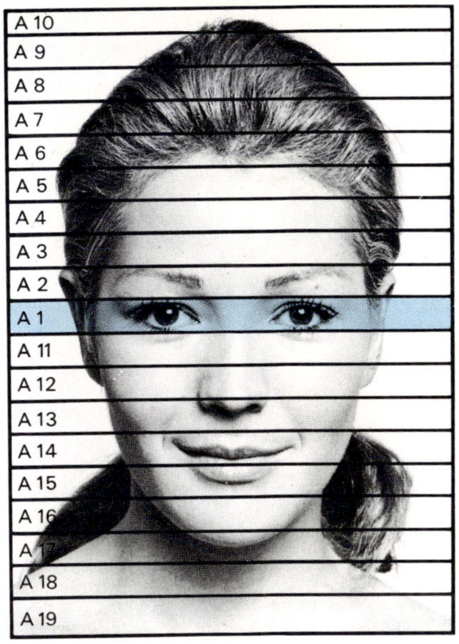

Gitter A

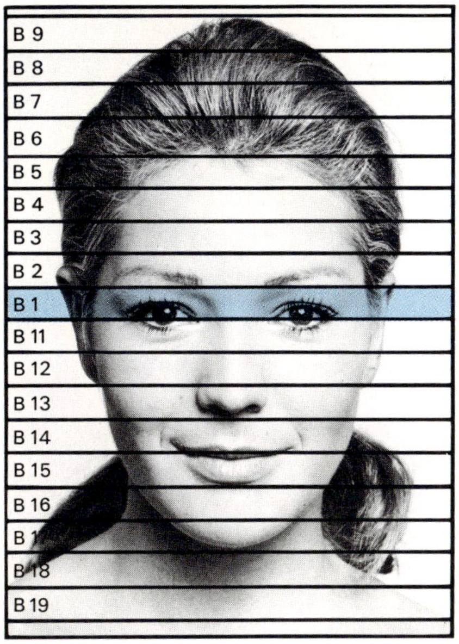

Gitter B

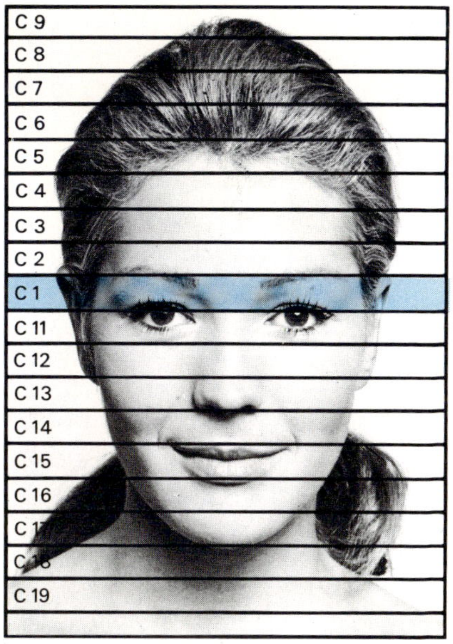

Gitter C

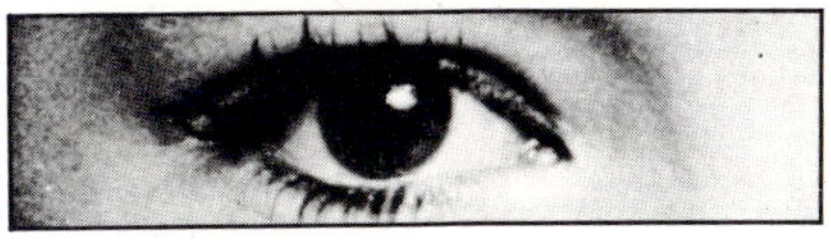

A 1 Streifenlage
Streifen entspricht der Augenhöhe

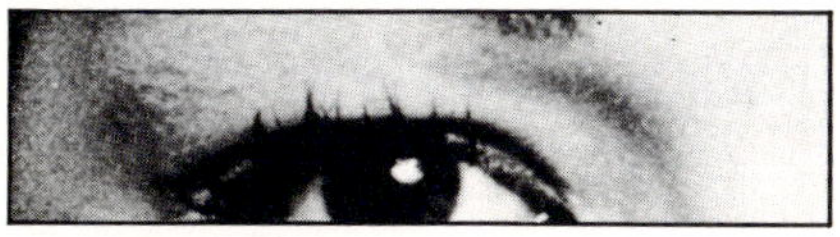

B 1 Streifenlage
um $^1/_3$ nach oben verschoben

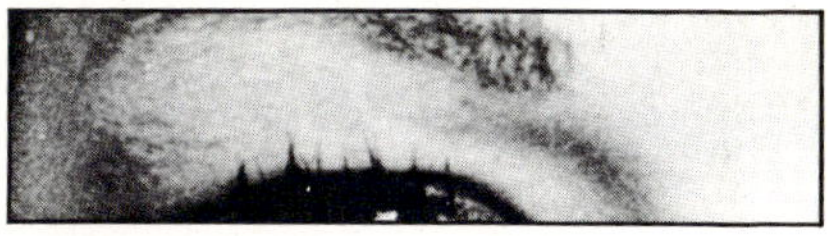

C 1 Streifenlage
um $^2/_3$ nach oben verschoben

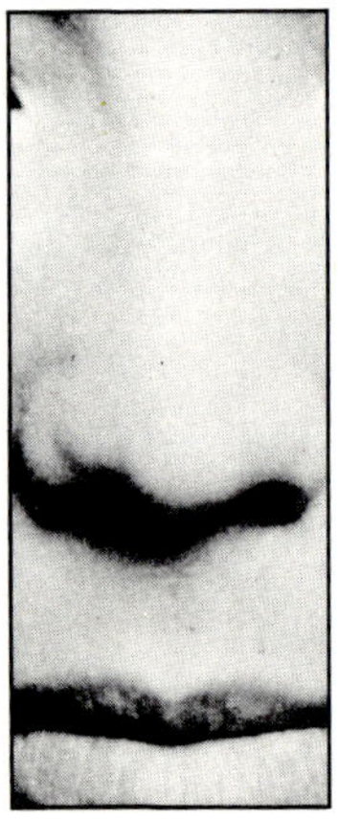

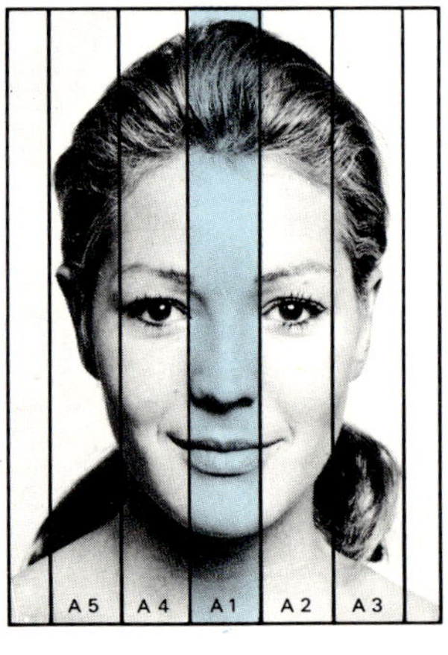

Streifenlage A
Streifenbreite
entspricht der
Nasenbreite

A

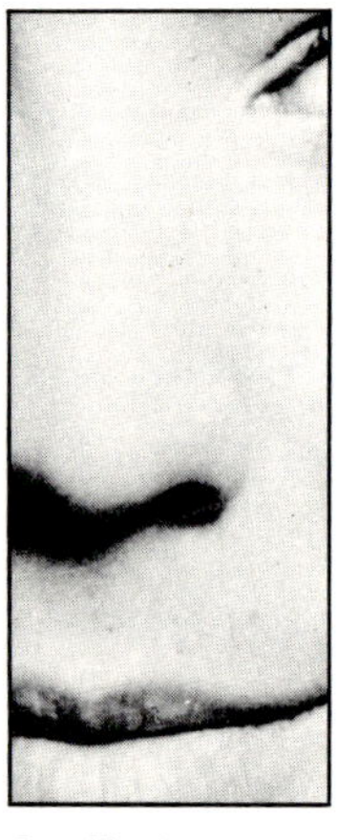

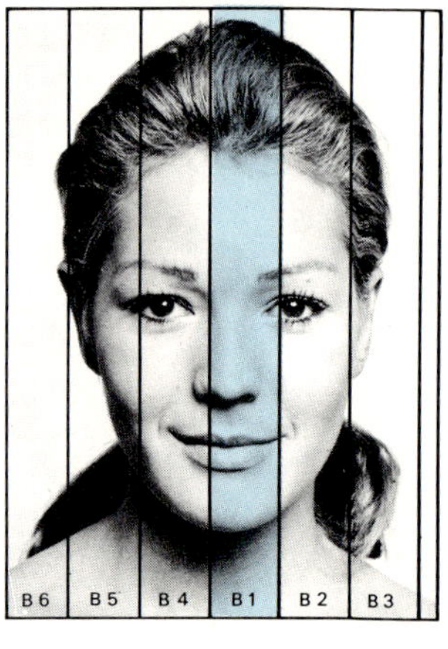

Streifenlage B
um ein Viertel nach
rechts verschoben
(Nasenlochmitte)

B

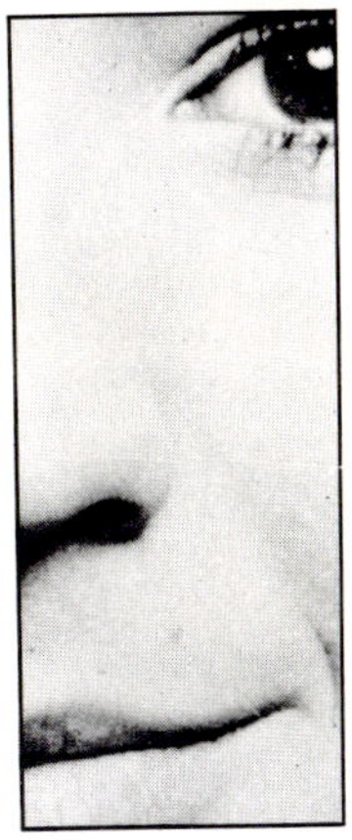

Streifenlage C
um zwei Viertel nach
rechts verschoben
(Nasenmitte)

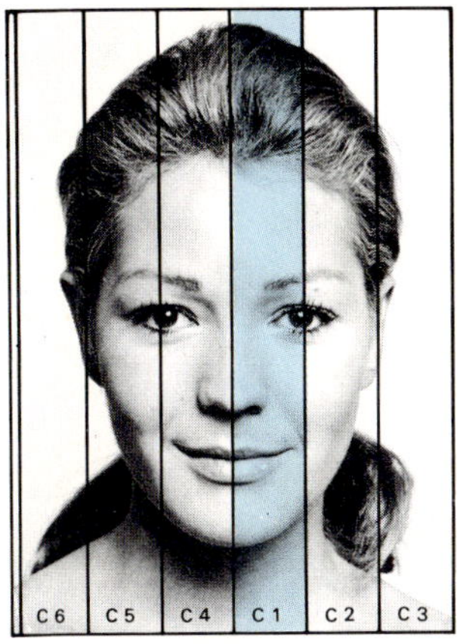

C

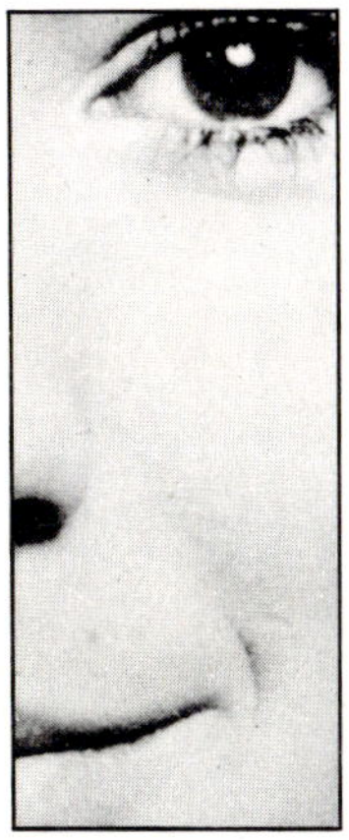

Streifenlage D
um drei Viertel nach
rechts verschoben
(Nasenlochmitte)

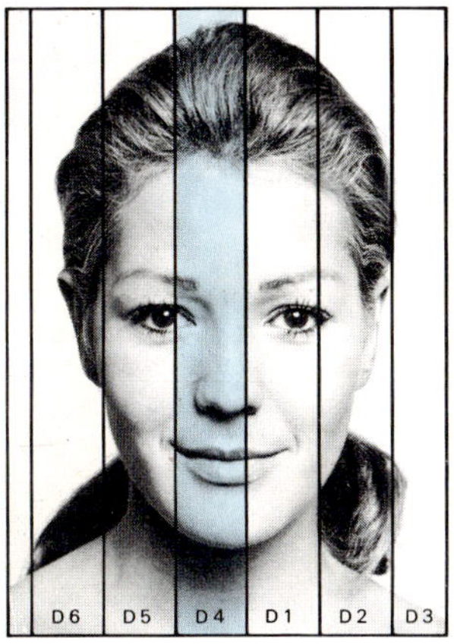

D

Blütenporträt (unter Glas gerahmt)

Materialien: Als Unterlage eine dicke weiße Pappe von etwa 40×40 cm, je nach Größe des Porträts. Für die Köpfe: schwarze Drucke aus alten Modeheften oder Postern ausschneiden, Größe der Gesichter etwa 10 cm. Man kann auch ein Foto verwenden; es sollte leicht auszuschneiden und auf weißes, mattes Papier vergrößert sein. Getrocknete Blätter und Blüten, Pritt Alleskleber.

Das Porträt bedarf längerer Vorbereitung, da die gesammelten Blätter und Blüten Zeit zum Trocknen brauchen. Zum Sammeln nimmt man ein altes Album mit eingelegten Löschblättern mit und legt die Pflanzenteile, Blüten, Gräser, Blätter sofort hinein. Zu Hause prüft man ihre Lage im Album und läßt dieses beschwert sechs bis acht Wochen liegen. Manche Blüten verfärben sich oder verblassen beim Trocknen. Für das Bildnis der beiden Schwestern rechts wurden folgende Pflanzenteile benutzt:
für die Haare: Rosen- und Stiefmütterchenblüten;
für den Haarknoten links: Petunien- und Hortensienblüten;
für den Haarknoten rechts: Blütenblätter einer Pelargonie;
für die Ohrgehänge: Mimosen;
für die Kleider: Hortensienblüten und -blätter.

Wenn die Blüten getrocknet sind, wird der Umriß des Porträts sorgfältig mit dem Messer ausgeschnitten (siehe Seite 10, Nr. 1). Je nach Lage der Hände wird auch deren Kontur ausgeschnitten, so daß man später Blütenblätter darunterschieben kann; das Ziel ist, eine möglichst vollkommene Verschmelzung des Porträts mit den Blüten zu erreichen. Das ausgeschnittene Porträt nun auf den Karton legen und die Pflanzenteile darauf anordnen; das können ganze Blüten oder auch zusammengelegte Blütenblätter sein wie bei den roten Haaren. Sobald die Komposition fertig ist, legt man ein Blatt Pergamentpapier darüber, befestigt es am oberen Rand mit zwei Klebstreifen und zeichnet die Lage der einzelnen Teile darauf an. Nun werden das Porträt und danach die Blüten sorgfältig aufgeklebt. Dabei müssen die Blüten sehr vorsichtig mit einer Pinzette behandelt werden, damit sie nicht zerreißen.

Man gibt nur Spuren von Klebstoff auf den Karton, legt die Blüte oder das Blatt darauf, darüber ein dünnes Papier, und drückt sie behutsam mit dem Finger an. Nach Fertigstellung bedeckt man die Arbeit mit einem Blatt Löschpapier und läßt sie zwischen dicken Kartons stark beschwert mehrere Tage lang ruhig liegen. Unter Glas mit einer schwarzen Leiste rahmen lassen.

Personen

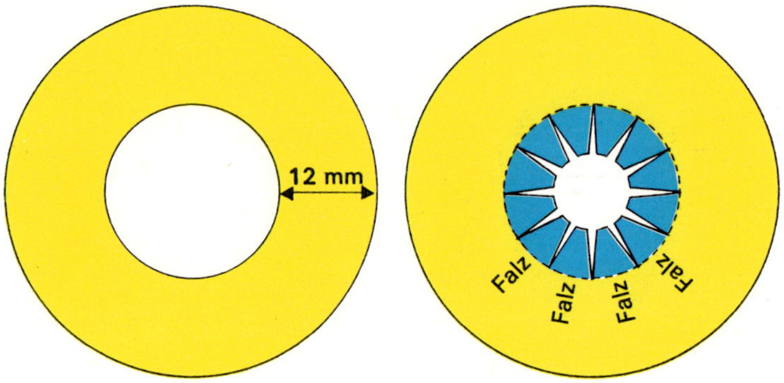

A B

Familie Saubermann

Materialien: Plastikflaschen von Reinigungsmitteln in verschiedenen Größen und Formen (Pril, Imi, Ata usw.), kleine Probeflaschen (für die Kinder). Die Kugeln für die Köpfe richten sich nach der Flaschengröße: für eine 13–15 cm hohe Flasche: eine etwa 2,5 cm große Spielkugel aus Holz; für eine Flasche von 20–23 cm Höhe: ein Tischtennisball; für eine 25 cm große Flasche: eine kleine runde Glühlampe. Sand. Stabilit DUR oder Stabilit EXPRESS zum Kleben. Viele Farbenreste.
Die Flaschen säubern und Aufdrucke mit Azeton entfernen. Mit einer feinen Säge oder kräftigen Schere die Flaschenhälse bis auf einen Stumpf von 8–10 mm Höhe abschneiden. Die Ränder glattfeilen und ihre Innenkanten mit Messer und Feile zum oberen Rand hin verjüngen, so daß die Köpfe ohne Absatz darauf passen. Die Flaschen 6–8 cm hoch mit trockenem Sand füllen. Nun die Kugeln für die Köpfe mit Stabilit DUR oder Stabilit EXPRESS aufkleben, mit Klebstreifen provisorisch fixieren, Klebstoff-Flecken entfernen und trocknen lassen. Für die auf die Köpfe geklebten Hüte kann man Kunststoffkapseln (Flaschenhalseinsätze) wie bei den kleinen Mädchen oder Schraubverschlüsse benutzen, die nicht unbedingt zu der betreffenden Flasche gehören müssen. Sie sollten nicht zu hoch und möglichst zylindrisch, das heißt rechtwinklig, sein wie bei der Dame in Braun und Orange. Der Strohhut des Herrn besteht aus einem solchen Schraubverschluß mit angesetztem 12 mm breiten Rand. Dafür schneidet man einen Papierring aus, dessen Innendurchmesser auf den Hut paßt (siehe Abb. A), und einen zweiten gleich großen Ring (Abb. B) mit einem Kranz von Zungen in der Mitte (blau in der Abbildung). Die Zungen einschneiden und an der gestrichelten Linie aufbiegen, Ring A auf Ring B kleben, den Hutrand auf den Hut und darüber ein 1 cm hohes Hutband kleben, das aus Papier bestehen kann.
Alle Figuren werden zuerst mit weißer Lackfarbe grundiert und dann bunt angemalt. Dabei sind der Fantasie und Erfindungsgabe keine Grenzen gesetzt: es können Personen und Szenen aus dem Alltagsleben oder Kostümfiguren oder die Kinder eines Kindergartens und vieles andere mehr sein. Bei der Anlage der Arme und der Kleidung sollte man Form und Prägung der Flaschen beachten, wie es bei der Schürze und dem Tablett des Kammermädchens und bei dem orangefarbenen Schal der Dame geschehen ist. Am wichtigsten sind Einfallsreichtum und Anordnung der Farben.

Bilderboys
(Gliederfiguren aus Postkarten)

Materialien je Figur: 7 farbige Postkarten, 2 Karten Querformat für Kopf und Körper, 5 Karten Hochformat für Glieder, Hals und Füße. Pritt Alleskleber; durchsichtiges schmales Klebeband. 60 cm dünner Messingdraht (ca. 0,7 mm). 2 Perlen, 8 mm groß; dazu für die gelenkigen Glieder: 4 Holzperlen, 15 mm groß. Zum Rollen der Postkarten sind zwei Rundstäbe erforderlich: einer von ca. 3 cm Durchmesser für Kopf und Körper und einer von ca. 1 cm Durchmesser für Hals und Glieder (z. B. ein dicker runder Bleistift oder ein Kochlöffelstiel). Die Karten maßgerecht zuschneiden, mit der Bildseite nach unten hinlegen und fest um die Röhrenform rollen. Den Rand ankleben und die Naht mit einem Klebstreifen sichern.

Starre Figur

3 Postkartenstreifen schneiden: für den Kopf 45×145 mm; für den Körper 100×145 mm; für den Hals 60×145 mm. Für Kopf und Körper dicke Röhren rollen, Nase und Mund mit spitzem Messer einschneiden und die Augen einstechen. Für den Hals eine dünne Röhre rollen, Arme und Beine sind 145 mm lang.
Die Röhren an den Stellen der roten Pfeile A, B und C mit einer Nadel durchbohren, darauf achten, daß alle Klebnähte auf der Rückseite liegen. Mit scharfem Messer die Hände ausschneiden (Abb. D) und dann die Daumen (Abb. E), von denen einer rechts und der andere links sitzt. Drei 15 cm lange Messingdrähte abschneiden und mit der Zange ein Ende zu einer Halteöse drehen. Die Drähte den Pfeilen A, B und C folgend durch die Röhren stecken und ihre Enden durch Ösen sichern. Zwischen Rumpf und Hals ist auf beiden Seiten eine Perle auf den Draht geschoben. Aus 2 mit den Rückseiten zusammengeklebten Postkartenstücken nach der Schablone rechts die Füße ausschneiden und unten an die Beine kleben.

Gelenkige Figur

Gleiche Herstellung wie oben beschrieben, nur werden Arme und Beine in der Mitte durchschnitten und die Gelenkenden leicht angeschrägt (Abb. F). Dann näht man eine Perle (G) mit zwei getrennten Fäden in das Gelenk.

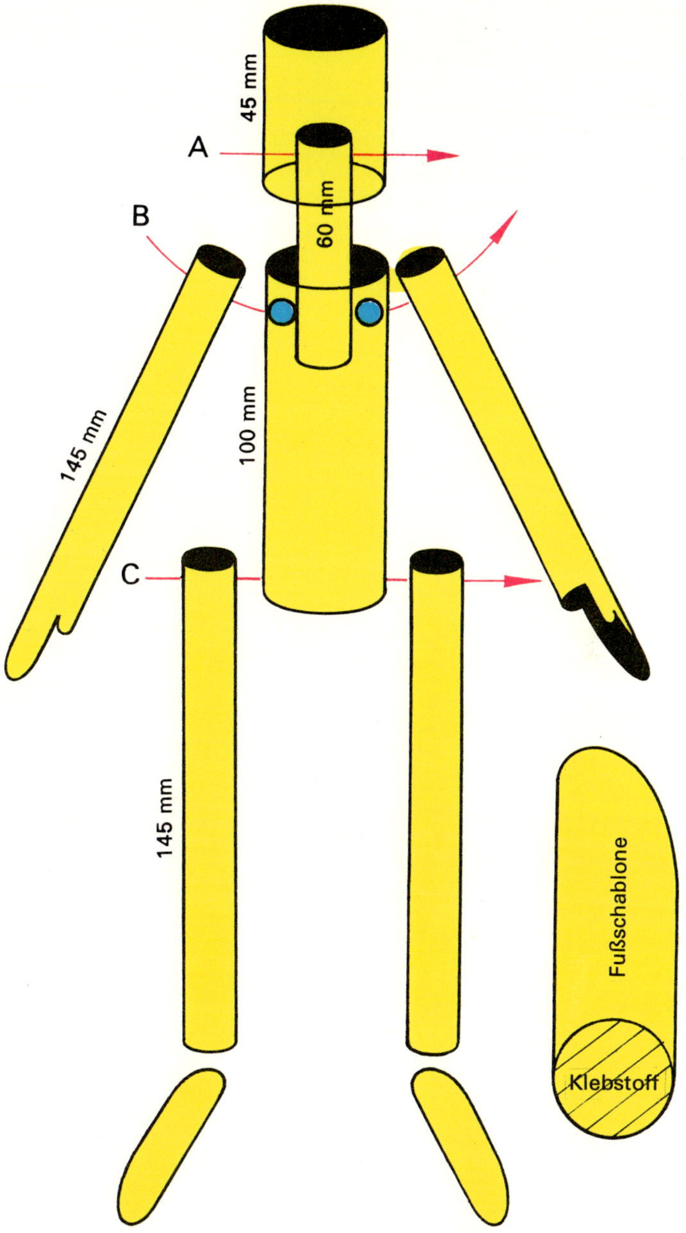

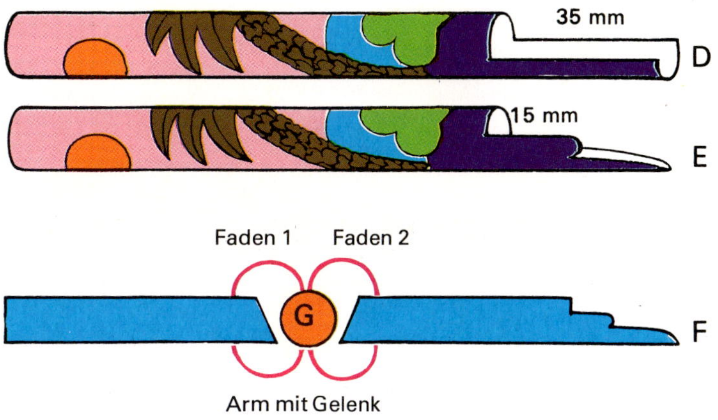

Schattenspielpuppen

Mit Personen aus Zeitschriften lassen sich auf amüsante Weise Schattenspiele improvisieren.
Materialien: Aus Zeitschriften ganze Personen (Fotos oder Zeichnungen) ausschneiden. Die Figuren können von verschiedener Größe sein: die großen stellen die Schauspieler an der Rampe dar, die zum Publikum sprechen, die kleineren die Akteure weiter im Hintergrund. Zeichenpapier zur Verstärkung der Silhouetten. Für die Stäbe: Lange dünne Stricknadeln oder 2 mm dicke gerade Messingdrähte. Mattschwarzer Lack. Pritt Alleskleber. Pritt Klebestift, Metylan Kleister (je nach Figurengröße). Klebeband.
Die Silhouette sorgfältig mit allen Einzelheiten ausschneiden, auf starkes Papier legen, den Umriß mit spitzem Bleistift nachzeichnen und das Papier ebenfalls ausschneiden. Das Papier B auf die Rückseite der Silhouette kleben und den Haltestab mit einem Klebstreifen auf dem Papierrücken befestigen (siehe Abb. B). Weil es hübscher aussieht, sollte der Stab nach Möglichkeit hinter einem Bein verlaufen. Die Rückseite der Silhouette einschließlich Stab und Klebeband schwarz streichen, damit kein Licht durchschimmern kann. Zur Belebung des Bühnenbildes kann man auf gleiche Art auch Möbel ausschneiden und an Stäben befestigen.
Die Schattenfiguren werden hinter einem Bildschirm bewegt, den man auf zweierlei Art herstellen kann: entweder setzt man eine mattierte Glasscheibe in einen großen Bilderrahmen oder man klebt an einen Bogen starken Pergamentpapiers oben und unten dünne Holzleisten und hängt diesen Schirm in einem Türrahmen so hoch auf, daß man die Spieler, die die Figuren bewegen, auf der Spielfläche nicht sieht.

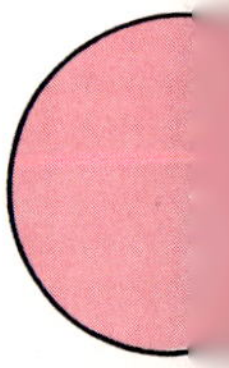

Landschaften

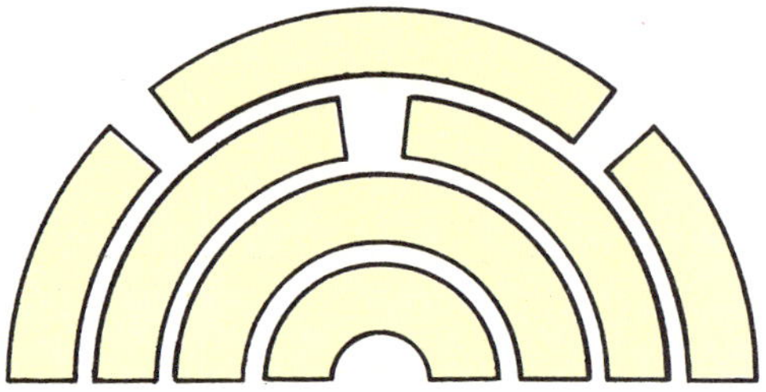

A

SOS im Nudelteig

Materialien: Verschiedene Teigwaren: gerade Makkaroni für den Dampfer, gebogene Makkaroni und Hörnchen für Wellen und Rauch, dicke geriffelte Makkaroni für die Schornsteine, Bandnudeln für Schiffsaufbauten und Flagge. 40×40 cm große Aluminiumplatte. Zinnoberrote und preußischblaue Tusche. Stabilit DUR zum Kleben.
Das Foto rechts in großen Zügen auf Transparentpapier pausen. Um die Anordnung der Bildelemente zu erleichtern, die Pause mit zwei kleinen Klebstreifen an der unteren Kante auf der Platte befestigen. Die Teigwaren mit einer feinen Säge anhand der Pause zuschneiden und die Enden mit Feile oder Sandpapier leicht glätten. Bei der Anordnung fängt man am unteren Rand mit den Wogen an; um eine gleichmäßige Kante zu erzielen, kann man ein Lineal waagerecht mit Klebstreifen auf der Platte befestigen. Die Wogen bestehen aus parallelen (A) oder gegenläufigen (B) Kurven. Die Anordnung der Teile geschieht am besten mit einer Pinzette. Ist man mit der Komposition zufrieden, wobei es besonders auf die natürliche Wirkung der Wogen ankommt, werden die Einzelteile angemalt und aufgeklebt, beginnend am unteren Rand. Klebstoff-Flecken nach Möglichkeit vermeiden. Die Arbeit 12 Stunden lang ungestört trocknen lassen.

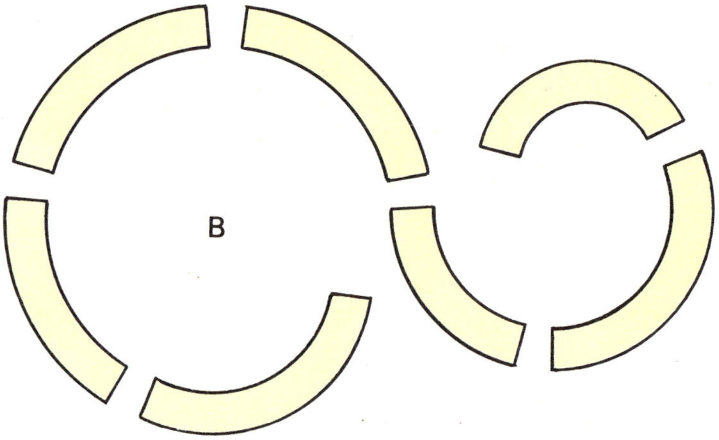

B

6 B
7 B
8
E
E
D
E
E
9 C
F
15 A
16 B
D
E
17
11 B
C
D
E
12 B
C
D
E
18 A
D
20
E
D
20
E
B
13
14
10 A
B
D
F
19
1 B
3
E
D
E
2 B
4
E
D
5 A
F
21 A
26 B
27 D
25 B

Villa Etikette

(Dekoration für Glückwunsch-, Einladungs- oder Menükarte, als Buchumschlag, Programm usw.)

Materialien: Unterlage: 45×64 cm weißer Karton. Weiße, blau umrandete Etiketten mit abgeschrägten Ecken, die nachstehenden Größen möglichst nahekommen sollen (Maße in Millimetern): A: 135×88; B: 90×60; C: 47×32; D: 57×23, mit abgerundeten Ecken; E: 24×17; F: 16×12.
Die Etiketten lassen sich mit Metylan Kleister besser kleben als nur mit Wasser; bei durchscheinenden Etiketten klebt man zwei gleiche übereinander, damit man den Rand der darunter liegenden nicht durchsieht. Manche Etiketten, wie beim Vordach 10 A oder bei der Türeinfassung, müssen schmäler gemacht werden; man schneidet sie dazu in der Mitte durch und bringt die Ränder näher zusammen. Andere, wie die Fenster 13 E und 14 E und der Turm 4, 6 B, müssen verlängert werden; dazu schneidet man von zwei Etiketten einen Rand ab und setzt sie aneinander. Die Dächer bestehen aus Etikettenwinkeln. Das Glockentürmchen und die Dekorationen rechts und links vom Türsturz sind aus zwei Umrandungswinkeln zusammengesetzt. Die Hauptetiketten der Villa klebt man nach Modell links zusammen. Die roten Zahlen geben die Reihenfolge an, in der das geschehen muß, die roten Buchstaben bezeichnen die Etikettengröße. Nach den unten liegenden großen Etiketten kommen die kleineren Einzelheiten an die Reihe, zuletzt Ziegel, Schornstein, Fenstergiebel, Glockentürmchen, Türdekorationen und Blumentopf.
Nach Fertigstellung der Villa werden die Pflanzen geklebt: die Blätter bestehen aus 1–6 mm breiten Querstückchen des Etikettenrandes, alle in derselben Richtung abgeschnitten. Beim Baum klebt man zuerst den Stamm aus zwei großen nebeneinanderstehenden Randwinkeln. Die Blätter der Iris bestehen aus schräg abgeschnittenen Randstücken. Man kann natürlich auch selbst Architekt spielen und das Haus anders gestalten.

Damenstift (Foto in natürlicher Größe)

Materialien: Eckige Bleistifte, einfarbig oder Ton-in-Ton gemasert: 10 blaue, 10 orangefarbene, 10 grüne, 10 ockerfarbene, 7 rosa. Unterlage 40×40 cm, dunkelblau lackiertes Holz oder starker Karton. Ein Stück weiße Papierspitze. Stabilit DUR oder Pattex compact zum Kleben.
Die Konturen des Hauses vom Foto rechts auf Pergamentpapier übertragen und das Papier mit zwei Klebstreifen am oberen Rand der dunkelblau lackierten Unterlagplatte befestigen. Um die Bleistifte des Hauses genau waagerecht zu kleben, wird am Rand des Grases bei der Linie A–B in der Zeichnung unten ein Lineal mit zwei Klebstreifen auf der Platte befestigt. Nun die Bleistifte nach den unten angegebenen Maßen mit einer feinen Säge zuschneiden, die Schnittflächen mit einer Feile glätten und die Stifte der Komposition entsprechend auf die Platte legen, als letztes die untere Treppenstufe und den Rasen.
Die Bleistifte werden nur mit der beschrifteten Kante angeklebt, und zwar in folgender Reihenfolge: die rosa Stifte C (dabei die Senkrechte mit einem rechten Winkel feststellen), der Teil D, der Spitzenvorhang, dann der Fensterrahmen und die Teile E und F, nun Treppe, Tür und Dach und schließlich den Zaun. Nach Entfernung des Lineals die untere Treppenstufe und den Rasen kleben. Für letzteren werden in der Mitte die stumpfen Bleistiftenden aneinandergestoßen, während sie rechts und links an den Seiten unregelmäßig lang und gerade abgesägt oder mit den Spitzen enden sollen. Der Rauch wird aus 4 mm dicken Bleistiftabschnitten gebildet. Die kleinen Stücke klebt man mit der Pinzette an. Klebstoff-Flecke möglichst vermeiden oder sofort mit Spiritus entfernen. Flach liegend trocknen lassen. Danach die Grundplatte mit einem Stück Fensterleder leicht polieren.
Man kann anstelle der Bleistifte auch billigeres Dübelholz nehmen, das entsprechend zugesägt und gestrichen wird.

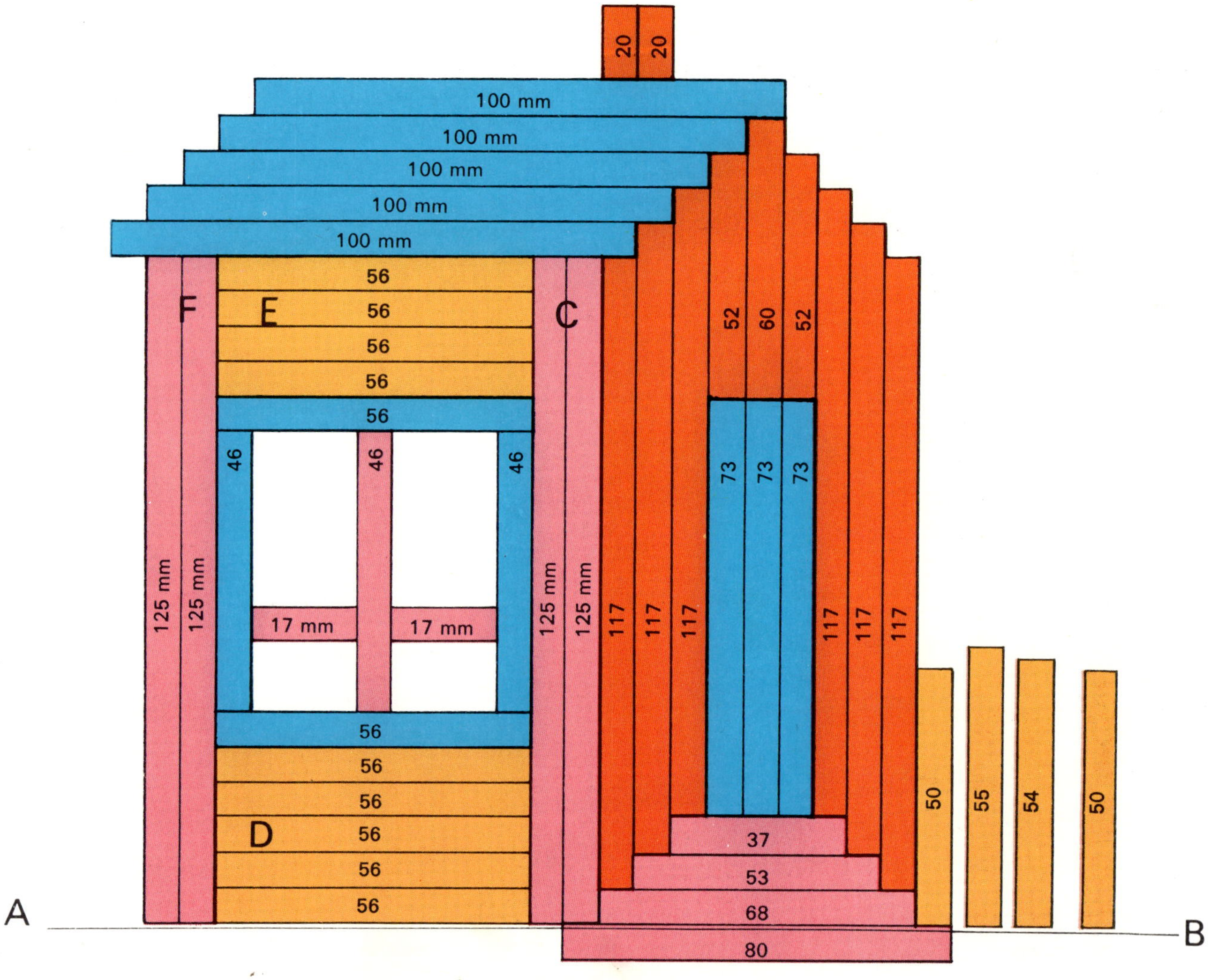

Leserattenbau

Materialien: 1 Buch mit festen Deckeln, ca. 210×135×35 mm; 100 runde 25 mm große Spielmarken oder Wäscheknöpfe; 40 cm Holzleiste, 10×10 mm stark; 40 cm Viertelstab, Kante 8 mm (Holzstab mit Viertelkreis Querschnitt); 2 Bambusstücke, 30 und 45 mm lang. 2 Holzschrauben 3×20 mm mit Senkkopf. Pritt Alleskleber und Metylan Kleister. Plaka in Weiß, Rosa, Orange, Pelikan Klarlack.

Achtung: Um die darunterliegenden Blätter nicht zu beschädigen, immer ein Stück Karton unter die auszuschneidenden Buchseiten legen. Das Buch waagerecht hinlegen und den schraffierten Teil des Vorderdeckels nach Abb. 1 ausschneiden. Den Rückdeckel in Höhe der gestrichelten Linie, 55 mm, ganz abschneiden. Unabhängig vom Deckel die ersten 6 Blätter des Buches aufeinanderkleben und auf dem ersten Blatt Türe und Fenster nach Abb. 2 anzeichnen. Die schwarze Türöffnung herausschneiden und am Fenster die roten Linien durchschneiden, dann die Fensterläden an den gestrichelten Linien falzen und vorsichtig öffnen. Unabhängig von den ersten die nächsten 6 Blätter zusammenkleben und auf dem ersten davon die bereits ausgeschnittenen Öffnungen anzeichnen (blaue Linien in Abb. 3). 5 mm weiter innen im Fenster die 9 schwarzen Quadrate (je 14×14 mm) anzeichnen (die Fensterleisten sind 4 mm breit) und sorgfältig ausschneiden. Die roten Linien des Türflügels durchschneiden, die gestrichelte Linie falzen und die Tür öffnen. Nun die 17 nächsten, nicht zusammengeklebten Buchblätter folgendermaßen ausschneiden: Rechteck hinter der Tür: 91×40 mm; Quadrat hinter dem Fenster 50×50 mm. An der Hausfront um Tür- und Fensteröffnung 10 mm breite Kartonstreifen kleben. In der Buchmitte zwischen zwei Blätter ein starkes 210×120 mm großes Kartonstück kleben. Für die Vordachständer die Leisten A, A und B an das Dach schrauben und kleben (Abb. 4). An beide Seiten der Leiste B einen 85 mm langen Viertelstab kleben, C und C. Unter die Ständer das Kartonstück D, 85×10 mm groß, nageln. Unter das Dach auf der Rückseite den 21 cm langen Viertelstab E kleben. Die Spielmarken versetzt, mit der unteren Reihe beginnend, und die Schornsteine auf das Dach kleben. Zum Schluß das ganze Häuschen anmalen und lackieren: Mauern und Ständer weiß; Dach rosa; Schornsteine orange.

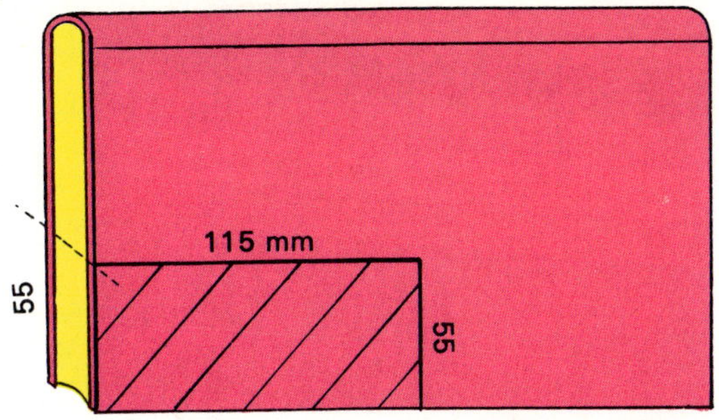

1

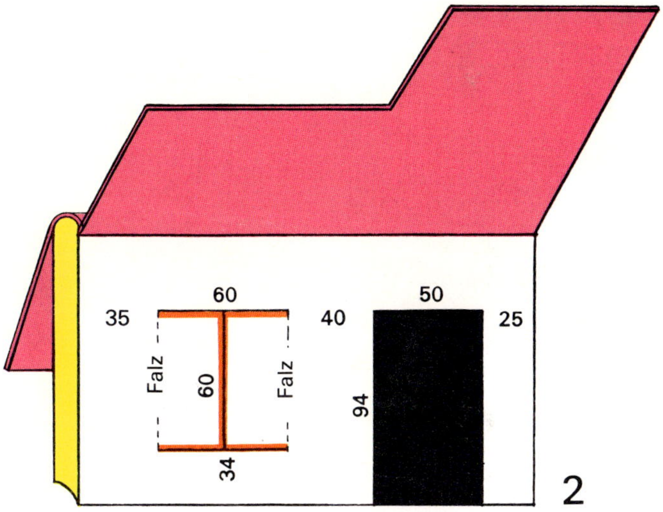

2

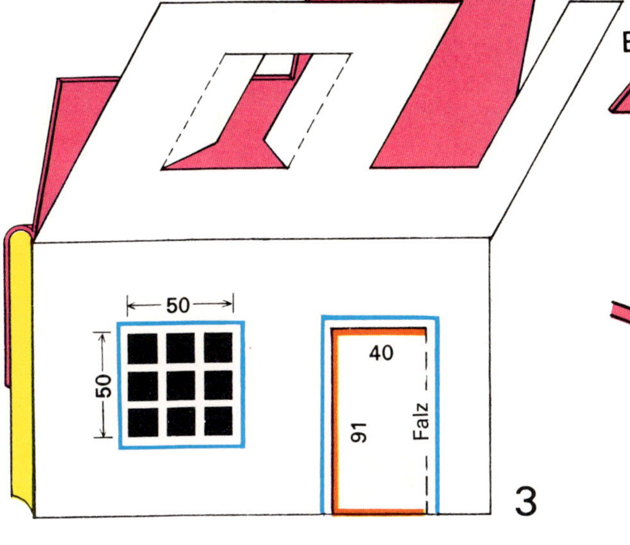

3

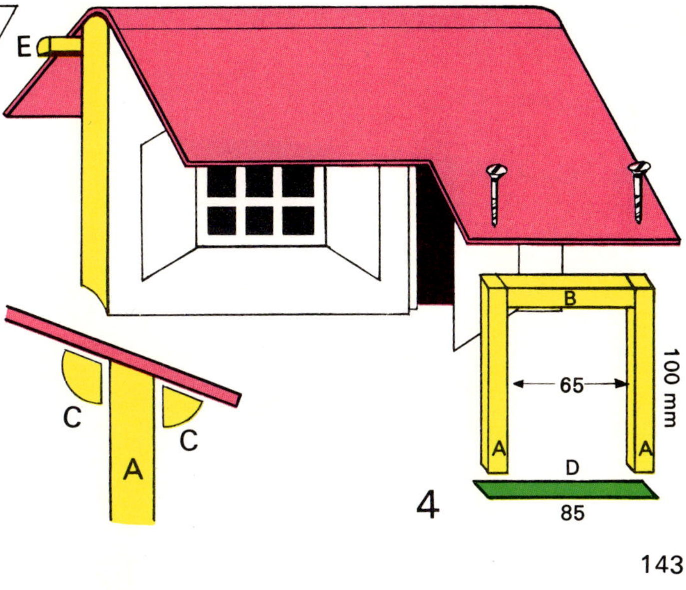

4

Computer-City

Materialien: Unterlage aus starkem weißem Karton, 60×45 cm, beidseitig bezogen, damit er sich nicht wirft. Ponal oder Pritt Alleskleber; durchsichtiges Klebeband (Tesafilm). 7 verschiedene Aquarellfarben oder Tuschen für den Regenbogen. Die für diese Collage benötigten Teile wird man am ehesten in den Papierkörben von Büros, Fotografen, EDV-Betrieben finden; Lochkarten und Lochstreifen, Fahrkarten, Abfall von Rechen-, Schreib- und Fernschreibmaschinen, Filmstreifen verschiedenen Formats, Formulare, Telegramme, Geschäftspapiere, Millimeterpapier. Manches kann man auch selbst herstellen, zum Beispiel mit einer Lochzange oder einem kleinen Locheisen. Das Foto hier soll nur eine Anregung dafür sein, wie eine solche Collage aufgebaut werden kann.
Zunächst alle Einzelteile auf dem Karton nur anordnen, ohne sie zu kleben, dabei Lineal und Winkel benutzen, damit die Gebäude senkrecht stehen, Lage der Teile auf dem Karton mit Bleistift markieren. Lochstreifen und -karten mit schwarzem Papier unterlegen, damit sie besser zur Wirkung kommen. Der Regenbogen ist mit dem Zirkel gezeichnet, Zirkelöffnung 24,5 cm, und besteht aus sieben 2 mm breiten Farbstreifen, die mit einem ganz feinen Pinsel angelegt sind. Man kann aber auch Filzstifte benutzen. Die Autos auf weißes Zeichenpapier übertragen, anmalen, ausschneiden und auf die Hochstraße kleben. Beim Kleben der Collage genau darauf achten, wie sich die einzelnen Teile überschneiden und unter- und übereinander liegen. Das fertige Bild mit einer dünnen schwarzen Leiste einrahmen.

EKTACHROME
16
15
14
12
8
7
6
4
3

Ansichtssache
(Windspiel oder Raumteiler)

Materialien: 40 farbige Ansichtskarten, möglichst ein Thema darstellend. Hier auf dem Foto sind es alles Sonnenuntergänge; andere mögliche Themen: Schlösser, Berge, das Meer, Schiffe, Tiere, und so weiter. Feiner Perlonfaden, 4 Längen von etwa 1,20 m. Zum Beschweren der Fäden: 4 Unterlegscheiben oder Schraubenmuttern aus Messing. Zum Aufhängen: ein Drahtkleiderbügel, orangefarben lackiert. Pritt Alleskleber.

Mit Zirkel und Tinte oder Tusche auf ein Stück Transparentpapier den nebenstehenden Kreis mit 9 cm Durchmesser zeichnen und in den Kreis den senkrechten und waagrechten Durchmesser und die Punkte A, B und C eintragen. Das Papier auf eine Postkarte legen und ein Stück der Landschaft aussuchen, das in den kreisrunden Rahmen paßt. Den Punkt A auf der Postkarte als Markierung leicht anstechen und die Karte bei den Punkten B und C durchstechen. Auf der Kartenrückseite um den markierten Punkt A einen Kreis mit 4,5 cm Zirkelöffnung schlagen und die Karte kreisförmig ausschneiden. In derselben Weise alle 40 Postkarten vorbereiten. Nun jeweils die Rundteile paarweise mit den Rückseiten aufeinanderkleben; dabei mit einer durchgesteckten Nadel sicherstellen, daß die Löcher B und C auf Vorder- und Rückseite genau aufeinander liegen, damit die Richtung des Horizonts auf beiden Seiten übereinstimmt. Einen Perlonfaden an den orangefarben lackierten Kleiderbügel knoten und 5 der runden Scheiben folgendermaßen einknüpfen: den Faden in das Loch B einführen, auf der Rückseite entlangführen und durch C wieder austreten lassen, dann in das nächste Loch B einführen und so fort, bis 5 Scheiben aufgefädelt sind (siehe Abb. rechts). Damit die Scheiben am Faden nicht verrutschen, wird dieser zweimal durch jedes Loch gezogen; zwischen den Scheiben läßt man 1 cm Abstand; das Fadenende wird mit einer Metallscheibe oder Schraubenmutter beschwert. Auf diese Weise 4 Reihen herstellen.

Das Windspiel läßt sich durch einfaches Verlängern und Vermehren der Reihen zu einem Fenster- oder Türvorhang oder sogar zu einer kleineren Raumtrennung erweitern.

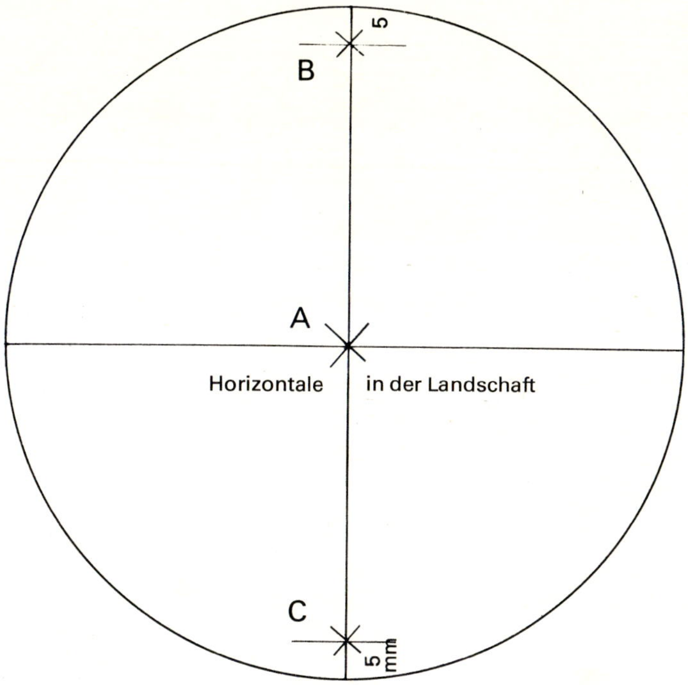

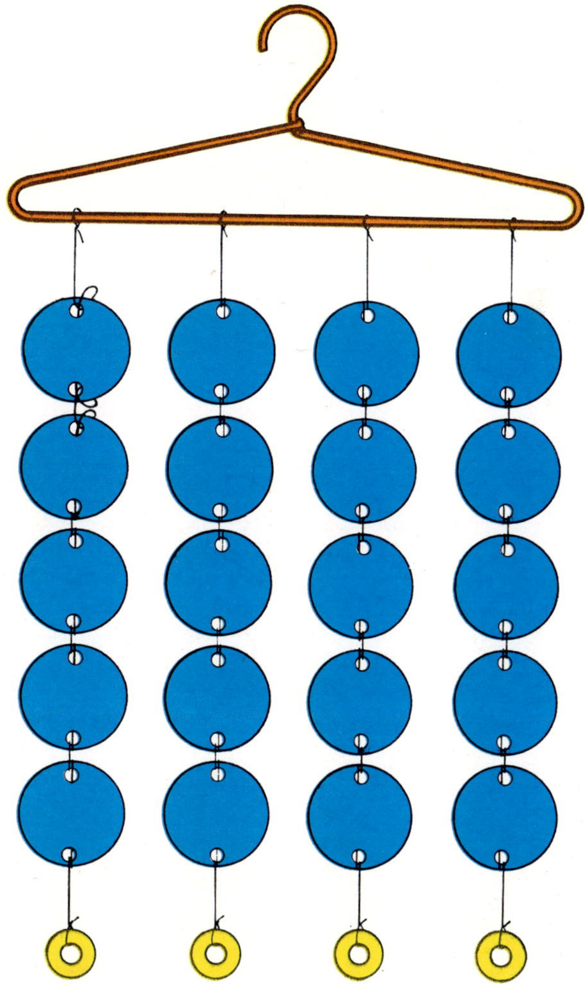

Kartenburg

Materialien: 1 Kartenspiel mit 54 Blatt; 1 großer Bogen Karton, 100 × 80 cm. Pritt Alleskleber. Plaka in Orange. Für die Fahne: einen 15 cm langen geraden Messingdraht oder eine Stricknadel. Durchsichtiges Klebeband. 1 kleine Perle, 1 kleiner Korken.

Die Rückseite des Kartons für das Burggebäude (Abb. 1), (nicht für den Turm Abb. 2), lackieren. Inzwischen die Karten folgendermaßen auswählen: Für den Turm (Abb. 2) die Buben, Damen und Könige; für die Fahnen die Vierer oder die Siebener; für das Burggebäude (Abb. 1) die 4 Zweier diagonal durchschneiden, und zwar 2 davon in der Richtung A, die 2 anderen in der Richtung B (Abb. 3), ferner die 4 Achter zerschneiden wie C in Abb. 3. Nun den Plan des Burggebäudes (Abb. 1) auf den weißen Karton zeichnen. Jedes Kästchen entspricht nach Länge und Breite genau einer Spielkarte. Den Karton entlang den gestrichelten Linien exakt falzen, dann die Karten in waagerechten Reihen darauflegen, die Asse in die Kästchen 1, 10, 19 und 26. Die Karten rechtwinklig aufkleben. Nun in das Kästchen 19 die Zugbrücke nach der Zeichnung unten einzeichnen, ausschneiden und durch ein Scharnier aus Gaze oder Organza mit der Schwelle verbinden (F). Um das Scharnier zu verdecken ein zweite, nach dem Zugbrückenmaß zugeschnittene Karte (E) mit der Rückseite nach oben oder orangefarben gestrichen auf die Zugbrücke kleben. Das Burggebäude in den Falzen nach innen biegen und, um es zu schließen, die gelbe Karte (Abb. 1) auf die Rückseite der Karte 1 kleben. Für den Turm (Abb. 2) in gleicher Weise vorgehen: Die gelben Laschen am Dach (C in Abb. 2) sind 15 mm breit. Die Dachflächen werden nach C (Abb. 3) zugeschnitten. Die Karten auf die Turmfläche kleben, die Joker auf die in Abb. 2 angegebenen Kästchen. In das Kästchen 37 eine kleine Tür schneiden; den Turm in den Falzen nach innen biegen und sorgfältig zusammenkleben. Jede Fahne besteht aus 2 gleichen Kartenteilen D, deren Rückseiten aufeinandergeklebt sind. Die Befestigung an der Fahnenstange geschieht folgendermaßen: Man schneidet ein Stück Klebstreifen so lang, wie die Fahne hoch ist, klebt es in senkrechter Richtung um den Fahnenmast und schiebt sein freies Ende zwischen die beiden Fahnenteile, bevor man diese aufeinanderklebt. Die Fahnenstange wird mit einer auf die Dachspitze geklebten Perle und einem innen unter das Dach geklebten kleinen Korken befestigt.

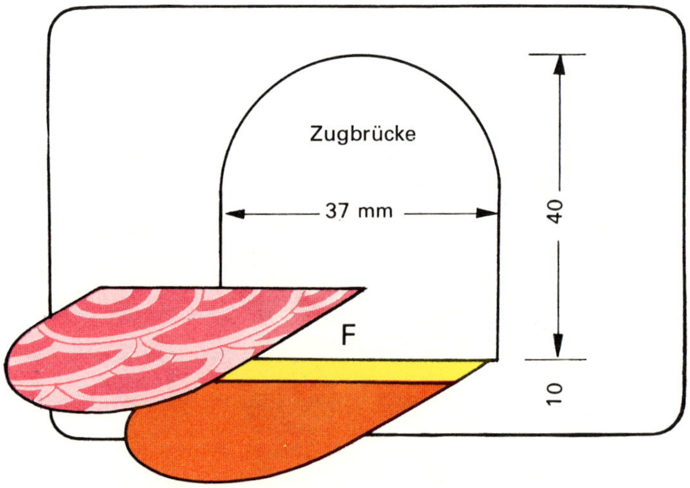

3

D

E

1
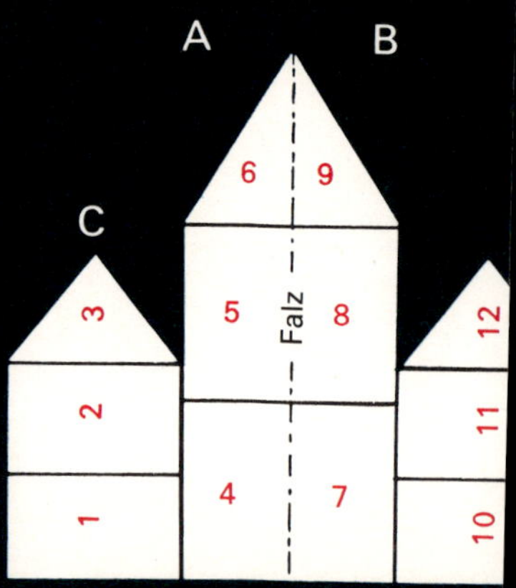

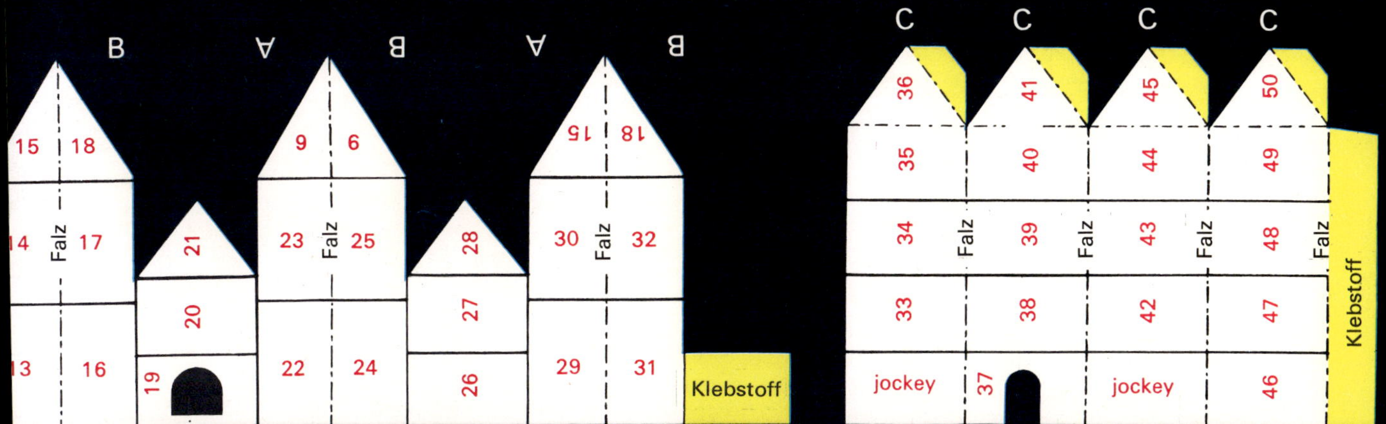

B A B A B
15 18 9 6 15 18
14 Falz 17 21 23 Falz 25 28 30 Falz 32
13 16 19 20 22 24 27 26 29 31
Klebstoff
C C C C
36 41 45 50
35 40 44 49
34 Falz 39 Falz 43 Falz 48 Falz
33 38 42 47
jockey 37 jockey 46
Klebstoff

2

Fahrzeuge

203 U
203 U
MB-250

Fahrzeugpark

Mitbringsel für Autofans oder Requisiten für Verkehrsschulung von Kindern.
Materialien: Autoprospekte, Kataloge, Zeitschriften; dünner Karton; Ponal Weißleim; Klebstreifen; Büroklammern; Plaka in Weiß.
Aus Zeitschriften und Prospekten farbige Autos aller Größen aussuchen, vorzugsweise in Seiten- oder Vorderansicht, weil diese besser stehen. Die Autos zur Verstärkung auf Karton kleben und beschwert trocknen lassen. Dann sorgfältig ausschneiden und die Fenster, durch die man die Umgebung sieht, weiß ausmalen und trocknen lassen. Auf der Rückseite der Autos hinter den Rädern je eine rechtwinklig aufgebogene Büroklammer mit Klebstreifen befestigen.
Man kann den Wagenpark ständig vergrößern und außerdem Motorräder, Mopeds und andere Fahrzeuge hinzunehmen, um Verkehrssituationen darzustellen.

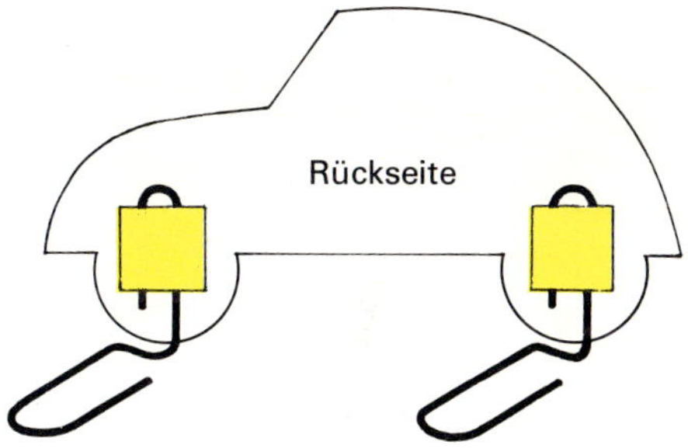

Entlein an der Wand

(Teilmodell vom Citroen 2 CV als Wanddekoration)

Materialien: 1 Sperrholzplatte, 3 mm dick, 24×100 cm groß. 2 Bogen glattes weißes Zeichenpapier; Transparentpapier. 1 Scharnierband, 20 cm lang, geöffnet 2 cm breit. Ponal Kaltleim für Holz und Papier, Stabilit EXPRESS oder Stabilit ULTRA zum Ankleben des Scharniers. Feines Sandpapier. Zum Ausschneiden der Holzteile: ein Messer mit schmaler auswechselbarer Klinge (siehe S. 10, Nr. 1) oder eine Laubsäge. (Balsaholz läßt sich leicht schneiden, härtere Holzarten schneidet man besser mit der Laubsäge.)

Das Auto besteht aus 5 aufeinandergeklebten Sperrholzlagen; Teil A: Grundplatte mit ausgeschnittenen Sitzen; Teil B: Karosserie mit Tür (siehe Zeichnung unten); Teile C, D und E: Kotflügel und Mittelteil des Rades (siehe die folgenden Seiten). Die Sperrholzplatte in drei 33 cm lange Stücke teilen und je eine Seite mit weißem Papier bekleben; nur das für Teil B bestimmte Stück mit der Autotür beidseitig mit Papier beziehen. Die Stücke unter Belastung trocknen lassen. Die Schablonen A, B, C, D und E auf den Seiten 156–159 genau auf Transparentpapier übertragen. Die Pause B auf das beidseitig weiße Sperrholzstück legen, an den Kanten mit Klebstreifen befestigen und die Platte genau nach der Zeichnung ausschneiden (oder aussägen): zuerst die Fenster herausschneiden; dann den Umriß der Tür, dieser Schnitt muß vollkommen einwandfrei sein, weil die Tür später wieder genau in die Öffnung passen muß; schließlich Ober- und Unterkante der Platte schneiden. In gleicher Weise die Platte A schneiden, dabei zuerst das Innenteil herausschneiden. Die Schnittkanten von A und B sauber abschleifen; dann die Karosserie B ohne die Tür auf Teil A kleben und unter Druck trocknen lassen. Auf der weißen Seite der dritten Sperrholzplatte die Kotflügel D und E mit Zirkel und Bleistift leicht anzeichnen, jedoch nicht ausschneiden. Den Kotflügel C zeichnen, ausschneiden, schleifen und auf den Kotflügel D kleben; nun Teil D ausschneiden, entlang der Kante von C bis an die Rundung des Rades; Schnittkante schleifen. Teil C–D auf den angezeichneten Kotflügel E kleben und wie zuvor ausschneiden. Auf genaues Arbeiten kommt es beim Kotflügel aus vier Gründen besonders an: die Kotflügelteile müssen sich genau decken, also gleich sein; die Radteile müssen zentriert sein; die linke Kotflügelkante muß genau senkrecht verlaufen und die Unterkante muß mit der Türunterkante genau in einer Linie liegen. Den fertigen Kotflügel auf die Karosserie kleben.

Blinker und Türgriff zeichnen, ausschneiden und ankleben; trocknen lassen. Das geschlossene Scharnier mit einer Metallsäge auf 192 mm Länge schneiden und mit Stabilit DUR halb auf die Tür und halb auf den Türrahmen kleben, mit Wäscheklammern fixieren und 8 Stunden trocknen lassen. Der 2 CV kann weiß bleiben oder farbig gestrichen werden.

A

B

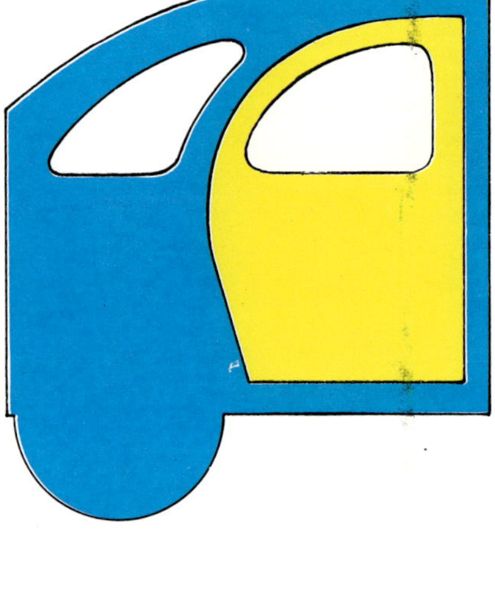

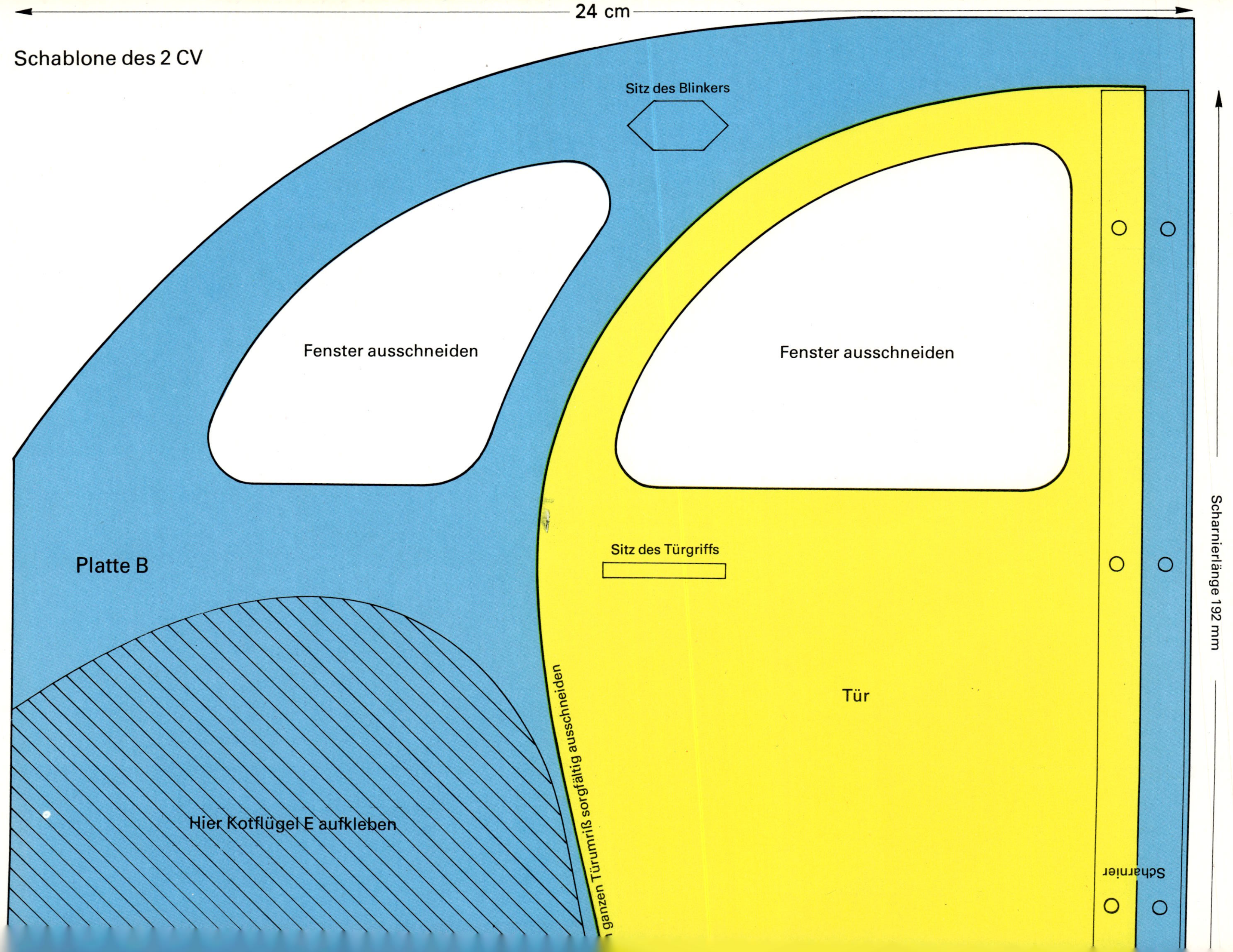
24 cm
Schablone des 2 CV
Sitz des Blinkers
Fenster ausschneiden
Fenster ausschneiden
Sitz des Türgriffs
Platte B
Tür
Scharnierlänge 192 mm
Scharnier
Hier Kotflügel E aufkleben
ganzen Türumriß sorgfältig ausschneiden

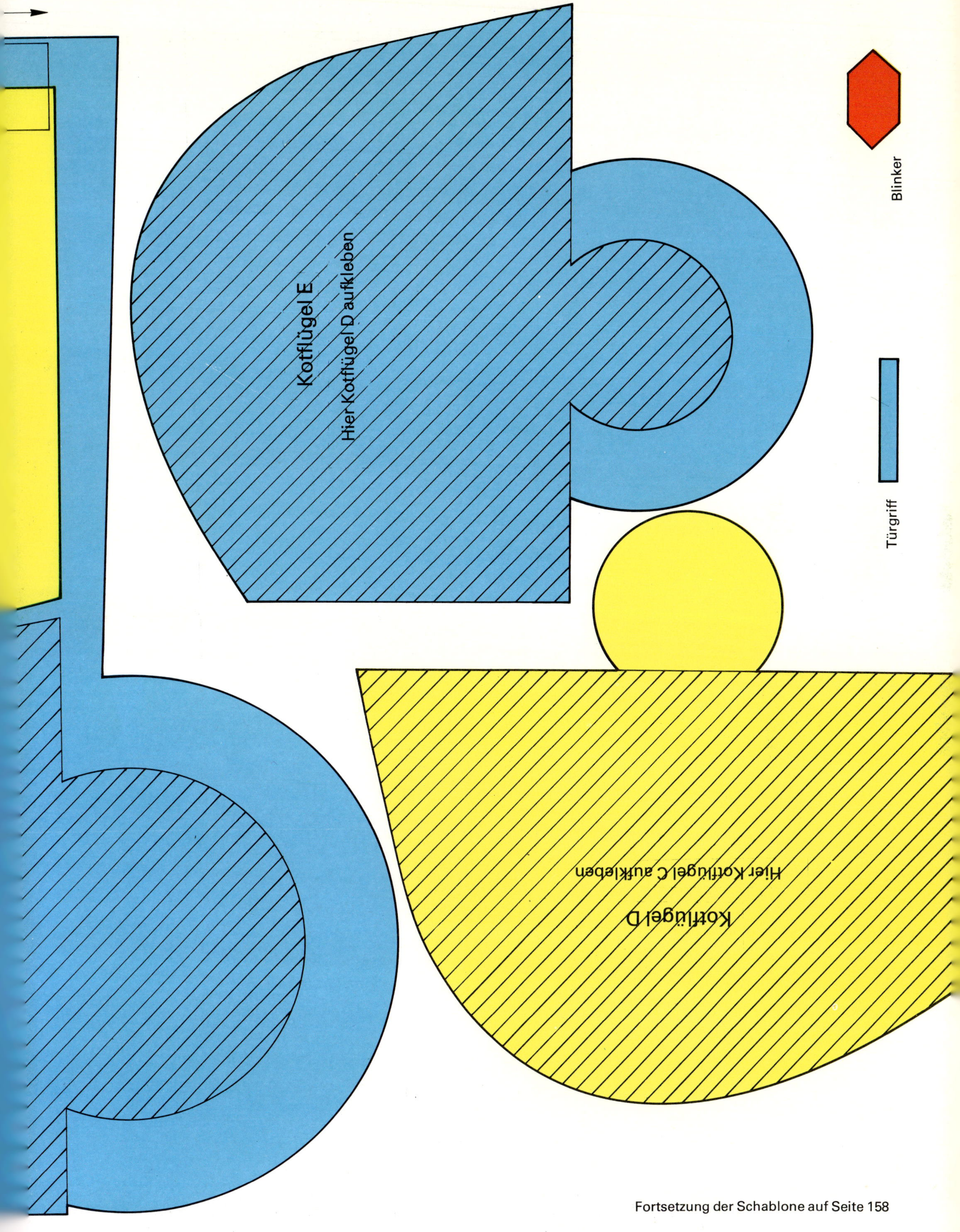

Fortsetzung der Schablone auf Seite 158

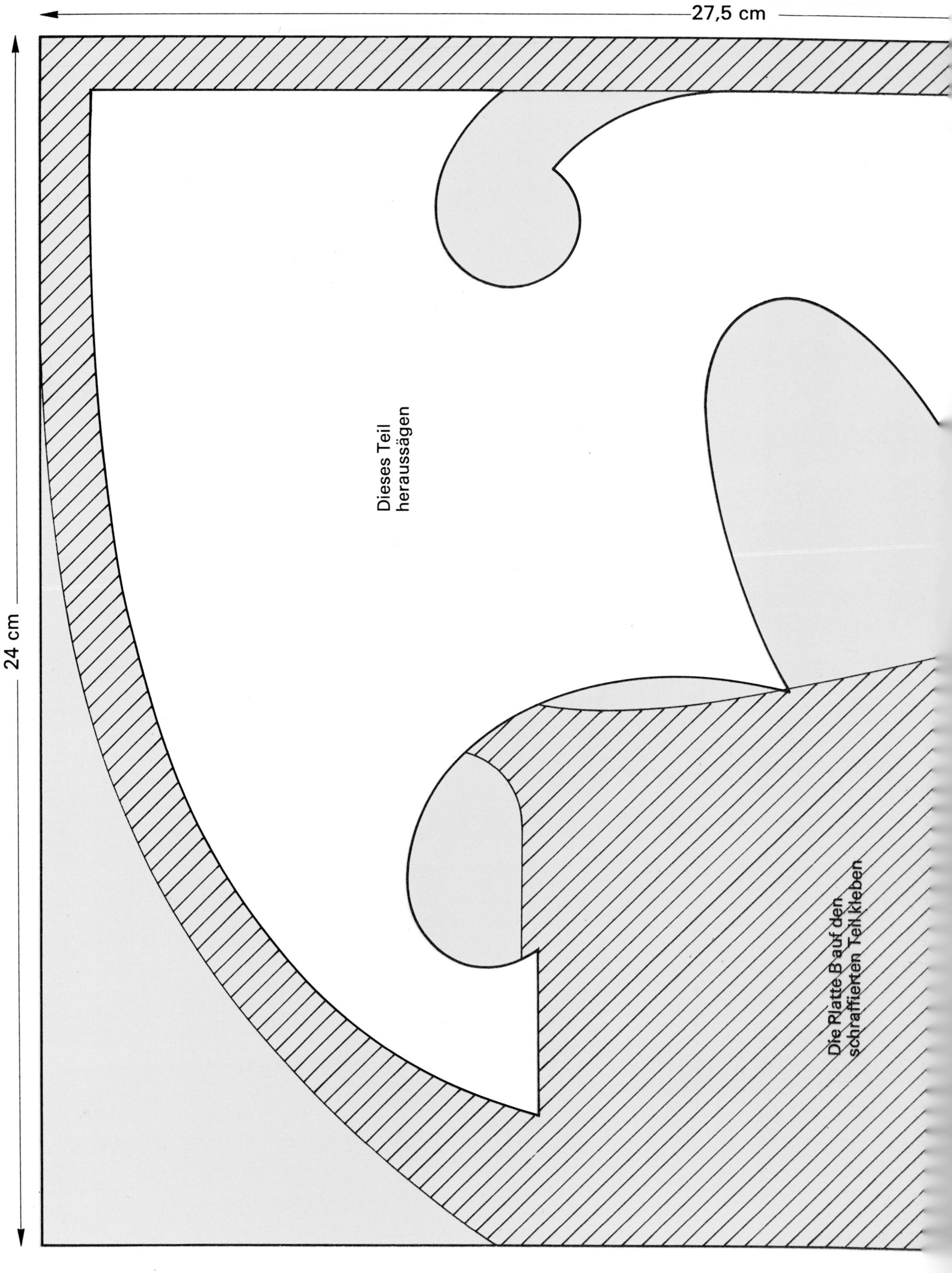
27,5 cm
24 cm
Dieses Teil heraussägen
Die Platte B auf den schraffierten Teil kleben

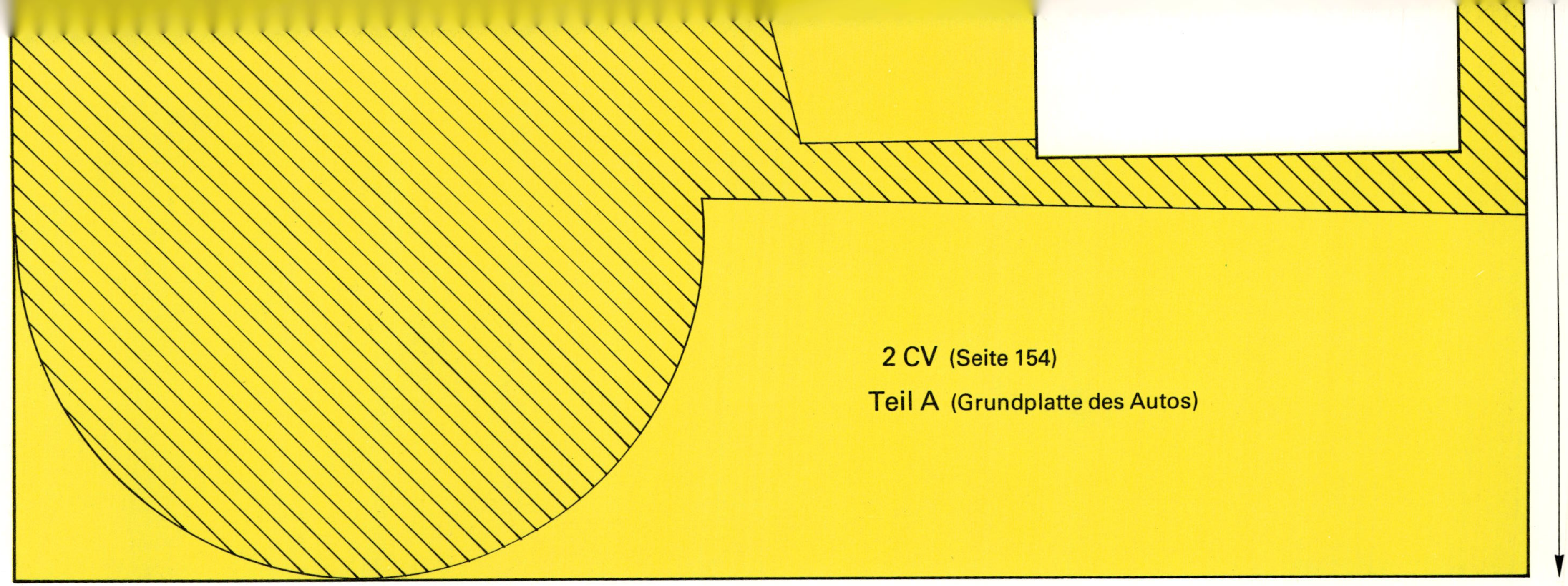

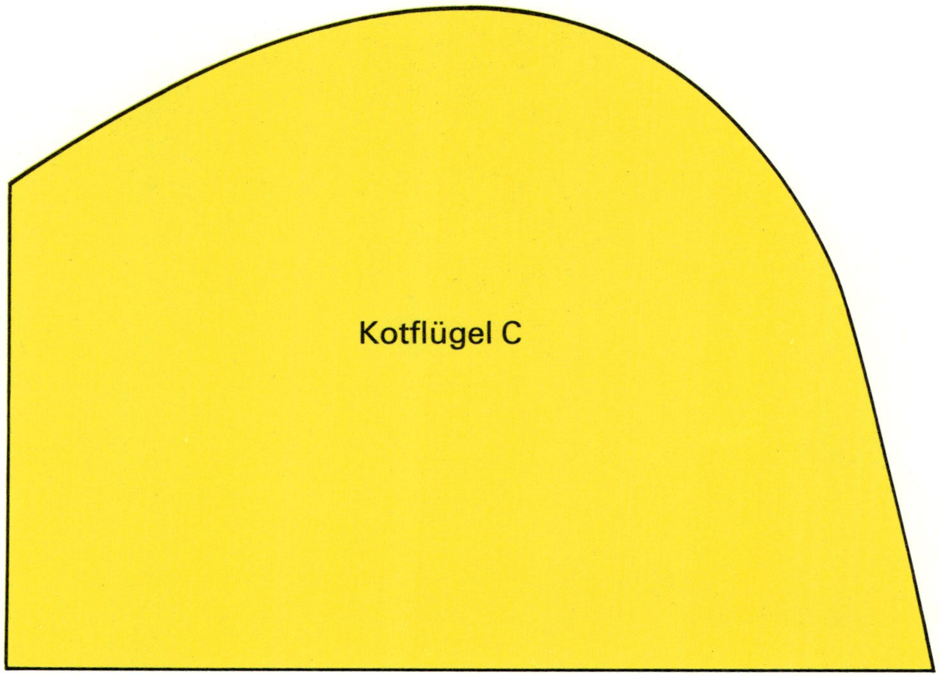

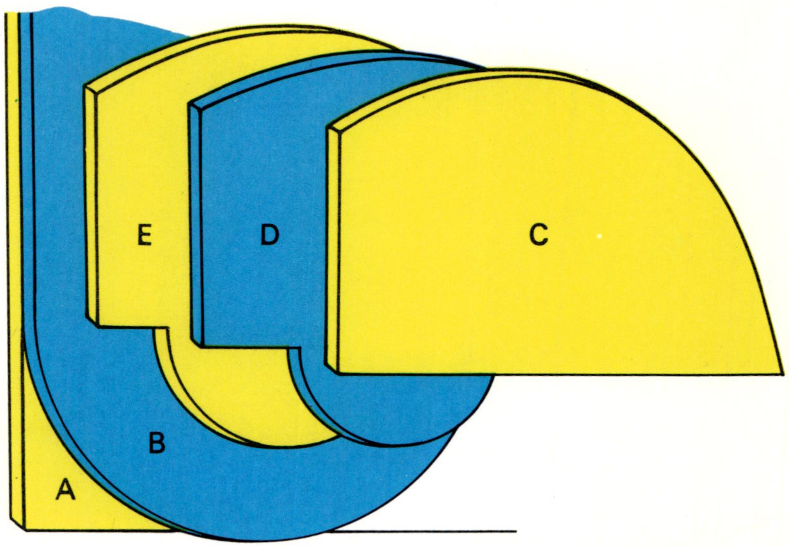

So liegen die Kotflügel und Radteile aufeinander

Isoliermobil (Teewärmer)

Materialien: 30 cm roter Popeline, 80 cm breit für den Bezug; 40 cm Baumwolldruck, 80 cm breit für Boden und Futter (hier ist der Stoff dunkelblau-weiß gestreift). Weißes und dunkelblaues Nähmaschinengarn. 60 cm weißer Filz, 80 cm breit. Für die Räder: weißes und dunkelblaues Häkelgarn.
Die Autoschablone auf starkes Transparentpapier zeichnen und ausschneiden (siehe Seite 162/163). Das Auto besteht aus 2 gleich großen aber seitenverkehrten Teilen. Jedes Teil besteht aus dem zusammengesteppten Stoff, der an der Linie C–D nach innen gewendet ist. Zwischen Bezugstoff und Futter werden zwei Lagen Filz geschoben. Zwei gleiche Stoffteile werden wie folgt hergestellt: Ein 40 × 25 cm großes Stück roter Popeline und ein 40 × 38 cm großes Stück Baumwolldruck zuschneiden und rechts auf rechts zusammensteppen (auf der Linie A–B in der Zeichnung unten); die Naht auseinanderbügeln. Die Schablone auf die Stoffoberseite legen und die Autozeichnung mit gut gespitzter weißer Schneiderkreide sorgfältig auf den Stoff übertragen, seitenverkehrt auf das zweite Stoffteil. Die Bodenlinie C–D genau anzeichnen. Aus dem Filz zwei Stücke schneiden, die ringsum 3 mm kleiner sind als die Autoform, und sie aufeinanderheften. Nun die Fenster 1 und 2 nach den Schablonen auf Seite 162 aus dem Filz ausschneiden und sie 2 mm vom Rand entfernt mit weißem Faden auf die roten Teile steppen, mit besonderer Sorgfalt die Rundungen. Den Futterstoff an der Linie C–D nach hinten umschlagen, die beiden Filzstücke zwischen die Stofflagen schieben und die vier Schichten zusammenheften. Außerdem mit einer Heftnaht den genauen Umriß des Autos markieren. Die dunkelblauen Nähte auf der Maschine steppen, dabei die innere Zeichnung des Autos genau beachten und auch die Umrisse der Fenster und Türgriffe und die waagerechte Naht am Boden nicht vergessen. Die Räder häkeln (siehe Seite 17, Nr. 9) und mit der Hand an das Auto nähen.
Die andere Autoseite auf dieselbe Weise herstellen, beide Seiten rechts auf rechts genau aufeinanderheften und sie, außer bei der Linie C–D am Boden, zusammensteppen. Die Nahtzugaben vorsichtig einschneiden (siehe Seite 16, Nr. 6), Arbeit wenden und Nähte so ausbügeln, daß der Umriß des Autos gut herauskommt.

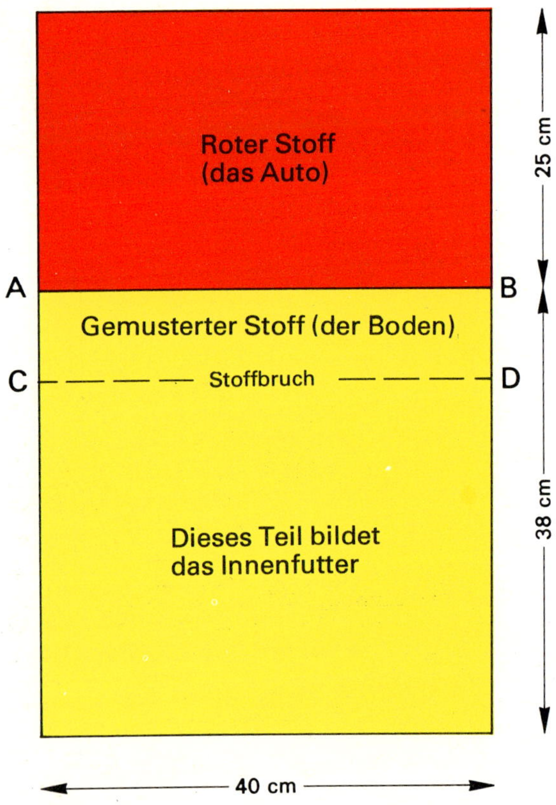

Aneinandergesetzte Stoffe für beide Autoseiten. Die Maße schließen die Nahtzugaben ein

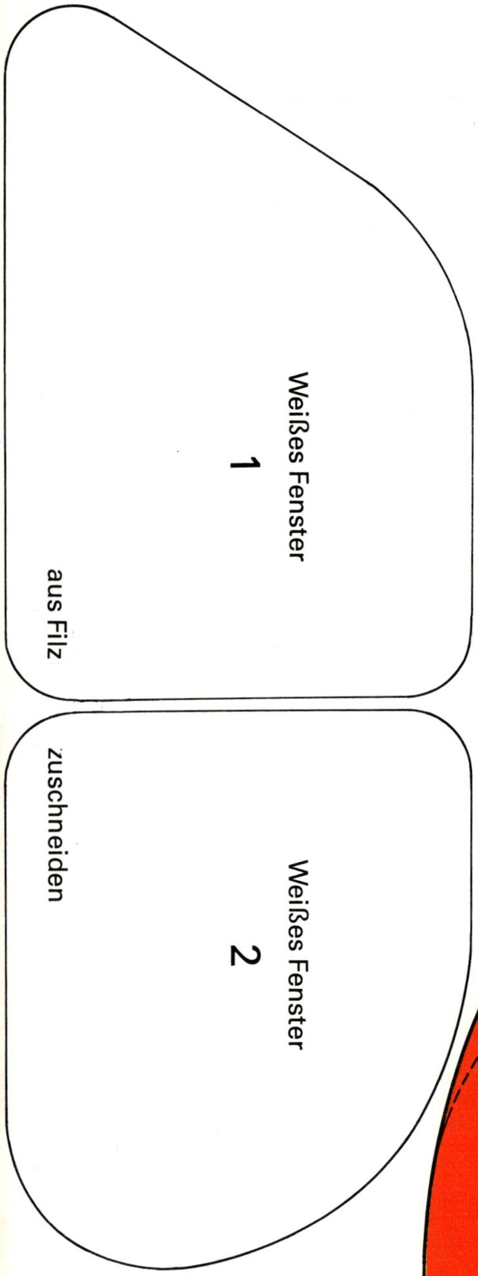

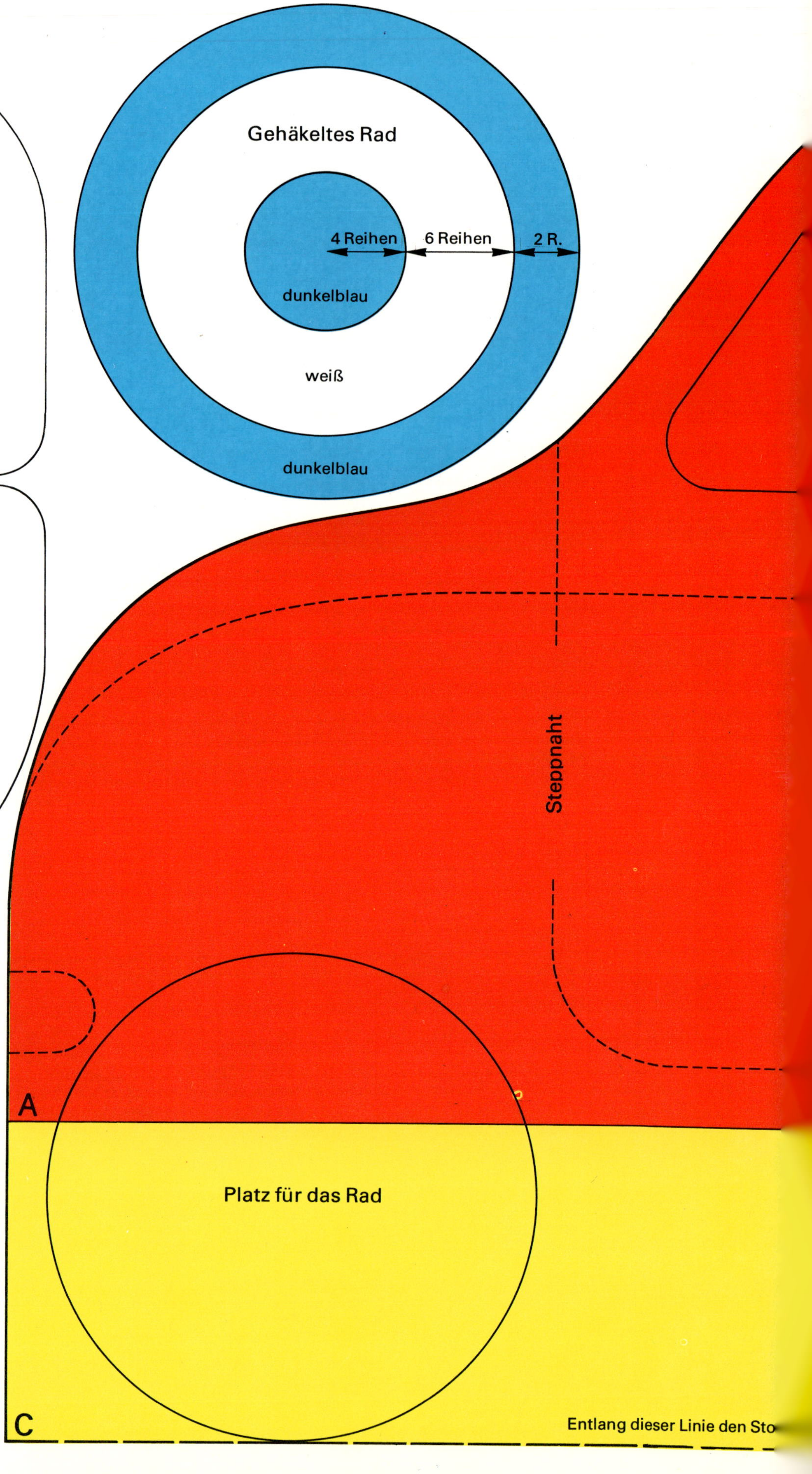

Die gestrichelten Linien deuten die sichtbaren Steppnähte an

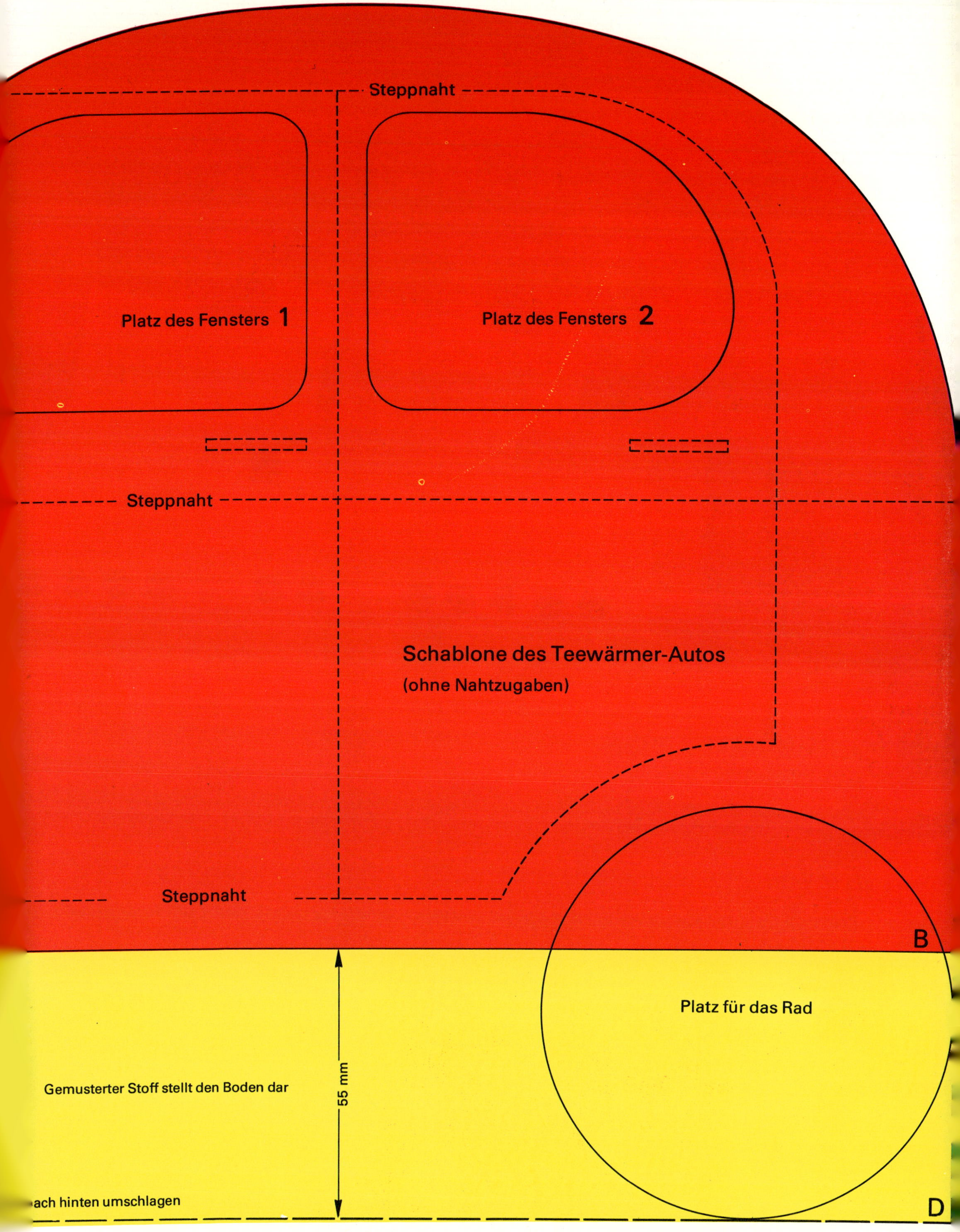
Steppnaht
Platz des Fensters 1
Platz des Fensters 2
Steppnaht
Schablone des Teewärmer-Autos
(ohne Nahtzugaben)
Steppnaht
B
Platz für das Rad
Gemusterter Stoff stellt den Boden dar
55 mm
ach hinten umschlagen
D

Zeichenmappe für Leichtmatrosen

Materialien: Eine 50×33 cm große Zeichenmappe; 2 starke Kartonstücke, 35×25 cm groß (Graupappe). Ponal Weißleim. Weiße, dunkelblaue, zinnoberrote und schwarze Plaka-Farbe.

Die oberen Ecken der Zeichenmappe mit scharfem Messer ausschneiden (Quadrate A in der Zeichnung unten). Für die Schornsteine aus starkem Karton 2 Stücke B ausschneiden und so auf die Innenseiten der Mappe kleben, daß sich die Linien C–D der Mappe und der Schornsteinteile decken; unter Druck trocknen lassen. Die Ränder der Schornsteine und die oberen Kanten der Mappe mit sehr feinem Sandpapier glattschleifen. Die Außenseiten der Mappe 16,5 cm hoch dunkelblau anmalen und trocknen lassen; dann alle anderen Flächen außen und innen weiß bemalen. Trocknen lassen. Die Schornsteine ganz und die 4 cm hohen Seitenstreifen rot anmalen. Schließlich die Schornsteinenden 6 cm hoch und die Bullaugen ganz schwarz anmalen. Die Bullaugen mit dem Tuschzirkel vorzeichnen, sie sind 14 mm groß, der Abstand zwischen ihnen beträgt links, rechts und in der Mitte je 6 mm. Die fertige Mappe mit selbstklebender Klarsichtfolie außen bekleben.

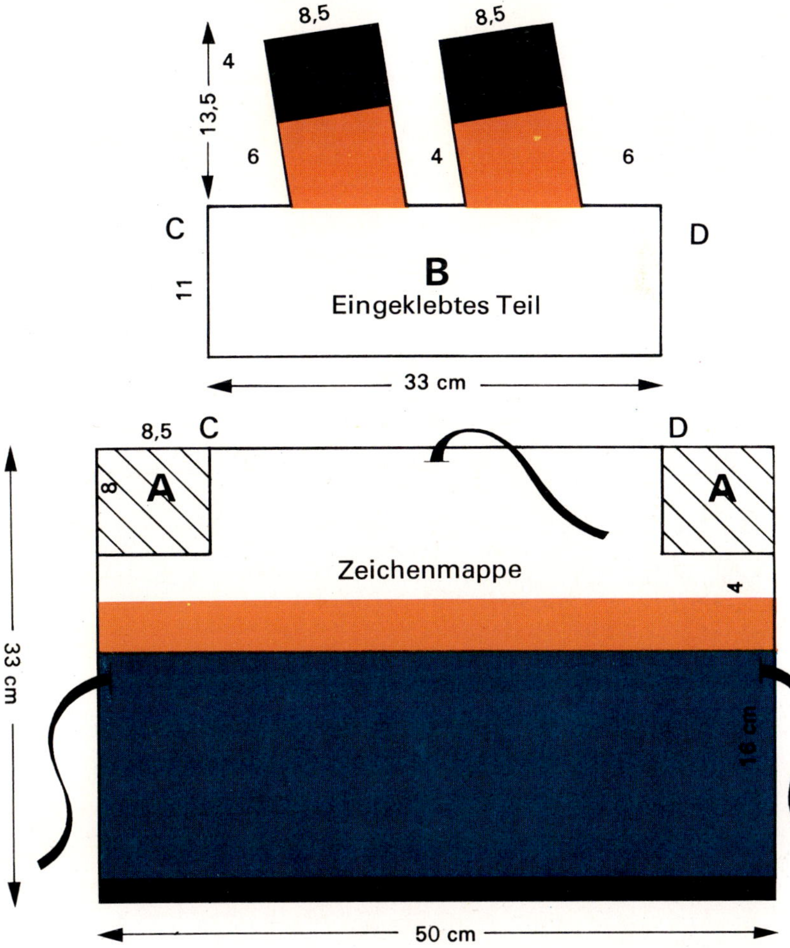

Sardinenexpreß (für Reisende in Öl)

Materialien: Für jeden Wagen eine kleine, nicht geöffnete Sardinendose, 18 mm hoch. Für die Lokomotive; 1: 1 Arzneidose aus Aluminium mit Schraubdeckel, 120 mm hoch, 45 mm Durchmesser; 2: 1 glatter Sprühdosendeckel von 60 mm Durchmesser; 3: 1 50 mm langes Bambusstück von 18 mm Durchmesser; 4: 1 glatter Plastikverschluß (von einer Shampooflasche), 15 mm Durchmesser; 5 und 6: 3 glatte Schraubverschlüsse von Tuschefläschchen (2 davon rosa). Hölzerne Fadenspulen, 45 mm hoch: 2 von 40 mm Durchmesser für die Räder A, A und 1 von 30 mm Durchmesser für das Rad B; für jeden Wagen für die Räder C: 2 Spulen, 25 mm hoch und 22 mm Durchmesser. Glänzender Silberkarton für die Räder. Beilegescheiben aus Messing für die Achsen, Maße wie in der Zeichnung rechts angegeben. Kleine Schraubhaken (7) für die Kupplungen. Stabilit DUR zum Kleben. Lackfarben: Weiß, Dunkelblau, Orange, Gelb, Silber; 1 Pinsel Nr. 0.
Mit einer Halbrundfeile eine Seite der Schornsteine 4 und 5 so ausrunden, daß sie genau an ihren Platz auf der Dose passen. Die Front der Lokomotive wie in der Zeichnung lackieren: weiß mit orangefarbenen Streifen. Die Schraubhaken 7 als Kupplungen in gleicher Höhe in die hölzernen Radspulen schrauben. Die Einzelteile in folgender Reihenfolge zusammenkleben und provisorisch mit Klebstreifen fixieren: 1 in 2 kleben, die Spulen AA an 1 und die Spule B so an 1, daß sich der erste Wagen ankuppeln läßt; dann die Schornsteine 3, 4 und 5 und die beiden Scheinwerfer 6 auf den Kessel 1 kleben; dann die Spulen C so unter die Wagen, daß die Kupplungen ineinanderpassen. Die Klebestellen 12 Stunden trocknen lassen. Alles außer den Spulen weiß lackieren; die gelben Streifen und die roten, dunkelblauen und silbernen Teile lackieren. Auf den Silberkarton mit Zirkel, Lineal und Reißfeder das Muster der Räder A, B und C wie in der Zeichnung rechts übertragen, rund ausschneiden, dunkelblau lackieren und die Radscheiben auf die Spulen kleben. Die Beilegscheiben nach dem Muster rechts auf die Lokomotivräder kleben, E–G und F–G sind durch die Pleuelstangen, 3 mm breite Silberkartonstreifen, verbunden, auf E, F und G wird je eine zweite, kleinere Beilegscheibe (8 mm) H–E, H–F und H–G geklebt. Die Buchstaben auf Lokomotive und Wagen malen oder Klebebuchstaben benutzen; auch die Türen und Fenster kann man noch aufmalen.

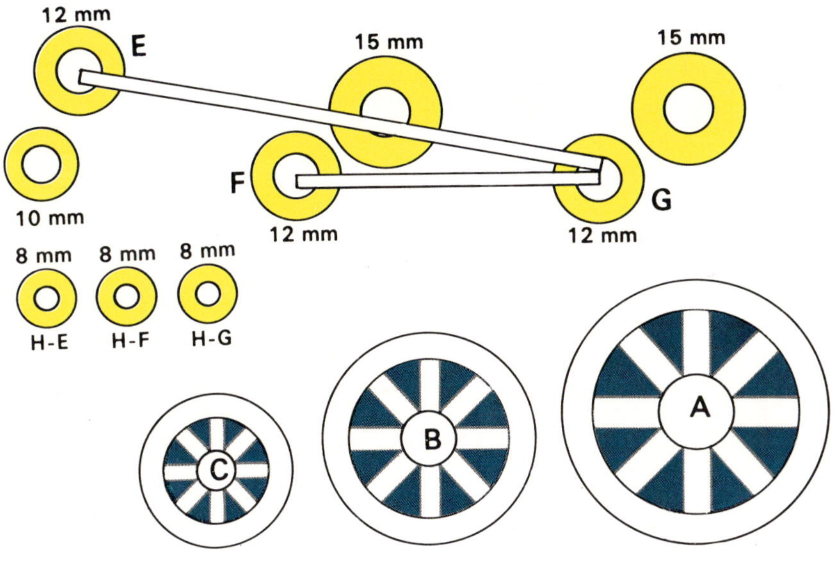

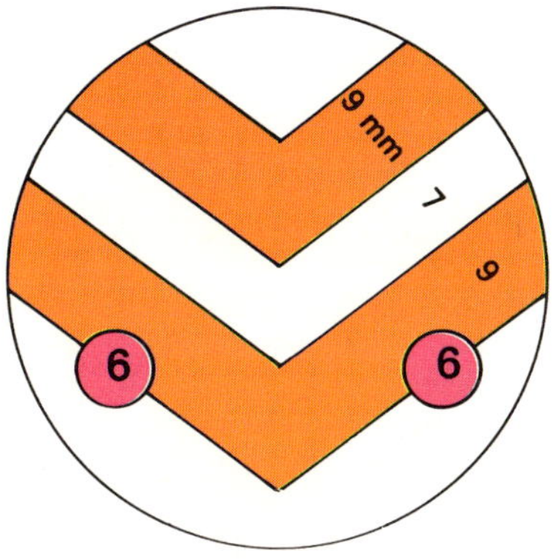

Front der Lokomotive

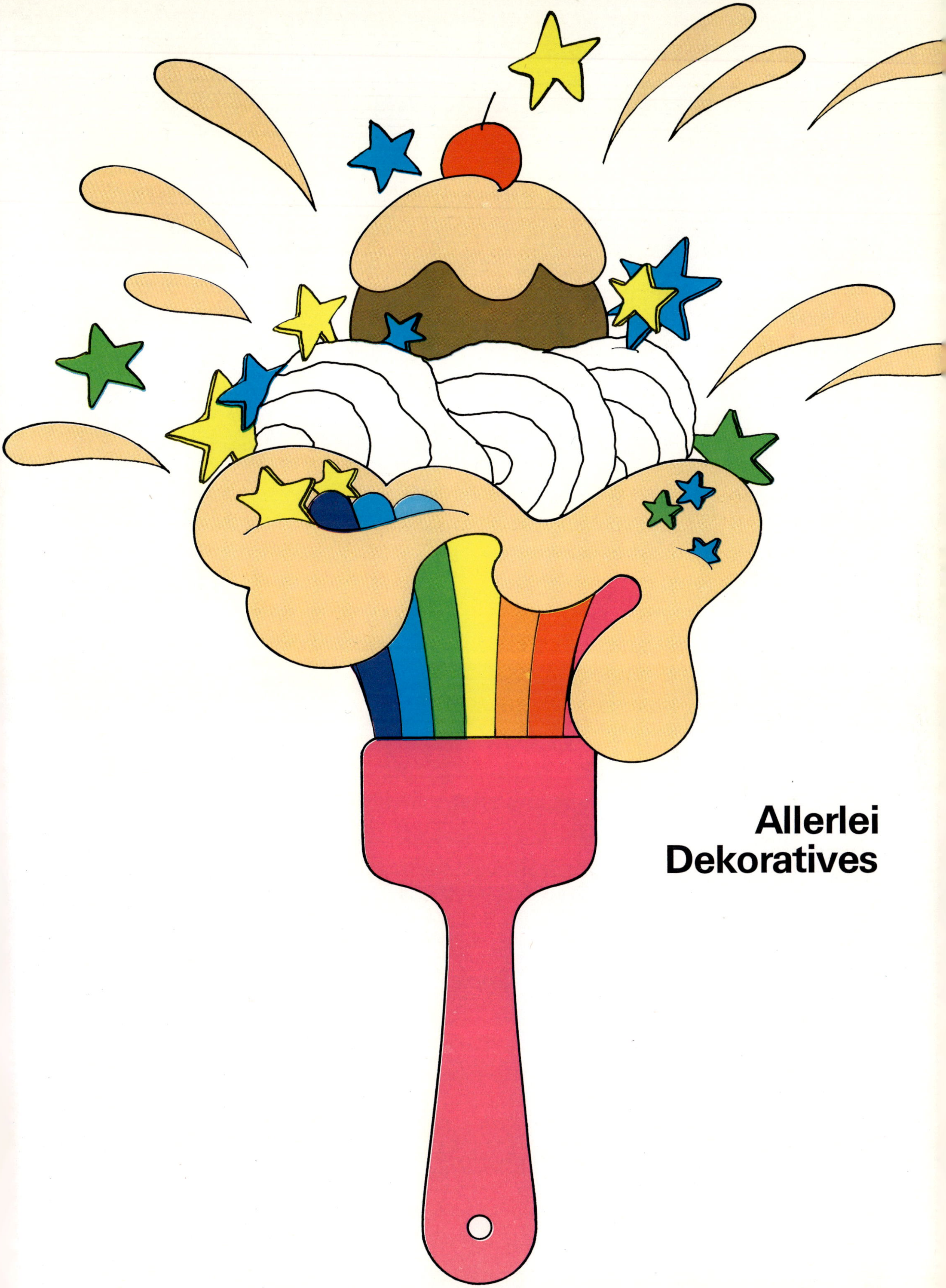

Allerlei Dekoratives

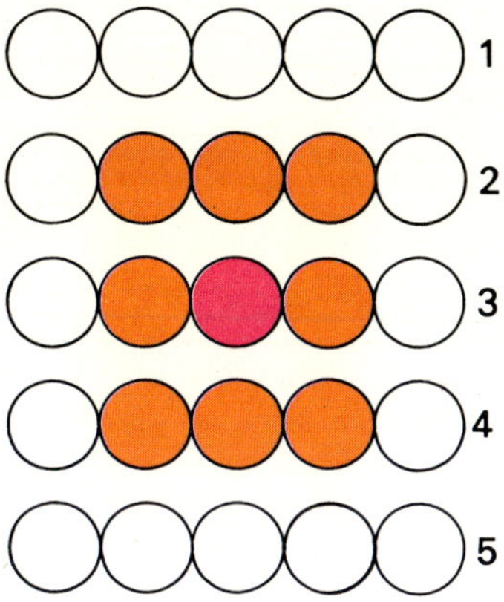

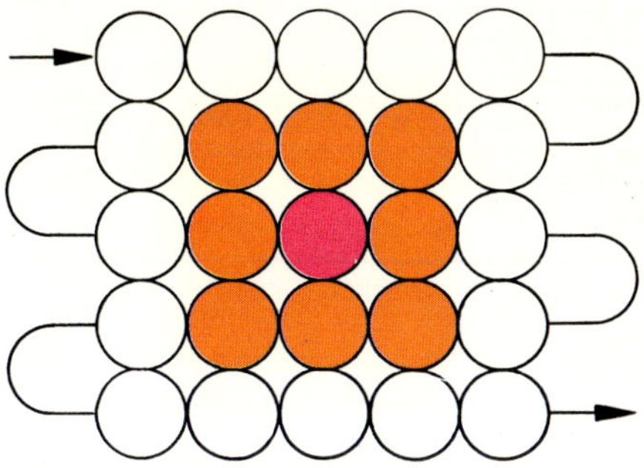

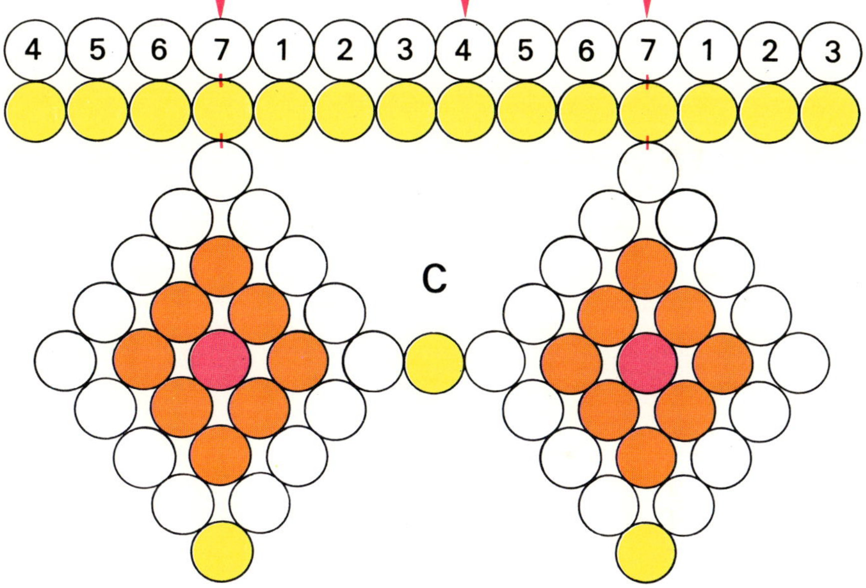

Kugelgirlande

Materialien: Papierkügelchen (Faschingsbällchen), weiß, gelb, orange und rosa. Starker weißer Faden. Eine lange Stopfnadel.
Für jedes quadratische Motiv nach Abb. A 5 Reihen von 5 Kugeln auffädeln, den Faden nicht zu fest anziehen und jedes Fadenende verknoten. Die Reihen zu Quadraten zusammenlegen (Abb. B) und einen langen Faden in Richtung der Pfeile in Abb. B durch die Reihen ziehen und mittelfest anziehen. Zwei lange Reihen gelber und weißer Kugeln auffädeln, sie nebeneinanderlegen und jede 4. und 7. Kugel durch Fäden miteinander verbinden (siehe rote Pfeile in Abb. C). Ein Quadrat an jede 7. Kugel hängen und zwischen die Quadrate und an ihr unteres Ende je eine gelbe Kugel nähen. An den Enden der Girlande einen langen Faden zum Aufhängen belassen.

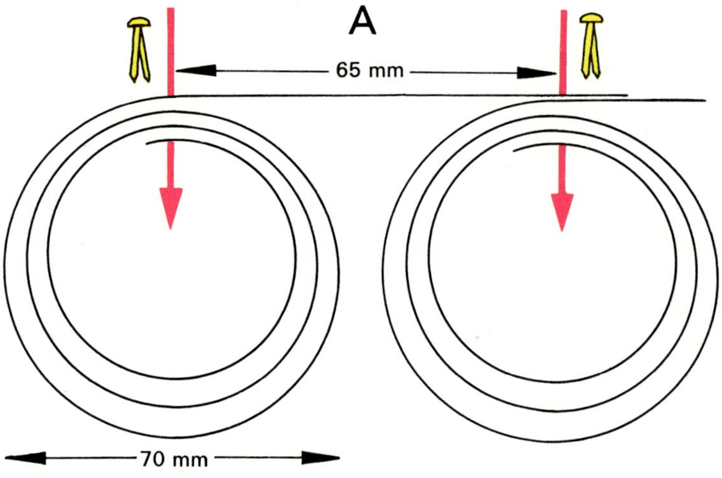

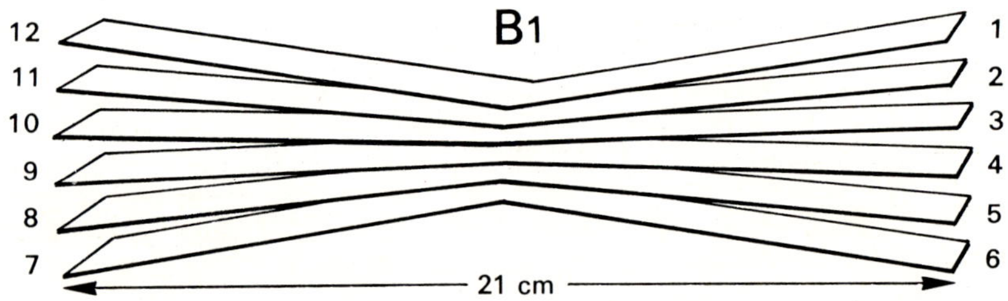

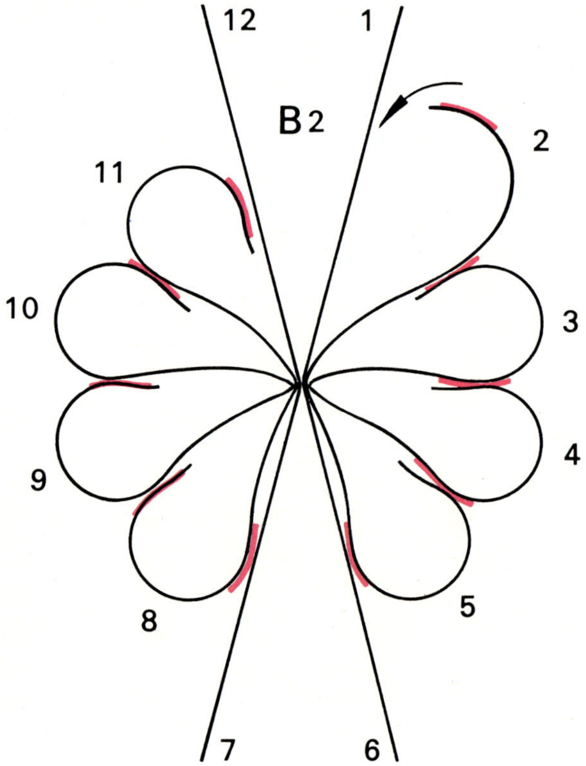

Papierringgirlande
(Foto Seite 170)

Materialien: Zeichenpapier oder Plastikfolie. Versandbeutelklammern, 8 mm lang.
Viele 2 cm breite und 64 cm lange Papierstreifen schneiden. Jeden Streifen in größer werdenden Ringen dreimal um sich selbst rollen und die Enden oben mit einer Versandbeutelklammer fixieren (siehe rote Pfeile in Abb. A). Das freie Streifenende mit der nächsten Spirale verbinden. An die Enden der Girlande Fäden zum Aufhängen knoten.

Blumengirlande
(Foto Seite 170)

Materialien: Zeichenpapier oder Plastikfolie. Pritt Alleskleber. Büroklammern.
Für jede Blume 6 Streifen, 2 cm breit und 21 cm lang, schneiden, sie in der Mitte falzen und mit einer Heftklammer (wie ein Schulheft) verbinden (siehe Abb. B 1). Die Streifen gleichmäßig auseinanderbiegen (siehe Abb. B 2) und dann die Blätter 2, 3, 4, 5, 8, 9, 10 und 11 zurückbiegen und innen ankleben (siehe die roten Striche); die Blätter 6 und 7 fallen frei nach unten, Blatt 1 wird an Blatt 12 der nächsten Blume geklebt (siehe Foto, Seite 170). Die Klebstellen bis zum Trocknen mit Büroklammern fixieren. An die Enden der Girlande Fäden zum Aufhängen knoten.

Vegetarierschmuck
(Foto Seite 173)

Materialien: Bohnen, Erbsenschoten, Radieschen in einwandfreiem Zustand.
Alle Gemüseteile mit einer dicken Nadel in gleicher Höhe durchbohren. Die Bohnen und Erbsen sind 8 mm unter dem oberen Ende, die Radieschen in der Mitte durchbohrt, die Stengel sind bis auf 1 cm mit der Schere glatt abgeschnitten. Durch die Einzelteile einen Perlonfaden ziehen. Für eine Überraschungskette entfernt man die Bohnen aus den halbgeöffneten Schoten und ersetzt sie vorsichtig durch bunte Faschingskügelchen (1 cm groß), die man einkleben kann.

Origineller Schmuck

Papierstäbchen-Collier

Materialien: Weiße Etiketten mit blauem Rand, gummiert (nicht selbstklebend), 135×88 mm groß.
Die Etiketten schräg um eine 4,5 mm dicke Stricknadel rollen und am Ende ankleben; die Nadel herausziehen. Für die kürzeren Stäbchen rollt man die Etiketten einfach in Querrichtung. Die Stäbchen 8 mm unterhalb des Endes auffädeln, sie dabei wie folgt anordnen: 3 lange, 2 kurze, 3 lange, 2 kurze usw.

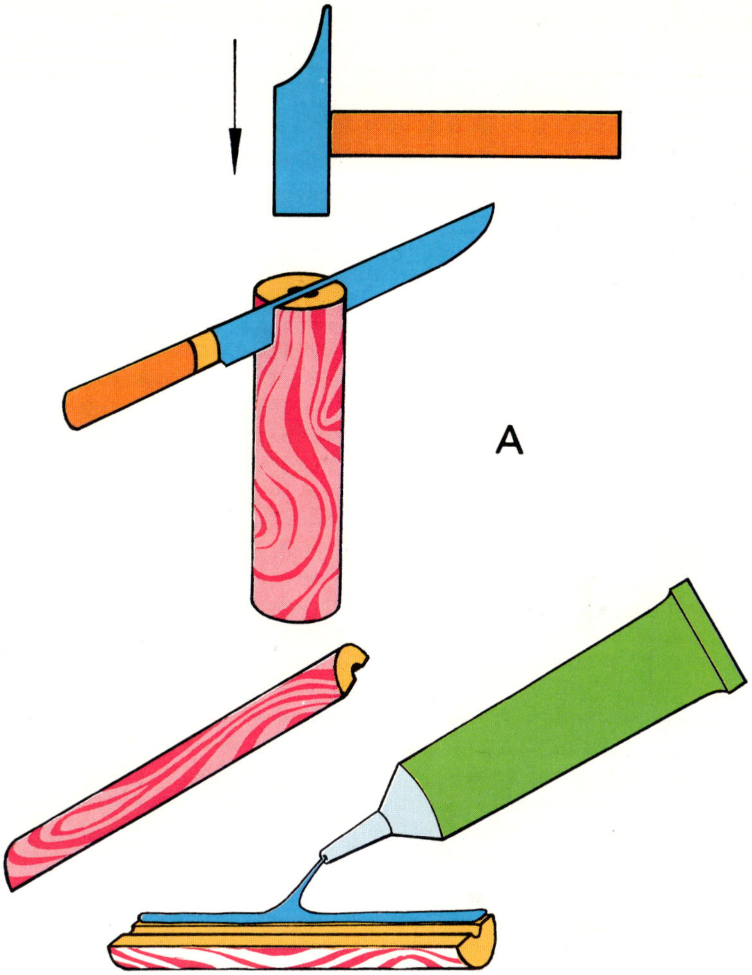

A

Marmorierte Halskette

Materialien: Runde marmorierte Bleistifte in verschiedenen Farben. Ponal.
Die Bleistifte mit einer feinen Säge in 35 mm lange Stücke zerteilen, die Schnittstellen mit Sandpapier glätten. Die Mine mit einem Nagel austreiben. Falls das nicht gelingt, den Bleistift enlang der Naht (jeder Bleistift besteht aus zwei zusammengeleimten Hälften) mit Messer und Hammer spalten (siehe Zeichnung A). Mine entfernen, die Hälften mit einem Pinsel entstauben und mit etwas Weißleim Ponal wieder zusammenkleben. Nicht Alleskleber benutzen, weil er die Lackierung angreift. Bis zum Trocknen des Leims die Bleistifthälften mit Wäscheklammern fixieren. Die fertigen Stücke zu mehreren langen Reihen auffädeln und an die Fadenenden einen Verschluß knoten.

Röhrchen-Collier

Materialien: Farbige Trinkhalme aus Plastik; 5 mm große farbige Perlen.
Die Trinkhalme mit der Schere in 35 mm lange Stücke zerschneiden und sie, jeweils mit einer Perle dazwischen, auf einen langen Faden aufziehen. Auf diese Weise mehrere Reihen in verschiedenen Farben herstellen, dabei auf harmonische Farbzusammenstellung achten. Die untere Reihe besteht aus Dreiecken, wie in Abb. B gezeigt: zuerst die Reihe 1 auffädeln, danach die Reihe 2 bilden, deren Faden durch die Perlen der Reihe 1 läuft. Die Fäden aller Kettenreihen gemeinsam an den Enden zusammenknoten und einen Verschluß anbringen.

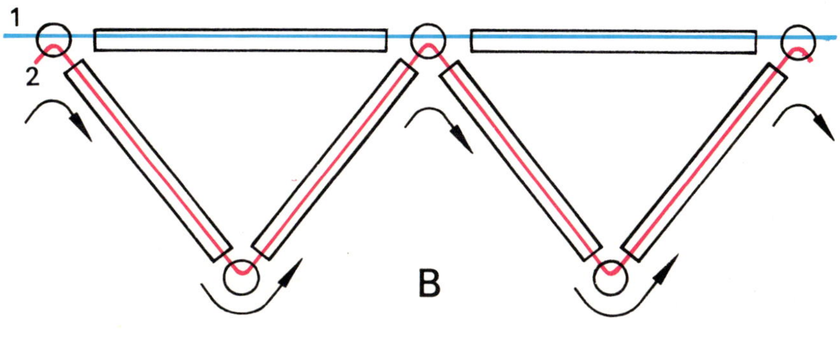

B

Fallen für Naschkatzen
(Versteckdosen, Spardosen)

Materialien: Runde, 1–2 cm tiefe Kuchenförmchen; runde Blechdosen mit flachen glatten Deckeln, der Deckel jeweils so groß wie der Boden des zugehörigen Kuchenförmchens. 20 cm weicher Messing- oder Kupferdraht. Stabilit DUR zum Kleben. 1 Paket Dufix Spachtelmasse. Braune Lederfarbe (Fläschchen) oder Binderfarbe (Tube). Lackfarben oder Leuchtfarben je nach Kuchen; ebenso für die Früchte: Kugeln und Spielmarken, flach, glatt und rund. 17 mm große Holzperlen und ein braunlackiertes Stopfei (oder etwas ähnliches).
Das Förmchen auf den Dosendeckel setzen und beide Blechböden gleichzeitig durchbohren: 2 oder 3 Lochpaare mit 12 mm Abstand zwischen A und B. Für das Durchbohren siehe Seite 16, Nr. 4. Dosendeckel und Kuchenformboden mit Stabilit DUR aufeinanderkleben, durch die Löcher U-förmige Drahtstückchen schieben und die Enden in der Kuchenform verdrillen und flach umbiegen. Für den Kuchenteig: in einer Schüssel Spachtelmasse anrühren, mit einem Löffelvoll brauner Farbe abtönen und setzen lassen, bis sie die Festigkeit von Modelliermasse hat. Aus dieser Masse einen etwa 1,5 cm dicken Rand in der Kuchenform bilden, ihn mit einem Messer rund formen und glätten, mit der Rückseite eines Teelöffels regelmäßige schräge Rillen hineindrücken, damit der Rand wie gedrehter Teig aussieht; die Rillen und Buckel mit einem feuchten Pinsel glätten. Nun den Kuchenboden aus ziemlich flüssiger Spachtelmasse einfüllen und, wenn sie abzubinden beginnt, die Früchte hineinstecken. Das muß rasch und ohne Zögern geschehen, damit der Teig glatt bleibt. Es empfiehlt sich daher, die Teile für die Früchte vorher in der richtigen Anordnung bereitzulegen. Kugeln und Perlen sollen zu zwei Dritteln im Teig stecken, dürfen aber nicht darin untergehen. Das Ganze abbinden und trocknen lassen. Dosen und Kuchen sorgfältig säubern. Das Doseninnere und die Früchte lackieren.

Kirschtörtchen

Die Kugeln mit rosa Leuchtfarbe streichen, danach das ganze Innere, Teig und Früchte, und die Buckel des Randes farblos lackieren.

Talertörtchen

Die Früchte orangefarben und grün lackieren, anschließend die ganze Torte wie die Kugeltorte farblos lackieren.

Negerkußtörtchen

Die Form nur drei Viertel hoch mit Spachtelmasse füllen, das Stopfei und die Kugeln hineinstecken. Auf das Ei eine leicht hohlgefeilte Kugel kleben. Gelb lackieren.

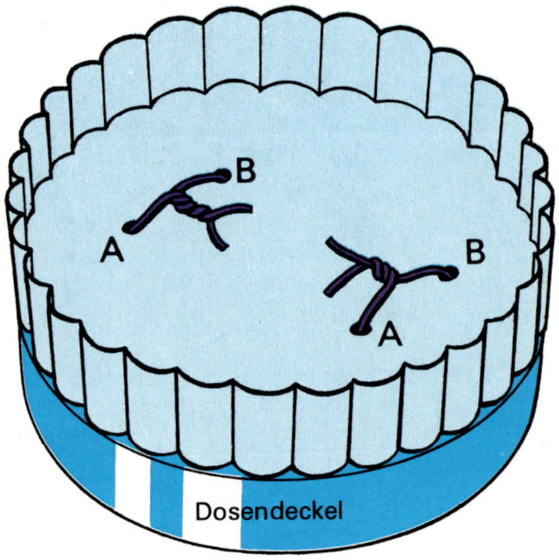

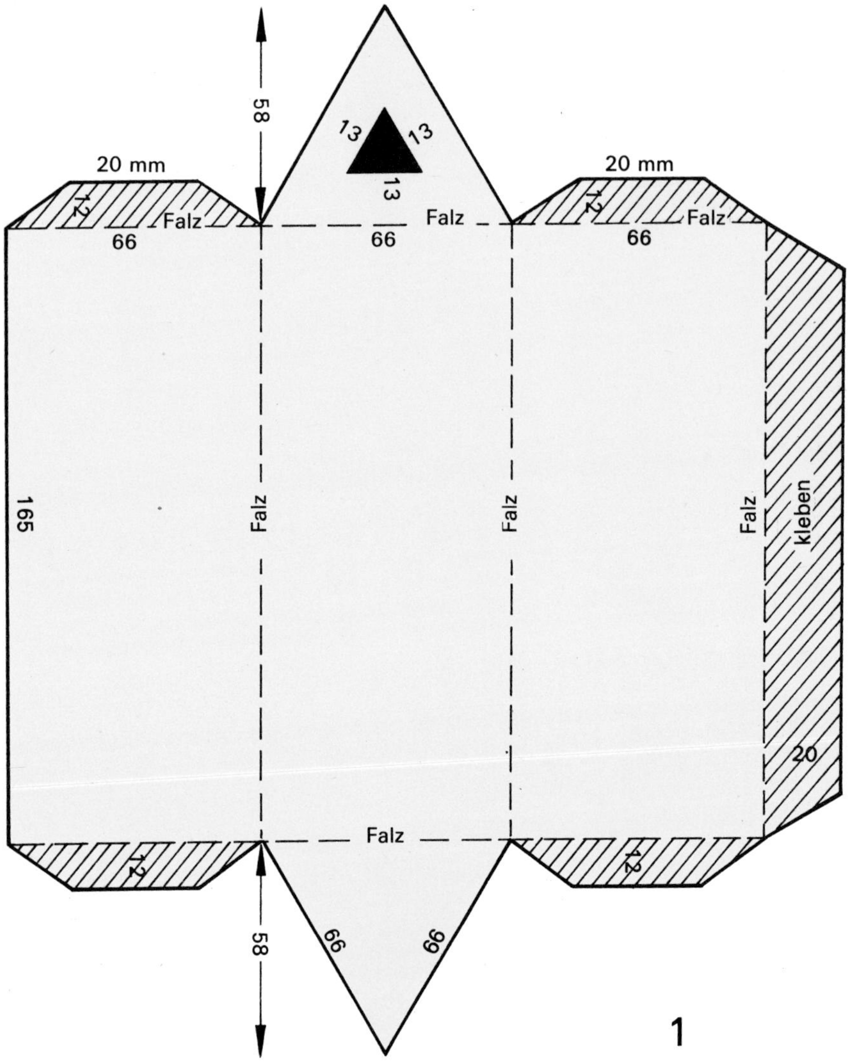

1

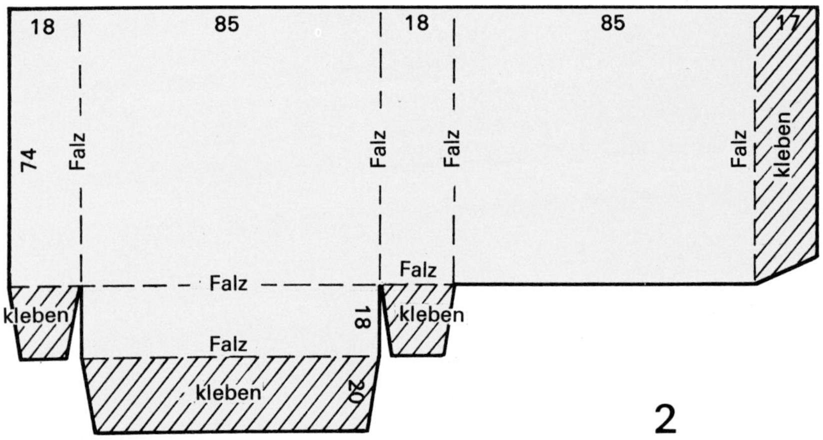

2

Blumenvasen

(Mit Spachtelmasse zu beschweren)

Hölzerne Vase
(zum Strauß Seite 83)
Materialien: 4 Tannenholzbrettchen, 10 mm dick, 6×29 cm groß; 1 quadratische Holzleiste, 17 cm lang, etwa 6 mm dick. 2 lange Strohbänder von einer Chiantiflasche.

Die vier Brettchen rechtwinklig zusammennageln und das untere Ende mit einer 5×5 cm großen Holzplatte verschließen. Glattschleifen und mit einem Stoffballen mattieren oder lackieren (siehe Seite 13). Die Strohbänder in Wasser einweichen, feucht um die Vase knoten und trocknen lassen. Das Holzstäbchen darunterschieben.

Orgelpfeifenvase aus Bambus
(zum Strauß Seite 75)
Materialien: Bambusstäbe von 18 mm Durchmesser. Stabilit DUR; Dufix Spachtelmasse.
8 Bambusstäbe in verschiedenen Längen zwischen 14 und 25 cm zuschneiden, die Sägeflächen glattschleifen und die Stücke aneinanderkleben. Provisorisch zusammenschnüren und 8 Stunden trocknen lassen. Darauf achten, daß die oberen Bambusenden zum Einstecken der Blumen tief genug hohl sind. Die unteren Öffnungen mit Dufix Spachtelmasse verschließen.

Keksvase (zum Strauß Seite 91)
Materialien: Weißer Karton. 9 Bahlsen Butterkekse. Stabilit DUR.
Die Schablone (Abb. 1) auf Karton zeichnen (die angegebenen Maße gelten für eine Keksgröße von 70×55 mm). Den Karton entlang der gestrichelten Linie falzen, das schwarze Dreieck ausschneiden, die ganze Schablone ausschneiden, in den Fälzen nach innen biegen und mit den schraffierten Streifen zusammenkleben. Braune Packpapierstreifen über die Kanten und unter die Fugen zwischen den Keksen kleben. Auf jede Seite 3 Kekse kleben, provisorisch mit Klebestreifen fixieren und 8 Stunden trocknen lassen.

Rote Dreieckvasen
(zum Strauß Seite 91)
Denselben dreieckigen Kartonbehälter wie für die Keksvase oben herstellen, jedoch nur 120 statt 165 cm hoch. Rot lackieren.

Weiße Kartonvase
(für Blumen mit kurzen Stielen)
Aus Karton 4 Behälter nach der Schablone Abb. 2 anfertigen.

Streublumen

(Schmuckpapier für Geschenke, Buchumschläge)

Materialien: Dünne, feste Buntpapiere; ersatzweise Zeichenpapier (125 g/qm) in lebhaften Farben streichen oder lackieren. Selbstklebende bunte runde Papierplättchen; falls nicht erhältlich: weiße Plättchen mitsamt ihrer Unterlage mit farbiger Tusche oder Leuchtfarbe streichen, trocknen lassen und die Plättchen vor dem Abheben mit einer Nadel umfahren, damit sie sich lösen lassen. Weiße Lochverstärker aus Papier oder Plastik, selbstklebend oder gummiert.
Für den Papierbeutel rechts: das Papier nach der Schablone Seite 182 ausschneiden und falzen, wieder flach legen, dekorieren und dann erst zusammenkleben. Die Schmuckpapiere links können in verschiedenen Farben hergestellt werden: so sind zum Beispiel die blauen Stiefmütterchen links oben und die Blüten auf dem Papierbeutel rechts das gleiche Motiv in verschiedenen Farben. Die Blüten auf dem Farbpapier zunächst nur zurechtlegen, ohne sie anzudrücken; erst ankleben, wenn die beste Lösung gefunden ist.

Blaue Stiefmütterchen

Zuerst die einzelnen Blüten vorbereiten: Einen selbstklebenden weißen Lochverstärker auf ein 9 mm großes gelbes Papierplättchen kleben; darum 5 blaue, 16 mm große Plättchen kleben, und zwar 2 oben und 3 unten. Dann die Blüten alle in derselben Richtung in unregelmäßigen Gruppen von 1, 2, 3 oder 4 auf dem Papier anordnen.

Pfingstrosen, rosa und rot

3 rosa und 3 rote 25 mm große Papierplättchen zu einer runden Form dachziegelartig übereinanderschieben, dabei die Farben wechseln; auf das Papier verteilen.

Butterblumen

3 oder 4 gelbe 25 mm große Papierplättchen halb übereinander geschoben rosettenartig anordnen, ein 20 mm großes grünes und 1 oder 2 weitere gelbe Plättchen daraufkleben; je Blüte 5 gelbe, je Knospe 3 gelbe Blütenblätter. In Vierergruppen, 2 Blüten und 2 Knospen, regelmäßig auf dem Papier verteilen.

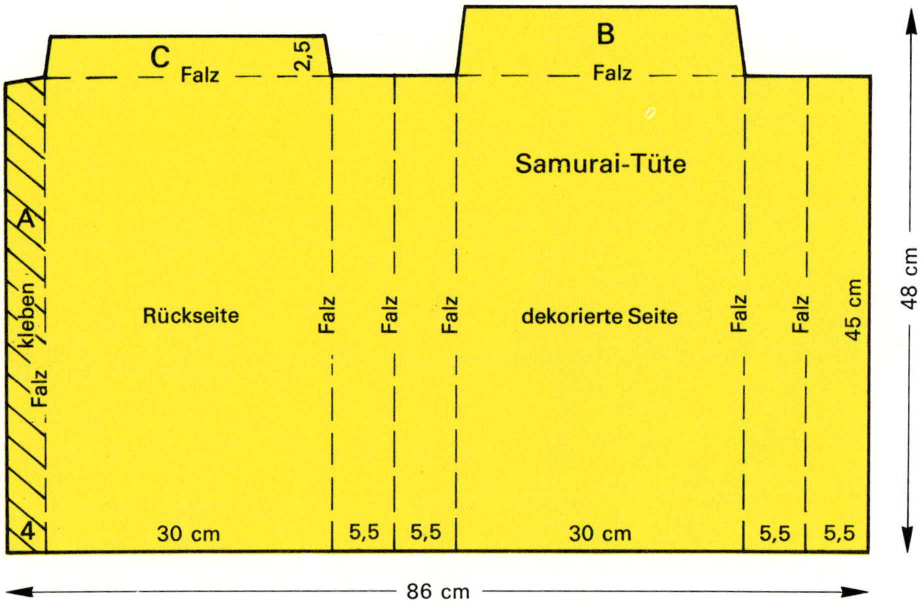

Tüten und Beutel

Materialien: Festes, geschmeidiges Buntpapier in lebhaften Farben. Pritt Alleskleber. Bunte Bänder.

Geschenkbeutel, Seite 181

(Papierbeutel mit flachem Boden und seitlichen Falten)

Die Schablone rechts mit Hilfe von Lineal und rechtem Winkel leicht auf das Papier zeichnen, die gestrichelten Linien falzen (siehe Seite 16, Nr. 1), die Konturen ausschneiden und das Papier flach hinlegen. 2 Papierstücke B ausschneiden und zur Verstärkung auf die Rückseite von A kleben, dann die schwarzen Dreiecke ausschneiden. Den Beutel zusammensetzen: Die Teile 1 ohne zu kleben nach innen falten, dann Teil 2 von innen auf 1 kleben; für den Boden: Die Teile 3 und darauf 4 und 5 nach innen falten und aufeinanderkleben, dabei Klebstoff-Flecken und Zerknittern des Papiers vermeiden; ein Buch in den Beutel stellen, bis die Klebung des Bodens getrocknet ist. Zum Schließen des Beutels glänzende farbige Bänder in die ausgeschnittenen Dreiecke knoten.

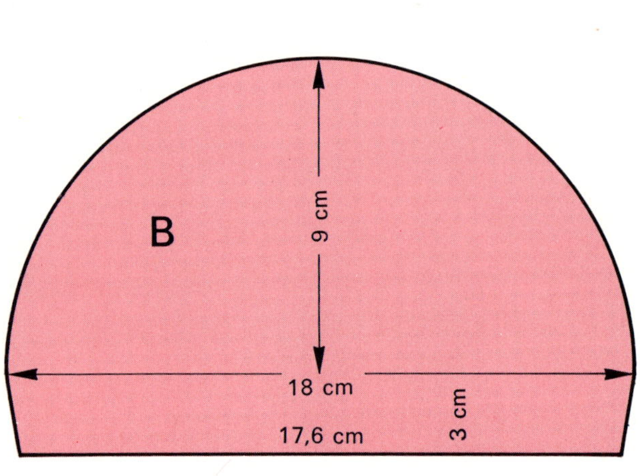

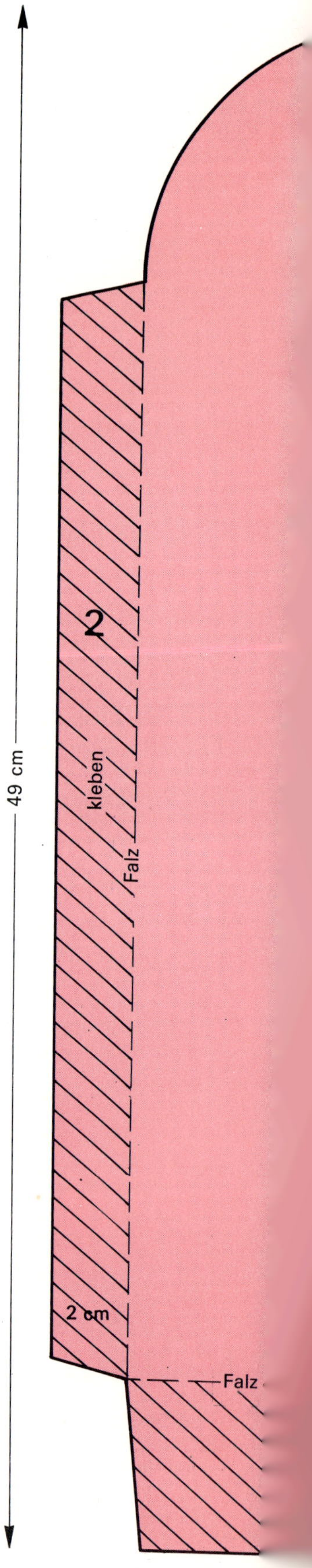

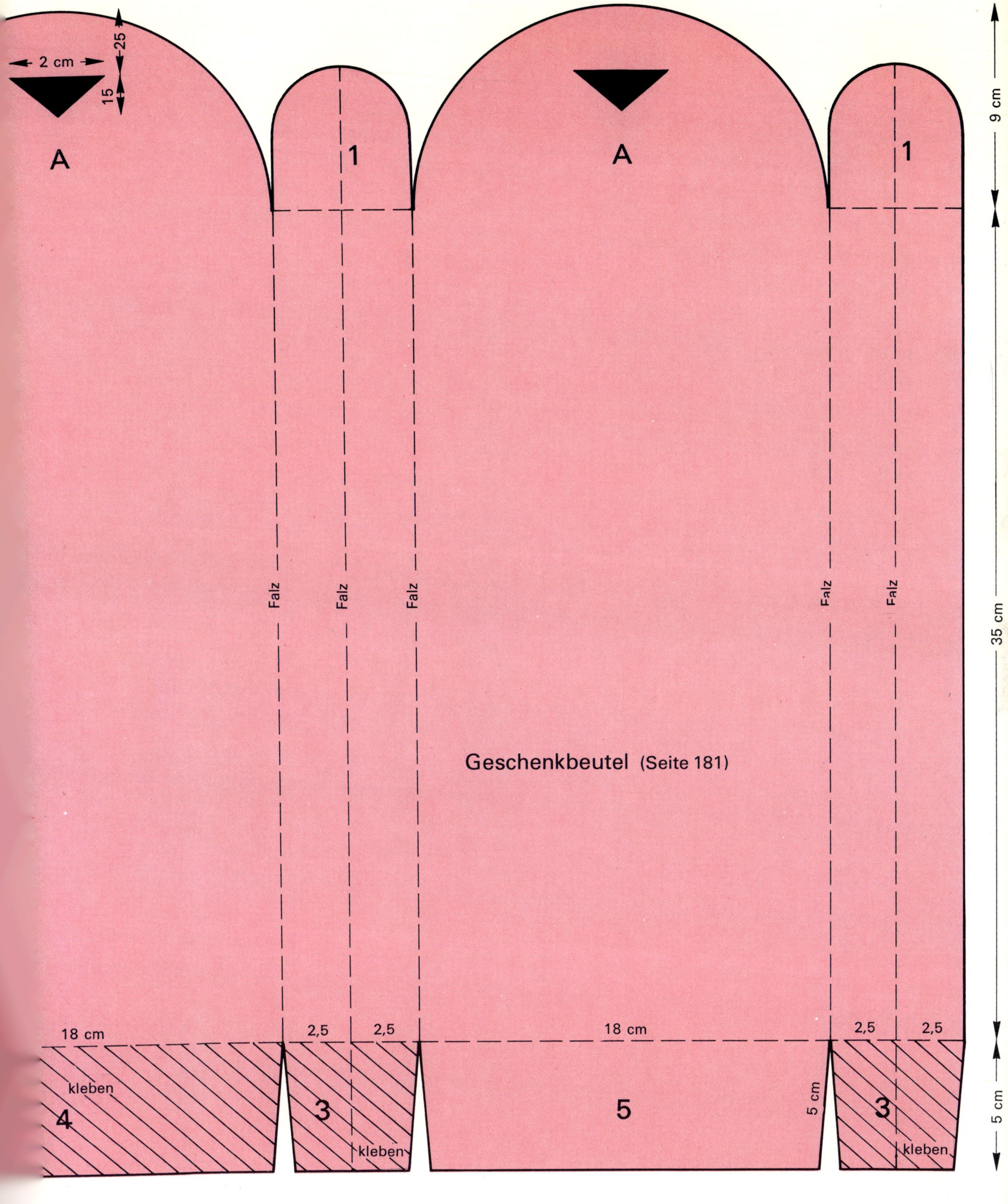

Geschenkbeutel (Seite 181)

Mit Aufklebern dekoriert (Geschenkdosen und -kästchen)

Materialien: Schachteln, Dosen, Kästchen aus Karton, Holz, Kunststoff, Blech. Aufkleber verschiedener Art. Lack, farbig und farblos. Pritt Alleskleber.
Die Behälter säubern, mit feinem Sandpapier sorgfältig abschleifen und lackieren; mit Aufklebern nach eigener Wahl dekorieren.

Schulheftetiketten

Blaugeränderte weiße Schulheftetiketten dicht nebeneinander um ein Kästchen aus hellem Naturholz kleben (Etikettengröße im Foto links 55 × 40 mm).

Ovale Etiketten

Weiße ovale Etiketten mit ausgebogtem Rand, alle in derselben Richtung geneigt, aufkleben.

Dekorationsetiketten

Grüne oder goldene Kleeblätter (auf roter und marineblauer Dose), Glocken (auf durchsichtiger Plastikdose) in beliebiger oder regelmäßiger Anordnung aufkleben oder in Vierergruppen zu einem größeren Motiv zusammenfassen. Weitere Etikettenmotive: Sterne, Herzen, Rosetten usw.

Weiße Lochverstärker

Weiße Lochverstärkungsringe in regelmäßigen Reihen aufkleben (auf der Dose links und in der Stieldose unten).

Stieldose

Materialien: 1 flache runde Blechdose (hier mit 18 cm Durchmesser); 1 Bambusstab mit 14 mm Durchmesser (hier 20 cm lang). Plaka in Rot, Schwarz und Braun, Pelikan Klarlack. Stabilit DUR zum Kleben. Weiße Lochverstärker.
Die Dose innen braun und außen rot anmalen und lackieren. Vom Rand aus zwei Drittel eines Kreises mit 10 cm Durchmesser schwarz lackieren, das entspricht der Länge des aufgesetzten Bambusstücks: 62 mm. Den Bambusstab 62 mm von einem Ende entfernt in Längsrichtung halb durchsägen und die durchgesägte Hälfte abspalten. Den Stab auf die schwarze Lackierung kleben und 12 Stunden trocknen lassen. Die Lochverstärker in die Dose kleben. (Im umgedrehten Dosendeckel kann man z. B. beim Fernsehen Nüsse oder Bonbons reichen.)

Hübsch verziert (Dosen und Schachteln für Geschenke)

Materialien: Verschiedene Dosen, Kästchen und Schachteln; säubern, abschleifen, lackieren, mit aparten Motiven schmücken.

Königskrone (Blaue Dose)

Auf eine zylindrische Dose eine goldene Papierkrone kleben und bis zum Trocknen mit einem darumgebundenen Lappen festhalten.

Intarsienstern aus Postkarten

Aus 3 oder 4 Postkarten, deren Farben harmonisch zueinander passen, je 6 Rauten der Form A und B ausschneiden (siehe Abb. unten) und sie sorgfältig auf den glatten Deckel einer runden weißen Blechdose kleben (Durchmesser im Foto rechts: 185 mm).

Blütenzauber (Schwarzer Kasten)

Aus Blumenkatalogen und Samentütchen Blüten ausschneiden, sie von einer Ecke des Deckels ausgehend anordnen und mit weichem Pinsel farblos lackieren.

Biedermeier-Gebinde (Marineblaues Kästchen)

Die Vase mit dem Strauß aus einer Stickmustervorlage ausschneiden und asymmetrisch auf den Deckel des Kästchens kleben.

Papierspitzen (Rosa Dose)

Ein Stück von einem Tortenpapier oder Papierdeckchen (im Foto rechts golden) mit Pritt Alleskleber oder Ponal in eine Ecke des Dosendeckels kleben und mit einem darübergelegten Schutzpapier sorgfältig andrücken. Klebstoff-Flecke möglichst vermeiden.

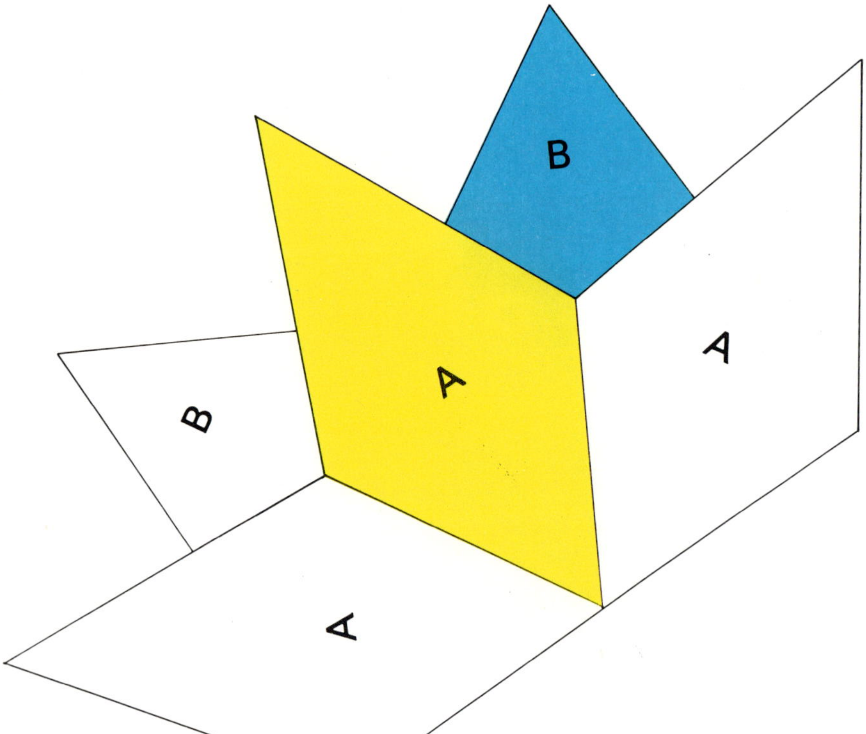